高职高专经济与管理类核心课程系列规划教材

企业人力资源管理实务

主　编　陈日华

副主编　李瑞丽　刘记红

西安交通大学出版社
XI'AN JIAOTONG UNIVERSITY PRESS

内容提要

本教材从高职人才培养目标出发，力求以“理论联系实践、实践提升技能”的方法向广大读者提供全面、系统的企业人力资源管理知识，充分突现“以职业活动为导向，以职业能力为核心”的指导思想。

本教材结合人力资源管理相关岗位的实践要求，按照人力资源操作流程的模式进行内容编排，分别对人力资源管理基础知识、人力资源规划、工作分析与工作设计、人员招聘与配置、员工培训管理、员工绩效管理、员工薪酬管理、企业劳动关系管理实务、企业人力资源外包等知识体系进行了全面系统的讲解。

本教材博采众长，力求做到学以致用，可作为高职高专院校、成人高校以及应用型本科院校的专业教材，也可作为人力资源管理职业资格证考试的培训教材，还可作为相关专业人员、社会读者学习与工作的参考用书。

前言
Foreword

随着人力资源成为知识经济时代的第一资源，人力资源管理职业已成为全球最热门职业之一，排在最热门和可持续发展职业的第二位。科学管理人力资源更是企业发展的当务之急，任何管理者首先是人力资源管理者，高效而又系统地学习人力资源管理理论、提升人力资源管理技能，成为许多从事和欲从事人力资源管理者的迫切需要。

鉴于此，本书从高职院校和职业培训教学需要出发，着眼于企业的实际情况，在精炼现代企业人力资源开发与管理先进理论与理念的基础上，对企业人力资源开发、管理实践方法与技巧，以及相关法律、法规、政策走势等作了详细的介绍，按照“国家级规划教材”高标准要求和“经典教科书”规范体例精心编成。

本书充分汲取了现代人力资源开发与管理的精髓理念，立足快速发展时期中国的特殊国情和本土实践，广纳近年来中外人力资源管理最新文献经典思想和方法，并在此基础上围绕核心主题，全景式地展现了现代企业人力资源开发与管理的精要思想、先进理念与方法、技巧，以及典型的运作案例和精炼的操作技术。内容体系周全完整，编排新颖独到；理论解说科学严谨、通俗易懂；操作方法具体、形象、直观、精炼。

本书体现了“以职业活动为导向，以职业能力为核心”的先进理念，具备较强的专业性、代表性、实践性、指导性和应用性，既可以模块为基础，为提升企业人力资源管理者的相应专业技能服务，也可为社会各行业的人力资源开发与管理者提供先进理论、理念与方法、技术的指导。既可以作为高职高专院校管理类相关专业学生的教材，也可以作为人力资源开发与管理的自学用书，还可以作为专业人员、企业工作者和社会相关人士学习、研究企业人力资源开发与管理的参考书或培训教材。

本教材由南通纺织职业技术学院陈日华任主编，苏州工业园区服务外包职业学院李瑞丽任第一副主编、南通纺织职业技术学院刘记红任第二副主编，安徽城市管理职业学院张芹、太原电力高等专科学校翟永平、苏州工业园区服务外包职业学院孙卫兴、南通纺织职业技术学院杜佳参加了编写。具体分工如下：

第一章人力资源管理基础知识、第九章企业人力资源外包由李瑞丽编写；第二章人力资源规划由翟永平编写；第三章工作分析与工作设计由刘记红编写；第四章员工招聘与配置由孙卫兴编写；第五章员工培训管理、第八章企业劳动关系管理实务由陈日华编写；第六章员工绩效管理由杜佳老师编写；第七章员工薪酬管理由张芹编写。最后由陈日华、李瑞丽负责定稿、统稿。

此外，本书在编写及书稿打印、校对过程中得到朱曼曼等多位老师的大力帮助，并得到西安交通大学出版社祝翠华等编辑的全程指导与关心，在此一并表示衷心感谢！

本教材是各相关高职院校倾力合作与集体智慧的结晶。尽管我们在特色与实用性上已经做了很大努力，但由于水平有限，不足之处在所难免，恳请各相关高职院校、培训机构、各位读者在使用过程中给予关注，并及时将意见、建议反馈给我们，以使我们及时修订和完善。

所有意见、建议请发往：rihuachen@sohu.com. 联系电话：0513—83581422

编者

2011 年 1 月

目录

Contents

第一章 人力资源管理基础知识

学习要点

1.理解人力资源相关理论、人力资源概念、人力资源基本特性及人力资源开发的相关内容。

2.掌握人力资源管理概念及人力资源管理的工作内容。

3.了解人力资源管理经济学、管理学、心理学的相关理论。

案例导入

华为技术有限公司的人力资源管理

深圳华为技术有限公司成立于1988年,当时只是一个只有两万元注册资本,20个员工的小公司,从事高科技高风险的电信行业。到2009年,华为销售收入已近1500亿元,其中一大半都来自于全球其他100多个国家。

华为的技术能力发展迅猛,华为的销售能力咄咄逼人,这都是因为有一批勤奋努力、奋勇直前的华为人,他们的进取精神来自于华为独特的人力资源管理及人才激励制度。

华为在创业之初就非常重视人才配置,从人才结构上可以看出,华为把研究开发与市场营销作为企业的工作重点。

华为的人才激励机制,主要有以下几个方面:

(1)建立以自由雇佣为基础的人力资源管理体系,不搞终身雇佣制。在1996年通信市场爆发大战前,华为的市场体系有30%的人下了岗,其中不少是曾经立下汗马功劳而又变为落后者的员工。这一次变革,让华为人认识到:"在市场一线的人,不允许有思想上、技术上的沉淀。必须让最明白的人、最有能力的人来承担最大的责任。"从此,华为形成了干部没有任期的说法。那些居功自傲、固步自封的人,不得不在企业快速发展的压力下,不断提高个人素质,不断提高工作能力。

(2)建立内部劳动市场,允许和鼓励员工更换工作岗位,实现内部竞争与选择,促进人才的有效配置,激活员工,最大限度地发现和开发员工潜能。对于一个空出或即将空出的职位,公司就发布内部招聘信息,并且召开竞聘大会。应聘者要作15分钟的演讲,接受评委和观众的提问,由高层领导和专家组成评审委员会,根据竞聘报告和现场表现,当场拍板任职人选。

(3)高工资。华为称为"三高"企业,指的是高效率、高压力和高工资。任正非坚信高工资是第一推动力,因而华为提供的是外企般的待遇。除了高工资,还有奖金与股票分红,内部职工的投资回报率每年都超过70%,有时甚至高达80%。经济利益是最直接最明显的激励方式,高收入是高付出的有效诱因。

(4)提供持续的开发培训。华为实行在职培训与脱产培训相结合、自我开发与教育开发相结合的开发方式,让员工素质适应企业的发展,同时充分让员工有机会得到个人能力的提高。

每年华为都要派遣大量的管理人员、技术人员到国外考察、学习、交流,此举优化了重要领域的人员素质,为有进取精神的人才提供了提高知识和素质的机会。

(5)客观公正的考评。考评工作有着严格的标准和程序,是对员工全方面的考核,考核的依据依次是:才能、责任、贡献、工作态度与风险承诺。对于绩效的考评是重点,宜细不宜粗;对于工作态度和工作能力看重长期表现,宜粗不宜细。客观公正的考评,是对人才工作绩效的正确评价,是实行激励方案的保证。

(案例来源:高效人力资源管理案例[M].宋联可,杨东涛编著.北京:中国经济出版社)

第一节　人力资源相关知识

从当今世界各国经济、社会发展的趋势看,其竞争从表面上看是科技的竞争,而实质上在科技竞争的背后,是人力资源和人才资源的竞争。目前世界和我国都高度关注"知识经济",实质上正是认识到人力资源创造和运用知识带来的世界性的进步。从现代社会经济的角度看,科学技术是第一生产力,管理也构成生产力,但其实现的根本动力在于"人",科学家、工程技术人员、经营管理人员、企业家、投资家、"知本家"(用知识来创造财富的人)早已成为重要的、不可或缺的人力资源。

一、人力资源概念

(一)人力资源(human resource)的基本理论

1.人是可以管理的——人性假设理论

(1)人性。人性,即人的本性,是人通过自己社会性的生命活动,形成或获得的全部属性的综合。因为人是自然界的产物,所以人性首先具有自然属性;但人是有感觉、直觉、记忆、思维、想象、意志、需要、动机等心理活动的,所以人还具有其独特的心理属性,这也是人性的本质。

在自然界和社会经济活动中,人与人之间形成了相似或不同的心理过程、心理状态、个性心理特征和个性意识倾向,使人性产生了独具特色的能动性、社会性、整体性、两面性、可变性及个体差异性。

(2)管理中的人性假设。随着西方管理理论与实践的发展,对人性的研究也在不断深化,概括而言,管理学界对人性假设有以下四种:

①"经济人"假设。"经济人"认为人的行为是为了追求自身最大的经济利益,工作动机就是为了获取经济报酬。其代表人物是以泰勒为首的科学管理理论学派,认为对员工的管理是"胡萝卜加大棒","胡萝卜"就是经济报酬,"大棒"是指企业约束。他们认为管理工作的重点是完成生产任务,提高劳动生产率,而对人的感情和愿望漠不关心。组织以金钱来刺激员工劳动的积极性、效率和服从,对消极怠工者则采取严厉的惩罚措施,组织制定各种严格的管理制度和工作规范,命令员工按照规定的标准进行工作,加强各种法规管制,运用领导的权力和严密的控制体系来保证组织目标的实现。

②"社会人"假设。20世纪二三十年代,美国著名管理学家梅奥做了一个著名的"霍桑试验"后,提出了"社会人"假设。"社会人"假设认为人不只为经济利益而生存,人们的工作动机不仅是物质利益,更在于工作中的社会关系。生产效率的高低,主要取决于员工的士气,而员

工士气取决于家庭生活和社会生活，以及企业中人与人之间的关系，作为组织的领导，要善于理解人，要倾听员工的意见，沟通看法，使正式组织的经济需求与非正式组织的社会需求取得平衡。

③“自我实现人”假设。美国著名心理学家马斯洛提出“需求管理层次论”后，形成了“自我实现人”假设的人性观。所谓“自我实现人”是指需要发挥自己的潜力，充分展示和发挥个人才能，实现个人理想和抱负，以及人格趋于完善的一种人，这种人性论认为人是勤奋、有才能、有潜力的。作为组织的管理者就是要不断创造适宜的工作环境和工作条件，以利于员工充分发挥自己的潜力和能力，实现自我。

④“复杂人”假设。20世纪六七十年代，史克思提出了“复杂人”假设。“复杂人”假设认为人的需要与动机是复杂的，会随着年龄、时间、地点的不同而有不同的表现，会随其年龄、学识、地位的变化而变化。人不是单纯的“经济人”，也不是完全的“社会人”，更不是纯粹的“自我实现人”，而是“复杂人”。企业的管理方式需要根据企业所处的内外部环境和条件而随机应变，不存在一成不变、普遍适用的所谓最好的管理方法。

2.人需要管理——人本管理理论

(1)人本管理的含义。所谓人本管理，即以人为核心，以人为根本的管理。“人即企业，企业即人”，企业中的一切管理活动都由人决定、策划、操纵、运作，人在整个管理过程中始终是主体或主导因素。

企业为人的需要而存在，为人的需要而生产，为人的需要而管理。人的需要包括三个层次：第一，社会人的需要，即人作为顾客，需要企业不断满足社会消费的需求，这是企业所担当的社会责任。第二，企业投资者的需要，即实现利润最大化。第三，企业全体员工的需要，一是获取收入最大化；二是施展才干、实现抱负，个人获得全面发展。于是，提高企业人的智力、知识、技能，锻炼和完善人的意志、品格，发展企业人的整体素质，成为现代企业经营管理的重要任务和目的。

(2)人本管理的原则。

①人的管理第一。在以人为本的现代企业管理中，人的管理居于企业管理的第一位，是实现企业目标的必然要求和必要保证。

②满足人的需要，实施激励。激励是指管理者对其下属的需要，采取外部诱因进行刺激，并使之内化为按照管理要求自觉行动的过程。激励过程也就是个人需要实现的过程，是个人积极性被调动的过程，真切地表现了人本管理的实质内涵。满足个人需要，实施激励，必须成为人本管理的要求和准则。

③优化教育培训，完善人、开发人、发展人。企业人自身不断地发展与完善，是人本管理的最高目标，也是人本管理最本质的核心含义。企业人不断开发、完善与发展，根本途径在于企业教育培训，这也成为企业实施人本管理的基本内容和原则。

④以人为本，以人为中心构建企业的组织形态和机构。以人为本，以人为中心的组织形态或结构表现为组织为其成员创造利益，员工能自愿接受组织的职权和权威，员工之间能在共同利益、共同目标下相互接纳、协同合作，组织和地位具有弹性，领导管理幅度合理，能确立企业员工参与管理的制度与渠道等。

⑤和谐的人际关系。企业人际关系是人本管理的环境，又是人本管理内容及衡量标准。企业人际关系影响着企业的凝聚力，影响着人的身心健康，影响着个体行为，同时影响着企业

工作效率和企业发展。人际关系的和谐，对企业人本管理顺利运行，对企业及其员工的成长与发展至关重要。

⑥员工个人与组织共同发展。组织是人本管理的主体，追逐组织效益和组织发展，以及自我利益最大化，是其管理的宗旨和目标。但是在当今时代，组织发展依赖于企业员工，特别是企业高素质的人才。只有企业员工获得发展，组织发展才有可靠保证，没有员工的发展，就没有组织的发展。就个人而言，其发展也必须以组织为依托。所以，人本管理不能片面强调某一方面的发展，必须坚持个人与组织同命运、共发展的双赢原则。

3. 人是管理的重点——人力资本理论

现代人力资本理论诞生于20世纪50年代末60年代初。

(1)人力资本。所谓人力资本，是指通过费用支出(投资)于人力资源，而形成和凝结于人力资源体中，并能带来价值增值的智力、知识、技能及体能的总和。

人力资本具有一般资本的共性，但是与物质资本相比，它呈现出以下自有特征：

①人力资本存在于人体之中。人力资本与人体不可分离，但却是以一种无形的形式存在，必须通过生产劳动方能体现出来。

②人力资本具有时效性与累积性。人力资本非与生俱来，其形成有一个过程，体能随人的成长逐渐增强，而智力、知识、技能的提高，需要接受数年的教育，进行逐步累积。

③人力资本具有收益性与创造性。人力资本是高增值的资本。事实说明，人力资本能比物质资本更有效地推动经济发展。

④人力资本具有个体差异性。不同个人有各自不同的成长环境、背景和历程，于成长中形成了各自稳定的心理、意识等品质特征，从而使人力资本具有明显的个体差异性。

(2)人力资本投资。

①人力资本投资的含义。人力资本投资是指投资者通过对人进行一定的资本投入(货币资本或实物)，增加或提高人的智能和体能，这种劳动能力的提高最终反映在劳动产出增加上的一种投资行为。投资者可以是国家(中央、地方政府)、事业单位、企业、社会团体，也可以是家庭、个人等。

②人力资本投资支出的类型。a. 实际支出或直接支出，包括学杂费(教育投资)、流动支出(迁移)、培训支出(企业、国家和个人)以及国家用于教育、社会保障方面的支出等。b. 放弃的收入或时间支出，主要指接受教育、寻找工作等期间因不能参与工作而放弃相应收入的机会成本。c. 心理损失，主要指因学习艰苦、孤独，寻找职业令人乏味、费神，工作迁移需要离别家人、朋友等造成的心理损失。

(3)人力资本投资收益。人力资本投资会从多方面、多途径得到回报。由于人力资本总是具有正的外部效果，投资者并不能完全享受到投资带来的全部收益，其中有很大数量的收益流出投资主体收益范围之外，为不同层次的社会成员所共享。所以进行人力资本投资收益分析分为私人收益和社会收益。

①私人收益。私人收益是指投资人力资本所带来的个人收益。私人收益的大小直接影响人力资本投资决策，个人在进行人力资本投资时往往会考虑个体偏好、资本市场平均报酬率及劳动力市场的工资水平及国家政策。

②社会收益。社会收益是指人力资本投资收益中溢出投资主体并且为社会所分享的部分。人力资本投资不仅对家庭、教育事业还会对社会、产业带来收益。

(二)人力资源含义

1.人力资源的定义

人力资源分为现实的人力资源和潜在的人力资源两部分。

现实的人力资源指一个国家或一个地区在一定时间内拥有的实际从事社会经济活动的全部人口,包括正在从事劳动和投入经济运行的人口以及由于非个人原因暂时未能从事劳动的人口,他们有时被称为"劳动力资源"。

潜在的人力资源则是指处于储备状态,正在培养成长,逐步具备劳动能力的,或虽具有劳动能力,但由于各种原因不能或不愿从事社会劳动的,并在一定条件下可以动员投入社会经济生活的人口总和。例如在校的青年学生、现役军人、从事劳务劳动的家庭妇女等。

所以,人力资源就是指一定社会组织内能够作为生产性要素投入社会经济活动的全部劳动人口总和,具体是指人的体质、智质、心理素质、品德、能力素养等。

2.人力资源与人才

"人才"是指有才能的人。实际上,是把人分为有特殊才能与资质的人和普通、平常能力与资质的人两大类,人才是指前者。从概念上看人才的含义和覆盖面比人力资源要狭窄的多。从日常工作中的实际情况看,人各有所长,也各有所短,关键是在用人上如何用其长、避其短,人尽其能。

3.人力资源与人力资本

人力资源包括自然性人力资源和资本性人力资源。自然性人力资源是指未经任何开发的遗传素质与个体;资本性人力资源是指经过教育、培训、健康与迁移等投资而形成的人力资源。人力资本是指所投入的物质资本在人身上所凝结的人力资源,是可以投入经济活动并带来新价值的资本性人力资源。人力资本存在于人力资源之中。人力资源关注的是价值问题,而人力资本关注的是收益问题。人力资源是将人力作为财富的源泉,是从人的潜能与财富的关系来研究人的问题;而人力资本则是将人力作为投资对象,作为财富的一部分,是从投入与收益的关系来研究人的问题。

4.人力资源的基本特性

人力资源是一种特殊而又重要的资源,是各种生产力要素中最具有活力和弹性的部分,它具有以下的基本特征:

(1)生物性。与其他任何资源不同,人力资源属于人类自身所有,是存在于人体之中的一种"活"资源,与人的生理特征、基因遗传等密切相关,具有生物性。

(2)时代性。人力资源的数量、质量以及人力资源素质的提高,即人力资源的形成受时代条件的制约,具有时代性。

(3)能动性。人力资源的能动性是指人力资源是体力与智力的结合,具有主观能动性,具有不断开发的潜力。

(4)两重性。两重性(双重性)是指人力资源既具有生产性,又有消费性。

(5)时效性。人力资源的时效性是指人力资源如果长期不用,就会荒废和退化。

(6)连续性。人力资源的连续性(持续性)是指,人力资源是可以不断开发的资源,不仅人力资源的使用过程是开发的过程,培训、积累、创造过程也是开发的过程。

(7)再生性。人力资源是可再生资源,通过人口总体内各个个体的不断替换更新和劳动力的"消耗——生产——再消耗——再生产"的过程实现其再生。人力资源的再生性除受生物规律支配外，还受到人类自身意识、意志的支配，人类文明发展活动的影响，新技术革命的制约。

二、人力资源开发

人力资源开发是以发掘、培养、利用和发展人力资源为主要内容的一系列有计划的活动和过程。它以人力资本投资为前提，包括人力资源的教育、培训以及人才的发现、培养、使用与调剂等诸多管理活动。

(一)人力资源开发目标

1.人力资源开发的总体目标

(1)最高目标——人的全面发展与个性发展。全面发展是指人的体力和智力以及人的活动能力与道德品质的多方面的发展。个性发展是指基于个性差异基础上的个人的兴趣、特长的形成与发展。全面发展与个性发展是相互促进的关系:全面发展是社会进步对人的发展要求的统一性，个性发展是社会发展对人的发展要求的多样性;全面发展是个性发展的前提，个性发展是实现全面发展的途径。

人力资源的开发过程，就是根据社会的要求与个人的条件，为每个人提供获得知识、提高技能的机会，陶冶情操、增进健康，做出成就、实现自我的各种可能和机会的过程，就是不断地使人发现自己的潜能，发挥自己的创造性的过程。

(2)根本目标——开发并有效运用人的潜能。人的潜能包括生理潜能和心理潜能。生理潜能指体力潜能和智力潜能两个方面;心理潜能包括性格、气质、能力、知识、兴趣、品质、价值观、道德水准等多方面。

人力资源开发，就是采用各种有效手段，充分挖掘劳动者的潜力、提高劳动者的质量，改善劳动者的结构，加强劳动力的组织和管理，充分、科学、合理地发挥人力资源对社会经济发展的积极作用。

2.人力资源开发的具体目标

(1)国家人力资源开发的目标。国家人力资源开发的目标是实现充分就业，提高全民素质，高效合理地利用人力资源，大力发展职业教育和成人教育，提高人力资源的技能，协调收入分配过程中的公平与效率的关系等。

(2)劳动人事部门人力资源开发的目标。劳动人事部门人力资源开发的目标是培育和完善劳动力市场和人才市场，转变职能，创造公平的竞争环境，抓好劳动力的就业服务、培训工作。

(3)教育部门人力资源开发的目标。教育部门人力资源开发的目标是提高人力资源的能力及综合素质，使之与劳动力市场、用人单位的需求相适应。

(4)企业人力资源开发的目标。企业人力资源开发的目标是通过员工培训及合理配置、职业生涯设计和管理，使“人”与“事”交互发展，员工得到职业发展，同时也为企业创造更大的利润。

(二)人力资源开发内容

人力资源开发的主体主要有国家、社会、组织和个人。不同开发主体立足点不同，所选用的开发内容也有所不同。从综合的角度，人力资源开发分为职业开发、管理开发、组织开发和环境开发四个环节。

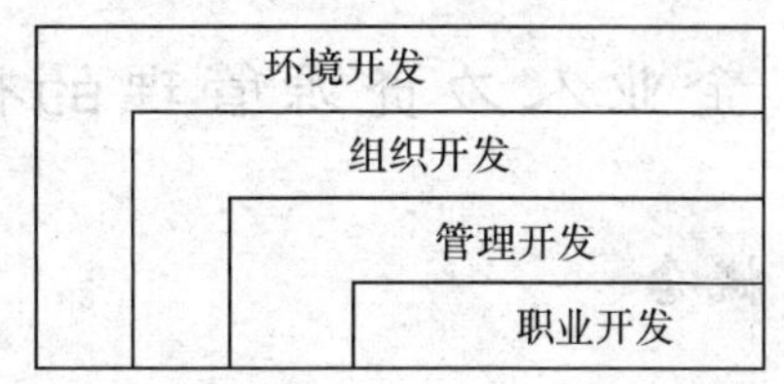

1. 职业开发

职业开发的目的在于促进组织需要和员工个人需要的最佳配合。其内容如下：

(1)改善组织的人力资源开发与管理活动。

(2)改进个人职业生涯规划，帮助员工更有效地应付和摆脱工作困境。

(3)改善所有职业阶段上的匹配过程，使处于早、中、晚期职业危机的组织和个人都能更有效地解决这些危机。

(4)正确处理员工在职业中、晚期出现的落伍退化、激情消失和但求安稳的行为问题。

(5)在不同的生命阶段使家务和工作取得均衡。

(6)使所有员工保持生产率和动力。

2. 管理开发

管理开发的目的是实现人力资源有效开发、合理配置、充分利用和科学管理。其具体内容包括：

(1)通过国家法律法规调整组织和劳动者之间的权利义务关系，规范人力资源市场行为；通过制定组织各项规章制度来规范员工的劳动行为，保证组织的正常运转和组织目标的实现。

(2)依靠组织和领导，进行组织工作岗位和责任的安排。

(3)实施正确的激励措施，不断提高员工工作的积极性。

3. 组织开发

组织开发的目的是帮助每一位员工发挥才干，改善员工个人之间、群体之间的工作关系，其目标是提高组织整体人力资源开发的效能，不断提高组织的协作能力，解决组织内部冲突和矛盾，建立员工合作的目标，改变组织价值观和组织文化，提高组织的生产率和技能。其内容如下：

(1)改善组织氛围，建立包括人际、组织的合作关系，增强组织与人际的信任与支持程度。

(2)建立能促进组织成员工作热情、工作积极性和满意程度的工作环境。

(3)形成组织文化，提高个人与群体在组织中的责任程度。

4. 环境开发

环境开发的目的是保证组织有良性的支撑条件。环境开发的内容包括社会环境、自然环境、工作环境和国际环境开发。这些环境直接或间接地影响着人力资源积极性的提高及能力的发挥程度。

第二节　企业人力资源管理的相关知识

一、企业人力资源管理概念

（一）人力资源管理概念(human resource management，HRM)

人力资源管理是指对人力资源的生产、开发、配置、使用等诸环节所进行的计划、组织、指挥和控制的管理活动。它是研究组织中人与人关系的调整、人与事的配合，以及充分开发人力资源潜能，调动人的积极性，提高工作效率，改进工作质量，实现组织目标的理论、方法、工具和技术。作为一个人力资源管理部门，其主要工作涉及对工作人员的招聘、选拔、录用、培训、考核、奖惩、晋升、工资、福利、社会保险、劳动关系等方面的工作。

对人力资源管理这一概念的理解：

1.人力资源管理的核心内容重在对人与事之间的关系进行管理

人力资源管理并非对社会劳动过程进行直接管理，也不是简单地对人或事进行管理。它是谋求社会劳动过程中人与事、人与人、人与组织的相互适应，做到事得其人，人尽其才。

2.人力资源管理是以组织、协调、控制、监督为工作的手段

组织就是在知人、识事的基础上，根据因事择人的原则，使人与事密切地结合起来。协调就是根据人与事各自的变化及时地调整他们之间的关系，保持人事相宜的良好状态。控制就是采用行政的、组织的、思想的种种方法，来防止人与事、人与人、人与组织的对抗。监督就是对组织、协调、控制人力资源活动的监察。要监督首先就要对人力资源过程公开化，增大透明度，只有这样，才能作到人力资源管理法制化，依法管理。

3.人力资源管理是积极的动态管理

这就是说，人力资源管理并不是消极地被动地适应事的需要，而是要根据每个人的能力和水平，使人适其职，人尽其能。因此人力资源管理要根据人的聪明才智的提高和能力的增强，及时进行工作岗位的调整，给他提高充分施展才华的条件，这就是人力资源管理的职能之一。

（二）人力资源管理目标

人力资源管理的最终目标是促进企业目标的实现。具体表现为：

(1)企业的目标最终将通过其最有价值的资源——它的员工来实现。

(2)为提高员工个人和企业整体的业绩，人们应把促进企业的成功当做自己的义务。

(3)制定与企业业绩紧密相连，具有连贯性的人力资源方针和制度，是企业最有效利用资源和实现商业目标的必要前提。

(4)应努力寻求人力资源管理政策与商业目标之间的匹配和统一。

(5)当企业文化合理时，人力资源管理政策应起支持作用；当企业文化不合理时，人力资源管理政策应促使其改进。

(6)创造理想的企业环境，鼓励员工创造，培养积极向上的风气；人力资源政策应为合作、创新和全面质量管理的完善提供合适的环境。

(7)创建反应灵敏、适应性强的组织体系，从而帮助企业实现竞争环境下的具体目标。

(8)增强员工上班时间和工作内容的灵活性。

(9)提供相对完善的工作和组织条件，为员工充分发挥其潜力提供所需要的各种支持。

(10)维护和完善员工队伍以及产品和服务。

(三)人力资源管理与人事管理(personnel management)的区别

人力资源管理与人事管理既有历史上的渊源关系,又有本质的区别。它们不仅仅是称谓的变换和职能部门名称的改变,而且有着下列区别:

(1)传统人事管理将事作为重心,把人降格为"执行指令的机器",着眼于为人找位,为事配人。而人力资源管理则将人作为重心,把人作为第一资源,既重视以事择人,也重视为人设事,尤其是对特殊的人力资源。

(2)传统人事管理将人视为组织的财产,部门所有、闲置和压抑等现象严重,只重拥有不重开发使用。而现代人力资源管理将人力资源作为劳动者自身的财富。作为人力资本,它有增值的本能,因而个人、组织和社会均重视人力资源开发使用,一旦闲置和遭到压抑,则具有在市场机制作用下重新配置的本能。

(3)传统人事管理的主体是行政部门,管理制度受到领导人意志左右,个人、组织包括企业均是被动的接受者。而人力资源管理的主体也就是市场运行的主体,他们的行为受到市场机制的左右,遵循市场通行规则和人力资源管理自身特有的规律。

(4)传统人事管理的部门作为组织内的一个从事执行的职能部门,从事日常的事务性工作。而人力资源管理部门被纳入决策层,把人的开发、利用、潜能开发作为重要内容,鼓励成员参与管理,将人力资源管理部门作为组织战略决策的参与者。管理模式也由"垂直"模式过渡到"主体"模式。

(5)人力资源管理充分运用了当代社会学、心理学、管理学、经济学和技术学等学科的最新成果,更加强调管理的系统化、规范化、标准化以及管理手段的现代化,突出了管理者诸要素之间互动以及管理活动与内外部环境间的互动。

二、企业人力资源管理内容

(一)人力资源管理内容

人力资源管理的内容主要包括对员工的招募、甄选、录用、培训、岗位调配、绩效考试、奖惩、晋升、工资、福利、社会保险以及劳动关系的处理等。

根据组织目标与内外环境,人力资源管理内容可概括为四个大项目:选人、育人、用人和留人(图 1-1)。

1. 工作分析

工作分析是现代人力资源管理所有职能,即人力资源获取、整合、保持与激励、控制与调整、开发等职能工作的基础和前提,工作分析对于企业具有十分重要的意义,具体表现在:

(1)为企业人力资源规划的制定提供依据。

(2)核定人力资源成本,并提出相关的管理决策。

(3)让企业及所有员工明确各自的工作职责和工作范围。

(4)帮助企业聘用到岗位所需要的人员。

(5)为制定合理的员工培训、发展规划提供必要的帮助。

(6)帮助制定考核标准及方案,科学开展绩效考核工作。

(7)为公平的薪酬激励方案的制定提供依据。

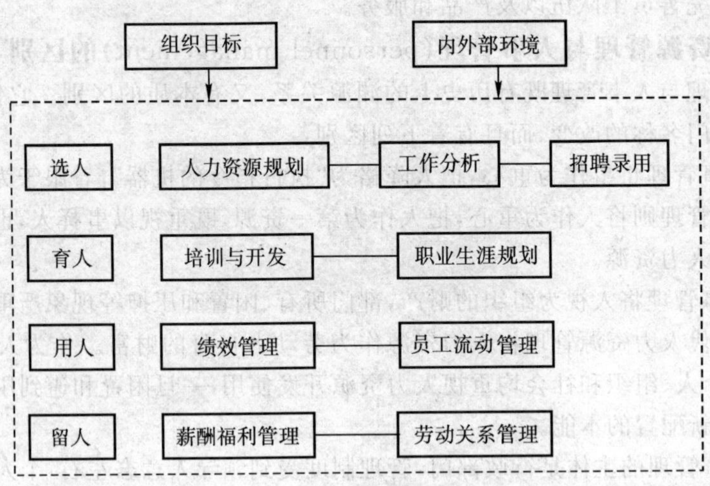

图 1-1 人力资源管理的内容

工作说明书是职务分析的结果。

目前,在许多企业人力资源管理实务中,都强调“以岗位为核心的人力资源管理整体解决方案”。实际上,就是指企业人力资源管理的一切职能,都是以岗位分析为基础的。

2. 人力资源规划

人力资源规划是指使企业稳定地拥有一定质量和必要数量的人力,以实现包括个人利益在内的该组织目标而拟订的一套措施,从而求得人员需求量和人员拥有量之间的企业未来发展过程中的相互匹配。

通过人力资源规划:一方面保证人力资源管理活动与组织的战略方向和目标一致;另一方面,保证人力资源管理活动中各个具体环节协调一致,消除冲突。

3. 招聘与录用

招聘与录用是指根据企业发展的要求,针对企业将要空缺的职位,找到企业需要的人员。招聘的对象可以分为两部分,一个是新职工的招聘,另一个是企业的一些管理人员的选拔。招聘与录用内容包括:

(1)招聘的岗位要求和人数。

(2)招聘岗位的人员要求。

(3)招聘渠道。

(4)招聘方法。

(5)劳动合同。

(6)总的资金预算。

4. 培训与开发

培训与开发是指从企业发展的需要出发,拟订企业下一期的培训工作安排。培训计划应该务实,并注重培训工作的效果。培训与开发内容包括:

(1)培训的目标与培训内容。

(2)培训方式与对象。

(3)培训形式。

(4)培训效果与资金预算。

5.绩效考核

绩效管理在企业人力资源开发与管理中占据核心地位,它将企业战略目标分解到各个业务部门和每个岗位,通过对每个员工的绩效进行管理、改进和提高,从而提升企业的整体绩效,最终实现企业的战略目标。绩效管理的根本目的是为了持续改善组织绩效和个人绩效,它是培养企业核心竞争力的重要手段,是现代企业管理体系中不可缺少的重要一环,是企业取得成功的重要保证。绩效管理的内容包括:

(1)绩效计划的制订及绩效考核前的绩效沟通。

(2)绩效考核指标体系的设计与确定。

(3)绩效考核方法的选择。考核方法有排序法、图尺度评价法、关键事件法、行为锚定法、360度绩效考核法、KPI(关键绩效指标)考核法、平衡积分卡法等。

(4)绩效反馈和结果运用。

6.薪酬福利管理

薪酬福利管理是在经营战略和发展规划的指导下,综合考核企业内外各种因素的影响,确定企业自己的薪酬水平、薪酬结构和薪酬形式,并进行薪酬调整和薪酬控制的整个过程,其目的在于吸引和留住符合企业需要的员工,并激发他们的工作热情和各种潜能,最终实现企业的经营目标,它解决的是“如何激励人才、留住人才”的问题,一个现代企业应当坚持“对外具有竞争力、对内具有激励和凝聚力”的原则,构建和不断完善企业的薪酬福利制度。薪酬福利管理的内容包括:

(1)岗位评价。

(2)薪酬调查。

(3)薪酬结构设计。

(4)薪酬制度制定。

(5)薪酬核算。

(6)薪酬福利发放。

7.激励

所谓员工激励,就是指公司管理者在职员管理过程中,采用激励的理论和方法,对职员的各种需要给予不同程度的满足和限制,以此引起他们心理状况的变化,达到激励动机,引起行为的目的,使职员的每一种内在的动力,朝着所期望的组织目标做出持久努力,再通过正反两方面的强化,对行为加以控制和调节。

美国国际商用机器公司(IBM)就采用了许多有效的激励手段:如:提供养老金、集体人寿保险和优厚的医疗待遇;减免愿意重返学校提高知识和技能的职员的学费。

美国哈佛大学的心理学家威廉·詹姆士在对职员的激励研究中发现:在缺乏激励的一般岗位上,职员往往只能发挥其实际工作能力的20%~30%,他们认为只有做到可以保住自己饭碗就可以了,但是受到充分激励的职员,其潜力可以发挥到80%~90%。

日本丰田汽车公司,采取合理化建议奖(包括物质和荣誉奖)的办法鼓励公司职员提建议。不管建议是否被采纳,均会受到奖励和尊重,如果建议被采纳,并取得经济效益,那么得的奖励就更多更重。结果该公司的职员仅1983年一年就提出165万条建议,平均每人提31条,它所带来的利润为900亿日元，相当于该公司全年利润的18%。

(二)人力资源管理职能

现代企业人力资源管理，具有以下五种基本功能：

(1)获取。获取是指根据企业目标确定的所需员工条件，通过规划、招聘、考试、测评、选拔，录用企业所需人员。

(2)整合。整合是指通过企业文化、信息沟通、人际关系和谐、矛盾冲突的化解等有效整合，使企业内部的个体、群众的目标、行为、态度趋向企业的要求和理念，使之形成高度的合作与协调，发挥集体优势，提高企业的生产力和效益。

(3)保持。保持是指通过薪酬、考核、晋升等一系列管理活动，保持员工的积极性、主动性、创造性，维护劳动者的合法权益，保证员工在工作场所的安全、健康、舒适的工作环境，以增进员工满意感，使之安心满意地工作。

(4)评价。评价是指对员工工作成果、劳动态度、技能水平以及其他方面作出全面考核、鉴定，为作出相应的奖惩、升降、去留等决策提供依据。

(5)发展。发展是指通过员工培训、工作丰富化、职业生涯规划与开发，促进员工知识、技巧和其他方面素质提高，使其劳动能力得到增强和发挥，最大限度地实现其个人价值和对企业的贡献率，达到员工个人和企业共同发展的目的。

(三)人力资源管理职责

人力资源管理职责是指人力资源管理者需要承担的责任和任务。加里·德斯勒在他所著《人力资源管理》一书中，将一家大公司人力资源管理者在有效的人力资源管理方面所负的责任描述为以下十大方面：

(1)把合适的人配置到适当的工作岗位上。

(2)引导新员工进入组织(熟悉环境)。

(3)培训新员工适应新的工作岗位。

(4)提高每位新员工的工作绩效。

(5)争取实现创造性的合作，建立和谐的工作关系。

(6)解释公司政策和工作程序。

(7)控制劳动力成本。

(8)开发每位员工的工作技能。

(9)创造并维持部门内员工的士气。

(10)保护员工的健康以及改善工作的物质环境。

(四)人力资源管理活动的关系

人力资源管理的各项活动之间不是彼此割裂、孤立存在的，而是相互联系、相互影响，共同形成了一个有机的系统，如图1-2所示。

1.以工作分析与评价为基础

在这个职能系统中，工作分析和工作评价是一个平台，其他各项职能的实施基本上都要以此为基础。人力资源规划中，预测组织所需的人力资源数量和质量时，基本的依据就是职位的工作职责、工作量和任职资格，而这些正是工作分析的结果——职位说明书的主要内容；预测组织内部的人力资源供给时，要用到各职位可调动或晋升的信息，这也是职位说明书中的内容。进行计划招聘时，发布的招聘信息可以说就是一个简单的职位说明书，而录用甄选的标准

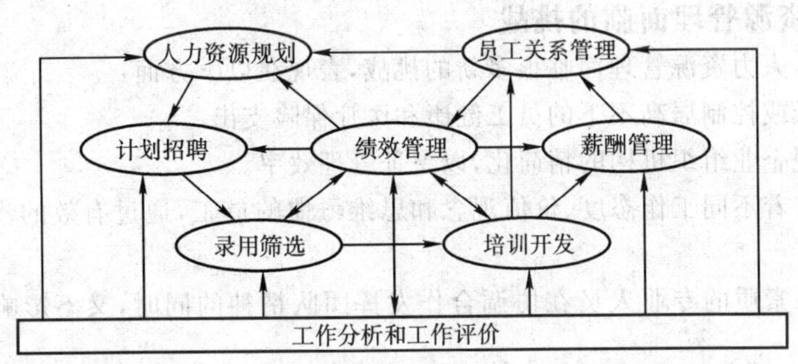

图 1-2 人力资源管理活动关系图

则主要来自于职位说明书中的任职资格要求。绩效管理和薪酬管理与工作分析和工作评价的关系更加直接。绩效管理中,员工的绩效考核指标可以说是完全根据职位的工作职责来确定的;而薪酬管理中,员工工资等级的确定,依据的信息主要就是职位说明书的内容。在培训开发过程中,培训需求的确定也要以职位说明书对业务知识、工作能力和工作态度的要求为依据,简单地说,将员工的现实情况和这些要求进行比较,两者的差距就是要培训的内容。

2. 以绩效管理为核心

再来看一下绩效管理。该职能在整个系统中居于核心的地位,其他职能或多或少都要与它发生联系。预测组织内部的人力资源供给时,需要对现有员工的工作业绩、工作能力等做出评价,而这些都属于绩效考核的内容。计划招聘也与绩效考核有关,我们可以对来自不同渠道的员工的绩效进行比较,从中得出经验性的结论,从而实现招聘渠道的优化。录用甄选和绩效管理之间则存在着一种互动的关系,一方面我们可以依据绩效考核的结果来改进甄选过程的有效性;另一方面甄选结果也会影响到员工的绩效,有效的甄选结果将有助于员工实现良好的绩效。前面已经提到,将员工的现实情况与职位说明书的要求进行比较后就可以确定出培训的内容,那么员工的现实情况又如何得到呢?这就要借助绩效考核了,因此培训开发和绩效管理之间存在着一定的关系,此外,培训开发对员工提高绩效也是有帮助的。目前,大部分企业在设计薪酬体系时,都将员工的工资分为固定工资和浮动工资两部分,固定工资主要依据工资等级来支付,浮动工资则与员工的绩效水平相联系,因此绩效考核的结果会对员工的工资产生重要的影响,这就在绩效管理和薪酬管理之间建立了一种直接的联系。通过员工关系管理,建立起一种融洽的氛围,这将有助于员工更加努力地工作,进而有助于实现绩效的提升。

3. 其他活动的相互联系

人力资源管理的其他活动之间同样也存在着密切的关系。录用甄选要在招聘的基础上进行,没有人来应聘就无法进行甄选;而招聘计划的制订则要依据人力资源规划,招聘什么样的员工、招聘多少员工,这些都是人力资源规划的结果;培训开发也要受到甄选结果的影响,如果甄选的效果不好,员工无法满足职位的要求,那么对新员工培训的任务就要加重,反之,新员工的培训任务就比较轻。员工关系管理的目标是提高员工的组织承诺度,而培训开发和薪酬管理则是达成这一目标的重要手段。培训开发和薪酬管理之间也有联系,员工薪酬的内容,除了工资、福利等货币报酬外,还包括各种形式的非货币报酬,而培训就是其中的一种重要形式,因此从广义上来讲,培训开发构成了报酬的一个组成部分。

(五)人力资源管理面临的挑战

发展到今天,人力资源管理面临很多新的挑战,表现在以下方面:

(1)如何降低或控制居高不下的员工健康和医疗保险支出。

(2)如何实现企业组织机构的精简化,以保证管理效率。

(3)如何使有着不同工作态度、价值观念和思维习惯的员工,通过有效的沟通实现高质量的工作业绩。

(4)如何使高素质的专业人员在协调合作发挥团队精神的同时,又不影响其创造才能的发挥。

(5)如何在完善工薪报酬体制的基础上,同步地发展精神激励的作用,依靠企业文化建设,较长期地维系企业内高昂的士气。

(6)如何使成本趋高的企业人才培养投资能够对企业经济效益的增长起到更有效、更直接的促进作用。

(7)如何协调鼓励企业精英参加社会和学术活动与防范人才流失之间的关系。

(8)如何建立新的人员评价标准体系并使之为企业的实际管理效率和经济利益做出突出的贡献。

第三节　人力资源管理的相关理论

近年来,人力资源管理越来越成为企业管理最受关注和有应用价值的部分,人力资源管理作为一个年轻的边缘性学科领域,不可避免地要借鉴和吸收其他学科中与之有关的理论,对其他学科既不断分化又相互渗透,总体而言,其理论主要来自于经济学、管理学和心理学等学科。

一、劳动经济学

劳动经济学是研究市场经济制度中的劳动力市场现象及劳动力市场运行规律的科学。劳动经济学的主要任务是认识劳动力市场的种种复杂现象,理解并揭示劳动力供给、劳动力需求,以及工资和就业决定机制对劳动力资源配置的作用原理。劳动力市场上劳动力供求的运动,决定了一个经济社会的就业规模和获得的工资量。

(一)劳动力的供给和需求

现代劳动经济学所要研究的劳动力是指一定年龄之内,具有劳动能力与就业要求,从事或能够从事某种职业劳动的全部人口,包括就业者和失业者,即社会劳动力。

1.劳动力供给

所谓劳动力供给,是指在一定的市场工资率的条件下,劳动力供给的决策主体(家庭或个人)愿意并能够提供的劳动时间。

2.劳动力需求

所谓劳动力需求,是指企业在某一特定时期内,在某种工资率下愿意并能够雇佣的劳动量。劳动力需求是企业雇佣意愿和支付能力的统一。

3.劳动力市场的均衡

劳动力市场的均衡,是指在某一市场工资率下,劳动力需求正好等于劳动力供给这样一种状况。此时的工资率即为均衡工资率或市场出清工资率，在这一工资率下通过市场实现的就业量即为均衡就业量。

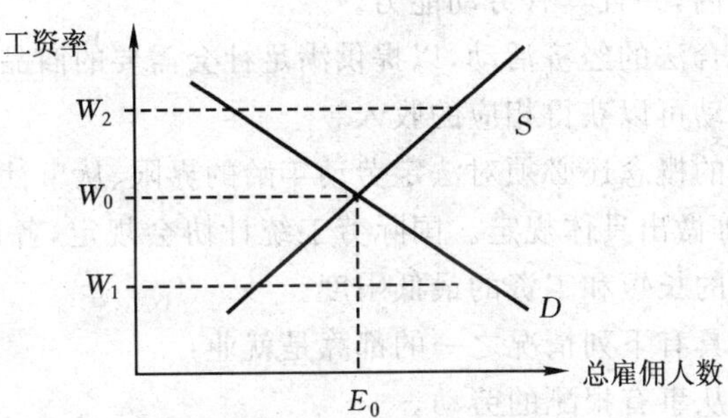

图 1-3　劳动市场供需均衡示意图

如图 1-3 所示，D 和 S 分别为市场劳动力需求曲线和市场劳动力供给曲线，D 和 S 相交所决定的工资率 W 和就业量 E 分别为均衡工资率和均衡就业量。

劳动力市场均衡的意义主要表现在三个方面：

(1)劳动力资源得到最优分配。

(2)同质的劳动力获得同样的工资。

(3)使经济社会实现充分就业。

(二)工资与工资形式

1. 工资

工资是指基于劳动关系，用人单位根据劳动者提供的劳动数量和质量，按照法律规定或劳动合同约定，以货币形式直接支付给劳动者的劳动报酬。

由于工资是劳动报酬的货币形式，因此，它反映了以下基本属性：①工资支付基于劳动关系；②工资是依据劳动为尺度支付的货币；③工资以劳动者实际提供的劳动量为标准确定。

2. 工资形式

工资形式一般有以下几种：计时工资、计件工资、定额工资、浮动工资、奖金、津贴。

(1)计时工资。计时工资是指根据劳动者的实际工作时间和工资等级以及工资标准支付劳动报酬的工资形式。

(2)计件工资。计件工资是指按照劳动者生产合格产品的数量、质量和预先规定的计件单价计量和支付劳动报酬的一种形式。

(3)定额工资。定额工资是指按照劳动定额完成的情况支付劳动报酬的一种工资形式。

(4)浮动工资。浮动工资是指劳动者劳动报酬随着企业经营好坏及劳动者劳动贡献大小而上下浮动的一种工资形式。

(5)奖金。奖金是对超额劳动的补贴，以现金方式给予的物质鼓励。

(6)津贴。津贴是对劳动者在特殊条件下的额外劳动消耗或额外费用支出给予补偿的一种工资形式。

(三)就业与失业

1. 就业

从理论上讲，就业是指具有劳动能力的人，运用生产资料从事合法社会劳动，并获得相应的劳动报酬或经营收入的经济活动。灵活多样的就业形式都可以视为就业。根据这一定义,一个人如果同时满足以下三个基本条件,就可以被认为是就业者实现了就业:

(1)在法定劳动年龄内,并且具有劳动能力。

(2)所从事的是某种合法的经济活动,以提供满足社会需要的商品或服务为目的。

(3)从事这种社会劳动可以获得相应的收入。

在实际生活中,就业的概念还必须对法定劳动年龄的界限、从事社会劳动的时间长度和劳动报酬或经营收入标准等做出具体规定。国际劳工统计协会规定,各国可根据国情确定劳动年龄的上下限、劳动时间的长短和工资的最低限度。

凡在劳动年龄之内,具有下列情况之一的都算是就业:

(1)在规定的时间内从事有报酬的劳动。

(2)有职业而由于疾病、事故、劳动争议、度假、旷工或气候不良、设备损坏临时停工等原因而暂时没有工作。

(3)自己当雇主或营业,包括协助家庭经营企业或工厂,工作时间相当于正常工作时间的1/3以上,没拿报酬,也算就业。

但是下列情况不属于就业范畴:①童工;②不以获得收入或盈利为目的的公益劳动、家务劳动等。

2. 失业

失业(unemployment)是指有劳动能力、愿意接受收现行工资水平但仍然找不到工作的现象。根据国际劳工组织的定义,失业是指某个年龄以上,有工作能力在考察期内没有工作,并且正在寻找工作的人。从整个经济来看,通常把一定年龄阶段的人口称作劳动年龄人口,其中一部分处于工作状态的,称为就业者;一部分处于寻找工作而尚未找到工作的称为失业者。还有一部分不愿工作或不寻找工作的,称为不在业劳动人口,失业人口占劳动人口的比重即为失业率。

(1)自愿失业与非自愿失业。失业有很多种类,根据主观愿意就业与否分为自愿失业与非自愿失业。

所谓自愿失业,是指工人所要求的实际工资超过其边际生产率,或者说不愿意接受现行的工作条件和收入水平而未被雇佣而造成的失业。由于这种失业是由于劳动人口主观不愿意就业造成的,所以被称为自愿失业,无法通过经济手段和政策来消除,因此不是经济学所研究的范围。

所谓非自愿失业,是指有劳动能力、愿意接受收现行工资水平但仍然找不到工作的现象。这种失业是由于客观原因所造成的,因而可以通过经济手段和政策来消除。经济学中所讲的失业是指非自愿失业。

(2)摩擦性失业、结构性失业和周期性失业。非自愿失业又可以分为这样几种类型:摩擦性失业、结构性失业和周期性失业。

摩擦性失业是指生产过程中难以避免的、由于转换职业等原因而造成的短期、局部失业。这种失业的性质是过渡性的或短期性的。它通常起源于劳动的供给一方,因此被看做是一种求职性失业,即一方面存在职位空缺,另一方面存在着与此数量对应的寻找工作的失业者。这是因为劳动力市场信息的不完备,厂商找到所需雇员和失业者找到合适工作都需要花费一定的时间。摩擦性失业在任何时期都存在,并将随着经济结构变化而有增大的趋势,但从经济和社会发展的角度来看,这种失业存在是正常的。

结构性失业是指劳动力的供给和需求不匹配所造成的失业,其特点是既有失业,也有职位空缺,失业者或者没有合适的技能,或者居住地点不当,因此无法填补现有的职位空缺。结构性失业在性质上是长期的,而且通常起源于劳动力的需求方。结构性失业是由经济变化导致的,这些经济变化引起特定市场和区域中的特定类型劳动力的需求相对低于其供给。

造成特定市场中劳动力的需求相对较低可能由以下原因导致:一是技术变化,即原有劳动者不能适应新技术的要求,或者是技术进步使得劳动力需求下降;二是消费者偏好的变化,即消费者对产品和劳务偏好的改变,使得某些行业扩大而另一些行业缩小,处于规模缩小的行业的劳动力因此而失去工作岗位;三是劳动力的不流动性,即流动成本的存在制约着失业者从一个地方或一个行业流动到另一个地方或另一个行业,从而使得结构性失业长期存在。

周期性失业是指在经济周期中的衰退或萧条时,因社会总需求下降而造成的失业。当经济发展处于一个周期中的衰退期时,社会总需求不足,因而厂商的生产规模也缩小,从而导致较为普遍的失业现象。周期性失业对于不同行业的影响是不同的,一般来说,需求收入弹性越大的行业,周期性失业的影响越严重。

(四)劳动力市场的制度结构

1.最低劳动标准

最低劳动标准包括最低工资标准和最长劳动时间标准等。

2.最低社会保障

依据法律规定,对暂时或永久丧失劳动能力以及各种原因生活发生困难的劳动者应给予物质帮助。

3.工会

工会基本功能是与雇主或雇主组织进行集体谈判,参与决定基本劳动条件,并对各项劳动条件标准的实施进行监督。

最低劳动标准、最低社会保障、工会权利义务等三个制度结构,在现代市场经济国家都是以法律的形式确定下来的,受到法律的保护。同时政府会运用宏观调控政策,主要包括财政政策、货币政策和收入政策等来影响社会的就业总量和劳动收入。

二、人力资源管理学

(一)人力资源战略管理理论

人力资源战略管理理论认为人力资源是一切资源中最宝贵的资源。人力资源战略管理理论认为企业的发展与员工的职业能力的发展是相互依赖的,企业鼓励员工不断地提高职业能力以增强企业的核心竞争力,而重视人的职业能力必须先重视人本身,把人力提升到了资本的高度,一方面通过投资人力资本形成企业的核心竞争力,同时将人力作为资本要素参与企业价值的分配。

比尔·盖茨曾经就这么说过:如果把我们最优秀的20名员工拿走,微软将变成一个无足轻重的公司。在现代社会,人力资源是组织中最有能动性的资源,如何吸引到优秀人才,如何使组织现有人力资源发挥更大的效用,支持组织战略目标的实现,是每一个企业领导者都必须认真考虑的问题,这也正是为什么企业的最高领导越来越多来源于人力资源领域的一个原因。

战略性人力资源管理理论认为人力资源是组织战略不可或缺的有机组成部分,包括了企业通过人来达到组织目标的各个方面,如图1-4所示。

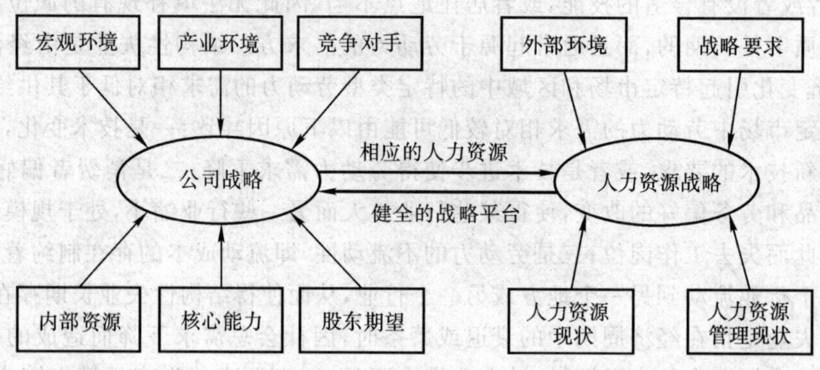

图1-4 公司战略和人力资源战略的关系

一方面,企业战略的关键在于确定好自己的客户,经营好自己的客户,实现客户满意和忠诚,从而实现企业的可持续发展,但是如何让客户满意呢?企业需要有优良的产品与服务给客户创造价值、带来利益,而高质量的产品和服务,需要企业员工的努力。所以,人力资源是企业获取竞争优势的首要资源,而竞争优势正是企业战略得以实现的保证。

另一方面,企业要获取战略上成功的各种要素,如研发能力、营销能力、生产能力、财务管理能力等,最终都要落实到人力资源,因此,在整个战略的实现过程中人力资源的位置是最重要的。

人力资源战略管理强调通过人力资源的规划、政策及管理实践达到获得竞争优势的人力资源配置的目的,强调人力资源与组织战略的匹配,强调通过人力资源管理活动实现组织战略的灵活性,强调人力资源管理活动的目的是实现组织目标。人力资源战略管理理论把人力资源管理提升到战略的地位,就是系统地将人与组织联系起来,建立统一性和适应性相结合的人力资源管理。

体系:理念──→规划──→机制──→平台

人力资源战略管理不是一个概念,而是一个有机的体系,由战略性人力资源管理理念、战略性人力资源规划、战略性人力资源管理核心职能和战略性人力资源管理平台四部分组成,如图1-5所示。

战略性人力资源管理理念是灵魂,以此来指导整个人力资源管理体系的建设;战略性人力资源规划是航标,指明人力资源管理体系构建的方向;战略性人力资源管理核心职能是手段,依此确保理念和规划在人力资源管理工作中得以实现;战略性人力资源管理平台是基础,在此基础之上才能构建和完善战略性人力资源管理职能。

(二)人力资源激励管理理论

管理实质上是一门"运动人"的社会模式。管理就是"激励别人去干事"。换句话说,管理就是"管人"和"理事"。有一个说法可能有些道理:世上最容易的事是自己去干事,而最难的事是安排别人去干事。所以人力资源首当其冲要以对人的激励为核心。人力资源管理建立在激励管理理论基础之上,通过激励、优化员工行为,使员工工作效率更高。

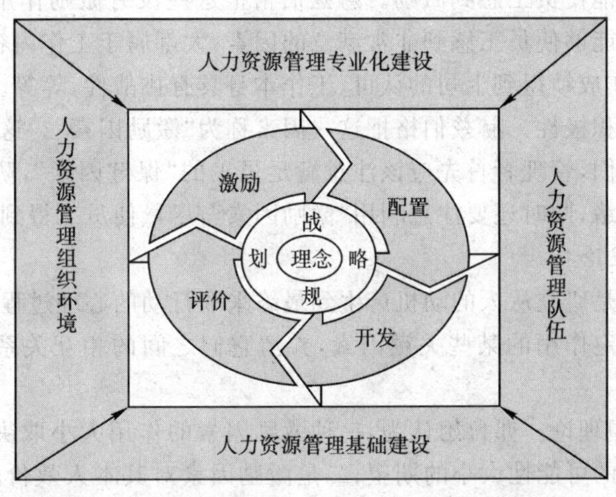

图 1-5 人力资源管理体系

激励理论是关于如何满足人的各种需要、调动人的积极性的原则和方法的概括总结。激励的目的在于激发人的正确行为动机，调动人的积极性和创造性，以充分发挥人的智力效应，做出最大成绩。激励理论分为内容型激励理论、过程型激励理论和行为改造型激励理论。

1. 内容型激励理论

内容型激励理论，就是针对激励的原因与起激励作用的因素的具体内容进行研究的理论。

(1)马斯洛的需要层次理论。美国心理学家亚伯拉罕·马斯洛于 1943 年提出，各层次需要从低层次到高层次分别为生理需求、安全需求、社会需求、尊重需求、自我实现需求。

管理应用：①低层次的需要只有得到部分满足以后，高层次的需要才有可能成为行为的重要决定因素；②高层次的需要比低层次需要更有价值，人的需要结构是动态的、发展变化的。

(2)奥德弗的 ERG 理论。ERG 理论是"生存—相互关系—成长发展需要"理论的简称。奥德弗认为，人们的需要有三类：生存需要(E)、相互关系需要(R)和成长发展需要(G)。

该理论认为，各个层次的需要得到的满足越少，越为人们所渴望；较低层次的需要者越是能够得到较多的满足，则较高层次的需要就越渴望得到满足；如果较高层次的需要一再受挫得不到满足，人们会重新追求较低层次需要的满足。这一理论不仅提出了需要层次上的满足上升趋势，而且也指出了挫折导致倒退的趋势，这在管理工作中很有启发意义。

(3)麦克利兰的成就需要理论。麦克利兰认为，在人的生存需要基本得到满足的前提下，成就需要、权利需要和合群需要是人的最主要的三种需要。成就需要的高低对一个人、一个企业发展起着特别重要的作用。该理论将成就需要定义为：根据适当的目标追求卓越、争取成功的一种内驱力。

该理论认为，成就需要强烈的人事业心强，喜欢那些能发挥其独立解决问题能力的环境。在管理中，只要对他提供合适的环境，它就会充分发挥自己的能力。权利需要较强的人有责任感，愿意承担有竞争并且能够取得较高社会地位的工作，喜欢追求和影响别人。

(4)赫兹伯格的双因素理论。赫兹伯格认为员工非常不满意的原因，大都属于工作环境或工作关系方面的，如公司的政策、行政管理、员工与上级之间的关系、工资、工作安全、工作环境等。他发现上述条件如果达不到员工可接受的最低水平时，就会引发员工的不满情绪。但是，具备了这些条件并不能使员工感到激励。赫兹伯格把这些没有激励作用的外界因素称为“保健因素”。他还认为,能够使员工感到非常满意的因素,大都属于工作内容和工作本身方面的,如工作的成就感、工作成绩得到上司的认可、工作本身具有挑战性,等等。这些因素的改善,能够激发员工的热情和积极性。赫兹伯格把这一因素称为“激励因素”。这就是“双因素理论”。

这一理论告诉我们,管理者首先应该注意满足员工的“保健因素”,防止员工消极怠工,使员工不致产生不满情绪,同时还要注意利用“激励因素”,尽量使员工得到满足的机会。

2.过程型激励理论

过程型激励理论是研究从人的动机产生到最终采取行动的心理过程的理论。它的主要任务是找出对行为起决定作用的某些关键因素,弄清它们之间的相互关系,以预测和控制人的行为。

(1)弗鲁姆的希望理论。弗鲁姆认为,一种激励因素的作用大小取决于两个方面:一是人对激励因素所能实现的可能性大小的期望;二是激励因素对其本人效价的大小。激励力量等于期望值和效价的乘积,即

激励力量=期望值×效价

所谓期望值,就是指根据过去的经验,对获得某种结果概率的判断。

所谓效价,就是指此人对这个激励因素的爱好程度,即对他所要达到目标的价值的估计。

在管理工作中应用“希望”,要注意三点:第一,要科学地设置目标,使目标给人以希望,从而产生心理动力;第二,要提高期望水平,提高员工对目标的重要意义的认识,这样就会提高效价;第三,正确处理好期望与结果关系,防止员工期望过高,导致失望太大。

(2)亚当斯的公平理论。公平理论是研究人的动机和知觉关系的一种理论。亚当斯认为,一个人对他所得到报酬是否满意,不是只看其绝对值,而是要进行社会比较和历史比较,看其相对值。两种比较结果相等时,就公平,公平就能激励人;反之,就会使人感到不公平,不公平就产生紧张、不安和不满情绪,影响工作积极性的发挥。

在管理工作中应用亚当斯的理论时,要加强对员工的思想教育,防止其在工作评定中贬低别人、抬高自己、拨弄是非、左右舆论、制造矛盾等不良倾向。

3.行为改造型激励理论

行为改造理论是研究如何改造和转化人们的行为,使其达到目标的一种理论。

(1)亚当斯的挫折理论。由于目标无法实现,动机和需要不能满足,就会导致产生一种情绪状态,这就是“挫折”。

使人产生挫折心理必备三个条件:第一,个人所得期望的目标是重要的、强烈的;第二,个人认为这种目标有可能达成;第三,在目标与现实中存在难以克服的障碍。

根据不同人的心理特点,受到挫折后的行为表现主要有两大类:第一,采取积极进取态度,即采取减轻挫折和满足需要的积极适应的态度;第二,采取消极态度,甚至是对抗态度,诸如攻击、冷漠、幻想、退化、忧虑、固执和妥协等。

在管理工作中,第一,要培养员工掌握正确战胜挫折的方法,教育员工树立远大的目标,不要因为眼前的某种困难和挫折而失去前进的动力。第二,要正确对待受挫折的员工,为他们排忧解难,维护他们的自尊,使他们尽快从挫折情境中解脱出来。第三,要积极改变情境,避免受挫折员工“触景生情”,防止造成心理疾病和越轨行为。

(2)斯金纳的强化理论。心理学认为,人的行为的结果对动机有反作用。如果行为是好的

结果，就能对动机起正强化作用，即能使人的行为得到加强和重复；如果行为的结果使动机得到削弱，就会对动机起负强化作用，即会使人的行为削弱或消失。

运用强化理论来影响、加强或改变职工的行为时，要注意采用以下几个方法：第一，要按照职工的不同需要，采用不同的强化物；第二，及时的信息反馈；第三，奖惩结合，以正强化为主。

(3)海德的归因理论。归因理论是关于人的某种行为与其动机、目的和价值取向等属性之间逻辑结合的理论。

归因可分为两类：一是情境归因；二是个人倾向归因。情境归因是把个人行为的根本原因归结为外部力量，如环境条件、社会舆论、企业的设备、工作任务、天气的变化等。个人倾向归因是把个人行为的根本原因归结为个人的自身特点，如能力、兴趣、性格、努力程度等。

在管理工作中当员工完成任务受挫折时，管理人员要及时了解员工的归因倾向，才能帮助员工正确总结经验教训和顺利进行归因，使员工胜不骄、败不馁，进一步严格要求自己，更加发奋努力。

三、人力资源管理心理学

21 世纪，全球企业界比以往任何时候都明白，人是保持竞争优势中最大和最为关键的资源。作为一种资源，人区别于任何其他类型的资源。人有生命、有思想、有情感、有创造力，是生产力中最活跃的因素、最宝贵的资源。但是，人只有在特定条件下，才能最大限度地发挥出自身的潜力。因此，如何开发和利用人的资源、激发出人的最大潜能，并将人的潜能与组织绩效有效地整合起来，是人力资源管理者从心理学角度研究的重要任务。

人力资源管理心理学，在传统上我们也称之为人事心理学(personal psychology)。人事心理学是一门研究人事管理活动与人力资源开发中各种心理现象及其规律的学科，或将心理学的研究成果和理论运用于组织人事管理领域的学科。

人力资源管理心理学的主要任务是探索改进人力资源管理工作的心理依据，寻求激励人的心理和行为的各种途径和方法，以最大限度地调动人的积极性、创造性，提高劳动生产率。其研究重点是组织人力管理中具体的社会心理现象，以及个体、群体、组织、领导的具体心理活动的规律性。

人力资源管理心理学以组织中的人作为特定的研究对象，重点在于对具有共同经营管理目标的人的系统的研究，以提高效率，在一定的成本控制条件下，最大限度地调动人们的积极性和创造性。当今的人力资源管理心理学都是以人本思想为前提的。它有助于调动人的积极性，改善组织结构和领导绩效，提高工作生活质量，建立健康文明的人际关系，达到提高管理水平和发展生产的目的。

(一)人力资源心理学的员工层面——心理现象

人力资源管理心理学研究的主要内容是管理中具体的社会、心理现象，以及个体、群体、领导、组织中的具体心理活动的规律性。因此，可以将人力资源管理心理学的研究内容划分为个体心理、群体心理、领导心理和组织心理等四个方面。

1.个体心理

任何组织都是由个体组成，任何个体都是有思想、有感情、有追求的活生生的有机体。个体心理从个体差异分析与个体共同的心理特征这两个方面的理论出发，对如何有效地激励员工等管理手段进行分析研究。

2. **群体心理**

群体是组织中的基本单元,在现代企业中,管理部门的工作主要是针对群体进行的。群体心理研究是指在正式群体与非正式群体中,从群体规范、群体压力、群体气氛、信息沟通、人际关系、群体内聚力等多个维度,对人的心理状态及其对群体活动的影响进行的研究。

3. **领导心理**

领导心理是企业中影响人的积极性的重要因素。领导心理的研究包括两个范畴,一为静态研究,侧重研究领导者的个性特征与领导集体的结构特点;二为动态研究,侧重研究领导方法,探索不同领导行为、领导作风与领导效率的关系。

4. **组织心理**

现代企业都是以组织形式出现,以组织形式完成生产的全部过程,以组织形式同社会发生关系。组织心理的研究由三个方面组成。第一,组织结构与组织理论;第二,组织变革的规律、抵制变革的因素与对策;第三,组织发展的特点与干预途径。

人力资源管理心理学主要研究与组织行为有关的人的个体特点,如动机、能力、倾向等;人的群体特点,如群体的分类、人与组织的相互作用等;领导行为特点,如领导风格、领导的评估与培训等;组织理论与组织变革,如组织的模型、组织变革与组织开发研究等;工作生活质量研究,着重从改善工作环境,工作丰富化、扩大化方面调动职工的积极性,提高生产率;跨文化管理心理学,比较不同的地区、国家、社会制度,文化背景下管理行为的异同,为国际间的经济交流、合作经营企业提供科学依据。

在研究方法方面,人力资源管理心理学并没有一种适用于解决一切问题的通用的方法。它主要以心理学及社会学的研究方法,如观察法、访谈法、问卷法、量表法、个案分析、准实验研究、社会调查、公众意见调查等方法为基础,结合管理实际,根据不同的情况、不同的问题,采用适宜的方法,使问题的解决有客观的科学根据。西方国家将组织行为学的方法应用于人力资源的研究,如利用测验方法选拔职工,或应用评价中心方法对领导进行评价;由专家组帮助企业增加自我完善的能力,带动各种组织进行改革;应用决策理论,如协助大企业对重大项目、经营战略进行审定等;采用决策会议方式,在专家指导下,利用电子计算机及专门的决策软件可以大大加快决策的制定过程和提高决策的质量;研究工作生活质量,如制定更完善的作业班制度,防止事故,减少工作的应激等。

(二)人力资源心理学的组织层面——组织承诺

组织承诺(organizational commitment)也有译为“组织归属感”、“组织忠诚”等。组织承诺一般是指个体认同并参与一个组织的强度。它不同于个人与组织签订的工作任务和职业角色方面的合同,而是一种“心理合同”或“心理契约”。在组织承诺里,个体确定了与组织连接的角度和程度,特别是规定了那些正式合同无法规定的职业角色外的行为。高组织承诺的员工对组织有非常强的认同感和归属感。组织承诺体现了员工和组织之间关系的一种心理状态,影响员工对于是否继续留在该组织的决定。组织承诺包含三个因素:

1. **感情承诺**(affective commitment,AC)

AC 是指员工对组织的感情依赖、认同和投入,员工对组织所表现出来的忠诚和努力工作,主要是由于对组织有深厚的感情,而非物质利益。

2. **继续承诺**(continuance commitment,CC)

CC是指员工对离开组织所带来的损失的认知,是员工为了不失去多年投入所换来的待遇而不得不继续留在该组织内的一种承诺。

3. **规范承诺**(normative commitment,NC)

NC反映的是员工对继续留在组织的义务感,它是员工由于受到长期社会影响形成的社会责任而留在组织内的承诺。

(三)人力资源心理学的社会层面——社会知觉与工作动机

1. 社会知觉

社会知觉是对社会对象的知觉,主要是指对人、人际关系的知觉。或者说,社会知觉是指在社会环境中对于有关个人或群体特征的知觉。社会知觉不仅是对人的表情、语言、姿态等外部特征的印象,还包括对人与人之间的关系、内在的动机、意图、观点、信念、个性特点等内心本质的推测和判断。

社会知觉是人们对有关他人的信息加以综合和解释的过程。一方面受知觉者本人的知识、经验、兴趣、爱好、需要、动机、身份、地位等的影响,其中需要、动机的影响最显著;另一方面还受一个人事先对某人或某事一定的稳固的态度和见解的影响,或者存在某种特殊的愿望或期求,或持有某种偏见,为此产生成见效应,比如晕轮效应、优先效应、近因效应、定型效应、对比效应、投射效应等。

2. 工作动机

工作动机是一种心理状态,是指一系列激发与工作绩效相关的行为,并决定这些行为的形式、方向、强度和持续时间的内部与外部力量。动机是个体动力系统的重要组成部分,是行为的原动力,也是行为的直接驱动力量。

工作动机是最有效能、最为复杂的社会性动机之一,是一种使个体努力工作,高质量创新并不断完善自己工作的动机。对中国企业员工而言,工作动机主要表现为自我决定、追求胜任、关系取向、他人评价、外在报酬与工作愉悦。

本章思考题

一、思考题

1. 概念:人力资源　人力资源管理　人力资本　人才
2. 人力资源开发的目标是什么?人力资源开发的内容包括哪些?
3. 人力资源管理有哪些工作内容?人力资源管理职能是什么?
4. 区别人力资源与人力资本、人力资源管理与人事管理的内涵。

二、案例分析题

案例1　**微软研究院的人才管理方式**

作为世界上最著名的计算机软件公司,微软研究院在人力资源管理方面有很多独到之处,摘录几点如下:

1. 引导,但不控制

研究院研究的项目、细节、方法、成败,都由研究员自己来决定。对于细节,领导层可以提出自己的意见,但决定权在研究员手中。研究员在研发过程中得到领导层的全力支持,即使领导层并不认同他们的决定。

2. 自由、真诚、平等

微软研究院不允许官僚作风、傲慢作风和明争暗斗的存在，鼓励不同资历、级别的员工互信、互助、互重，每一员工都能够对任何人提出自己的想法。就算是批评、争论，也是在互信、互助、建设性的前提下做出的。

3. 员工的满足

很多人可能认为待遇是员工最大的需求。当然，良好的待遇是重要的，但对于一个研究员来说更重要的是能够有足够的资源来专门从事研究，能够得到学术界的认可，并能有机会将技术变为成功的产品。微软是这样做的：

(1)丰富的研究资源。用公司的雄厚资本，让每一个研究员没有后顾之忧，能够全心全意地做研究。这种资源是多元性的，如不但包括计算机、软件、仪器、实验，还包括足够的经费去出国开会、考察或回校学习。微软深知研究员更希望全神贯注地做他热爱的研究，而不必做他不热衷也不专长的工作，所以，微软研究院雇佣了多名技术支持人员、行政助理、图书管理员、数据搜索员等来支持研究员的工作。

(2)研究队伍。一个研究队伍，除了数名研究员之外，还有多名副研究(类似博士后)、实习生、开发人员和访问学者。这样一个多元的队伍能够很快地做出成果。

(3)学术界的认可。有了开放的环境，员工不必担心因公司把他们的重大发明变为公司机密，而丧失了与国外学者交流，或被认可(获得论文奖)的机会。

4. 发掘人才

人才在信息社会中的价值，远远超过在工业社会中。原因很简单，在工业社会中，一个最好的、最有效率的工作，或许比一个一般的工人能多生产20%或30%。但是，在信息社会中，一个最好的软件研发人员，能够比一个一般人员多做出500%甚至1000%的工作。例如，世界上最小的Basic语言是由比尔·盖茨一个人写出来的；而为微软带来巨额利润的Windows也只是由一个研究小组做出来的。既然人才如此重要，微软研究院是如何去发掘人才的呢?

(1)找出有杰出成果的领导者。这些领导者，有些是著名的专家，但有时候最有能力的人不一定是最有名的人。许多计算机界的杰出成果，经常是由一批幕后研究英雄创造的。无论是台前的名教授，还是幕后的研究英雄，只要他们申请工作，微软都会花很多的时间去了解他们的工作，并游说他们考虑到微软研究院工作。

(2)找出最有潜力的人。在中国，因为信息技术起步较晚，所以现阶段杰出的成果和世界级的领导者比起美国要少得多。但是，基于中国年轻人(如应届硕士或博士生)的聪明才智、基础和创造力，微软专门成立了中国研究院，在中国寻找专家，寻找潜力。

5. 吸引、留住人才

很多人认为，雇佣人才的关键是待遇。更多的人认为，微软来到中国可以“高薪收买人才”。微软认为，每一个人都应该得到适当的待遇，但是除了提供有竞争性的(但是合理的)的待遇之外，微软更重视研究的环境。微软为研发人员开辟的环境极富吸引力，包括：充分的资源支持，让每个人没有后顾之忧；最佳的研究队伍和开放、平等的环境，让每个人都有彼此切磋、彼此学习的机会；造福人类的机会，让每个人都能为自己的研究所开发的产品自豪；长远的眼光和吸引人的研究题目，让每个人都热爱自己的工作；有理解并支持自己研究的领导，让每个人都能得到支持，在紧随公司的大方向的同时，仍有足够的空间及自由去发展自己的才能，追求自己的梦想。

所以，微软认为，如果只是用高的待遇，或许可以吸引到一些人，但只有一个特别吸引人的环境，才能吸引到并且长期留住所有最佳的人才。在微软全部三个研究院中，人才流失率不到3%(美国硅谷的人才流失率在12%左右)。人们在微软的最大感触是，每一个人都特别快乐，特别热爱和珍惜他的工作。

请回答以下问题：

(1)微软研究院在人力资源管理的独到之处的核心是什么？

(2)如果你是微软研究院在中国分部的人力资源主管，你将在哪些方面加强人力资源开发与管理工作？

案例2

麦当劳的人力资源管理

1.不用天才与花瓶

麦当劳不用所谓的“天才”，因为“天才”是留不住的。在麦当劳里取得成功的人，都得从零开始，脚踏实地地工作，炸薯条、做汉堡包，是在麦当劳走向成功的必经之路。这对那些不愿从小事做起，踌躇满志想要大展宏图的年轻人来说，是难以接受的。但是，他们必须懂得，麦当劳请的是最适合的人才，是愿意努力工作的人，脚踏实地从头做起才是在这一行业中成功的必要条件。在麦当劳餐厅，女服务员的长相也大都是普通的，还可以看到既有年轻人也有年纪大的人。与其他公司不同，人才的多样化是麦当劳的一大特点。麦当劳的员工不是来自一个方面，而是从不同渠道请人。麦当劳的人才组合是家庭式的，年纪大的人可以把经验告诉年纪轻的人，同时又可被年轻人的活力所带动。因此，麦当劳请的人不一定都是大学生，而是什么人都有。麦当劳不讲求员工是否长得漂亮，只在乎她工作负责、待人热情，让顾客有宾至如归的感觉，如果只是个中看不中用的花瓶，是不可能在麦当劳待下去的。

2.没有试用期

一般企业试用期要3个月，有的甚至6个月，但麦当劳3天就够了。麦当劳招工先由人力资源部门去面试，通过后再由各职能部门面试，合适则请来店里工作3天，这3天也给工资。麦当劳没有试用期，但有长期的考核目标。考核，不是一定要让你做什么。麦当劳有一个360度的评估制度，就是让周围的人都来评估某个员工：你的同事对你的感受怎么样？你的上司对你的感受怎么样？以此作为考核员工的一个重要标准。

尽管麦当劳没有试用期，但其却有标准化的培训模式。麦当劳的员工培训，遵循一套标准化管理模式，麦当劳的全部管理人员都要学习员工的基本工作程序。培训从一位新员工加入麦当劳的第一天起，与有些企业选择培训班的做法不同，麦当劳的新员工直接走向了工作岗位。每名新员工都由一名老员工带着，一对一地训练，直到新员工能在本岗位上独立操作。尤其重要的是，作为一名麦当劳新员工，从进店伊始，就在日常的点滴工作中边工作边培训，在工作和培训合二为一中贯彻麦当劳Q. S. C&V黄金准则，Q. S. C&V分别是质量(quality)、服务(service)、清洁(clean)和价值(value)。这就是麦当劳培训新员工的方式，在他们看来，边学边用比学后再用的效果更好，在工作、培训一体化中将企业文化逐渐融入麦当劳每一位员工的日常行为中。

3.晋升机会公平合理

在麦当劳，晋升对每个人都是公平合理的，适应快、能力强的人能迅速掌握各个阶段的技术，从而更快地得到晋升。面试合格的人先要做4～6个月的见习经理，其间他们以普通员工的身份投入到餐厅的各个基层工作岗位，如炸薯条、做汉堡包等，并参加BOC课程（基本营运课程）培训，经过考核的见习经理可以升迁为第二副理，负责餐厅的日常营运。之后还将参加BMC（基本管理课程）和IOC（中间管理课程）培训，经过这些培训后已能独立承担餐厅的订货、接待、训练等部分管理工作。表现优异的第二副理在进行完IOC课程培训之后，将接受培训部和营运部的考核，考核通过后，将被升迁为第一副理，即餐厅经理的助手。以后他们的培训，全部由设在美国及海外的汉堡大学完成，每个汉堡大学都配备有先进的教学设备及资深的具有麦当劳管理知识的教授，并提供两种课程的培训，一种是基本操作讲座课程，另一种是高级操作讲习课程（AOC）。美国的芝加哥汉堡大学是对来自全世界的麦当劳餐厅经理和重要职员进行培训的中心，另外，麦当劳还在香港等地建立了多所汉堡大学，负责各地重要职员培训。一个有才华的年轻人升至餐厅经理后，麦当劳公司依然为其提供广阔的发展空间。经过下一阶段的培训，他们将成为总公司派驻其下属企业的代表，即"麦当劳公司的外交官"。其主要职责是往返于麦当劳公司与各下属餐厅，沟通传递信息。同时，营运经理还肩负着诸如组织培训、提供建议之类的重要使命，成为总公司在这一地区的全权代表。

4. 培训成为一种激励

麦当劳的培训理念是：培训就是让员工得到尽快发展。麦当劳的管理人员都要从基层员工做起，升到餐厅经理这一层，就该知道怎样去培训自己的团队，从而对自己的团队不断进行打造。麦当劳公司的总经理每三个月就要给部门经理做一次绩效考核，考核之初，先给定工作目标，其中有两条必须写进目标中，那就是如何训练你的下属——什么课程在什么时候完成，并且明确告诉部门经理，一定要培训出能接替你的人，你才有机会升迁。如果事先未培养出自己的接班人，那么无论谁都不能提级晋升，这是麦当劳一项真正实用的原则。由于各个级别麦当劳的管理者，会在培训自己的继承人上花相当的智力和时间，麦当劳公司也因此成为一个发现和培养人才的大课堂，并使麦当劳在竞争中长盛不衰。

请回答以下问题：

(1)麦当劳人力资源管理方面有哪些独到之处？

(2)请分析麦当劳的人力资源管理在哪些方面我们可以借鉴？

课后实训

实训目的：了解人力资源管理的各个流程，对人力资源管理进行初步角色扮演。

人力资源管理角色扮演内容：

1. 人力资源总监（直接上级：总经理）

工作职责：①人力资源战略规划；②人力资源管理制度建设；③人力资源管理；④人才储备与开发管理；⑤分管部门管理。

2. 人力资源经理（直接上级：人力资源总监）

工作职责：①制定人力资源管理各项制度；②人力资源规划与开发；③招聘管理；④培训管理；⑤绩效管理；⑥薪酬管理；⑦日常事务管理；⑧劳动关系管理。

3. 招聘专员（直接上级：人力资源经理）

工作职责：①编制企业人员招聘计划；②招聘实施；③招聘渠道管理；④招聘资料管理。

4.培训专员(直接上级:人力资源经理)

工作职责:①编制员工培训计划;②培训的组织与实施;③培训效果评估;④培训信息管理;⑤员工外部培训管理。

5.薪酬专员(直接上级:人力资源经理)

工作职责:①建立薪酬福利体系;②薪酬调查;③薪酬日常管理;④劳动保障与福利管理。

6.绩效专员(直接上级:人力资源经理)

工作职责:①编制绩效管理制度与考核方案;②实施绩效考核;③绩效考核总结。

7.人事专员(直接上级:人力资源经理)

工作职责:①员工日常管理;②劳动关系管理;③人事档案管理;④员工提案建议。

8.职能部门(直接上级:职能主管)

工作职责:①制定部门人员计划;②协助进行面试;③员工考核;④制定培训方案。

人力资源管理角色扮演流程(参考):

1.人力资源总监部署企业人力资源规划

2.人力资源经理安排职能部门上报部门人员计划

3.人力资源经理制定人力资源计划,决定招聘人员数量与质量

4.招聘专员负责招聘

5.人力资源总监、人力资源经理、部门主管、招聘专员安排甄选、下达录用通知

6.薪酬专员核定初录用薪酬

7.与人事专员签订劳动合同

8.培训专员进行岗前培训

9.员工正式上岗

10.部门主管提出进行在岗培训

11.培训专员进行岗中培训

12.绩效专员下达对部门员工进行考核的通知

13.部门主管对员工进行绩效考核

14.绩效专员对部门员工绩效考核结果进行总结

15.薪酬专员根据员工绩效给予薪酬变动

16.员工若对住房问题有提案,上交给人事专员

第二章 人力资源规划

学习要点

1.理解人力资源规划的内涵,熟悉人力资源规划内容和步骤。
2.掌握企业定员的概念和基本方法,了解企业定员的作用。
3.掌握企业人力资源现状分析的必要性和方法。
4.掌握人力资源供求预测的方法与人力资源供求平衡的方法。

案例导入

华日公司的人力资源规划

华日公司是一家电子公司,市场前景良好,但问题也很多。首先是研发部,近几年由于发展需要招聘了本科院校的大学毕业生,但这个部门的离职率太高了,部分大学毕业生在工作了半年或一年后就到了其他电子公司,公司虽做了很多思想工作,但人家说:“那边给的工资很高,晋升机会更多。”接下来是生产部的问题,近几个月客服部反映,顾客反映产品质量下降了,进行调查后发现,是由于有些工人的操作不符合规定而导致了产品质量的下滑。生产部的领导早就提出应该对员工进行培训,但一直没得到回应,上个月有一个出国培训的机会,由于名额有限,人力资源部就选配了平时表现好的几个员工去了,那些技术水平需要提高的员工没有得到培训机会,思想上想不通,状态不佳,操作时就更会出问题,产品质量自然不会提高。如果你是华日公司人力资源部经理,应该怎么办?

第一节 人力资源规划概述

一、人力资源规划的含义

广义的人力资源规划是企业所有人力资源计划的总称,是战略规划和战术计划的统一。

狭义的人力资源规划是指为了实现企业的发展战略,完成企业的生产经营目标,根据企业内外环境和条件的变化,运用科学的方法,对企业人力资源的需求和供给进行预测,制定相宜的政策和措施,从而使企业人力资源供给和需求达到平衡,实现人力资源合理配置,有效激励员工的过程。

人力资源规划包括分析人力资源的现状,预测组织未来人力资源的供求状况,制定行动计划及实施和评估计划等内容。

二、人力资源规划的内容

人力资源规划工作包括选择方向，明确目标，拟定实现目标的途径、方法、程序、政策等内容。

从整体上看主要包含人力资源规划的制定和人力资源规划的实施两大部分或环节。

从具体的工作上看，人力资源规划包括总体规划和业务规划。总体规划旨在规划一定时期内人力资源管理的总目标、总政策、实施步骤和总预算的安排等内容；业务规划是指人力资源各项业务的规划，包括人员补充规划、人员分配规划、人员晋升规划、培训开发规划、薪酬规划、保险福利规划、劳动关系规划、退休解聘规划等内容。这些业务规划是总体战略规划的具体化，每一项业务规划都由目标、任务、政策保证、实施步骤及经费预算等项内容组成。

表 2-1 人力资源规划内容表

规划项目	具体内容
总体规划	依据企业发展战略规划，通过建立人力资源信息系统，预测人力资源供给和需求状况，采取措施平衡人力资源的供给和需求。
人员补充规划	制定需补充人员的数量、类型、层次，拟定人员任职资格，拟招募地区、形式及甄选方法。
培训开发规划	拟定重点培训项目，即有关培训时间、培训对象、培训教师、培训方式、培训效果的保证以及与工资、奖励、晋升制度的联系。
人员分配规划	规划部门编制，拟定各职位人员任职资格，做到人适其位，并规定工作轮换的范围与时间以及轮换人选等。
人员晋升规划	建立后备管理人员梯队，规划员工职业发展方向，确定晋升比例和标准，以及未提升人员的安置。
工资奖励规划	进行薪资调查和内部工作评价，拟定工资制度、奖励政策及绩效考核指标。
劳动关系规划	为了提高员工满意度，加强沟通，实行全员参与管理，建立合理化建议制度等。
退休解聘规划	制定退休政策及解聘程序，制定退休解聘规定，拟定退休解聘人选。

三、人力资源规划的种类

(1)从规划的时间期限上看，人力资源规划可分为短期规划、中期规划和长期规划。

(2)从规划的范围上看，人力资源规划可分为整体性人力资源规划、部门人力资源规划、某项任务或工作的人力资源规划。

(3)从规划的性质上看，人力资源规划可分为人力资源战略性规划和人力资源战术性规划。长期的人力资源规划多属于战略性和整体性的；短期的人力资源规划多属于战术性的和职能性的。

人力资源规划应主要阐明组织内人力资源需求和配置的总框架；阐明人力资源管理的重

大方针、政策和原则；确定人力资源管理工作投资的预算等问题。

四、人力资源规划的任务

人力资源是企业内最活跃的因素，人力资源规划是企业规划中起决定性作用的规划。

人力资源规划的任务首先是分析人力资源现阶段的基本状况。在此基础上，预测企业人力资源的供求状况，并制定供求平衡的措施。其次是规定各项人力资源管理活动的具体目标、任务、政策、步骤和预算，包括人力资源的补充、使用、培训等活动。再次是使人力资源管理的各项业务计划保持平衡，并使人力资源规划与组织其他计划相互衔接。

五、人力资源规划的程序

(1)调查、收集和整理涉及企业战略决策和经营环境的各项信息。

(2)根据企业或部门的实际情况确定人力资源规划期限，了解企业现有人力资源状况，为预测工作准备精确而翔实的资料。

(3)在分析人力资源需求和供给的影响因素的基础上，采用定性和定量相结合，以定量为主的各种科学预测方法对企业未来人力资源供给进行预测。

(4)制定人力资源供求协调平衡的总规划和各项业务规划，并分别提出各项具体的调整供大于求或求大于供的政策措施。

(5)评价与修正人力资源规划。

六、人力资源规划的影响因素

(一)外部因素

(1)经济环境，其主要影响体现在经济形势和劳动力市场的供求关系上。

(2)人口环境，其因素包括社会或本地区的人口规模，劳动力队伍的数量、结构和质量等。

(3)科技环境，如网络技术、新技术引进与新设备的应用等。

(4)文化法律因素，如个人的基本信念、价值观、政府有关的劳动就业制度、最低工资标准等影响因素。

(二)内部因素

(1)企业的行业特征。

(2)企业的发展战略、企业文化、企业人力资源管理系统。

(3)企业现有人员情况。

第二节　企业劳动定员管理

一、企业劳动定员管理的作用

企业定员亦称劳动定员或人员编制，企业劳动定员是在一定的生产技术组织条件下，为保证企业生产经营活动正常进行，按一定素质要求，对企业配备各类人员所预先规定的限额。企业定员是对劳动力使用的一种数量质量界限。

企业劳动定员作为生产经营管理的一项基础工作，对于企业人力资源管理具有以下几点重要的作用：

(1)合理的劳动定员是企业用人的科学标准。有了定员标准，便于企业在用人方面精打细算，合理地、节约地使用人力资源，提高劳动生产率。

(2)合理的劳动定员是企业人力资源计划的基础。因为企业劳动定员标准是在对整个生产过程全面分析的基础上，以先进合理的定员标准和劳动定额为依据核定的。所以，按定员标准编制企业各类员工的需要量计划，是企业制定人力资源规划时应遵循的原则。

(3)科学合理定员是企业内部各类员工调配的主要依据。企业内部员工调配工作的目的是开发人才，使人尽其才。要做到这一点，除了要了解员工，掌握他们的爱好、技能和健康等各方面的素质状况之外，还必须了解企业的定员，掌握各个生产、工作岗位需要多少人和需要什么条件的人。所以，定员是人员调配的主要根据，而调配工作又是定员标准得以贯彻的保证。

(4)先进合理的劳动定员有利于提高员工队伍的素质。合理的定员能使企业各工作岗位的任务量实现满负荷运转。这就要求在岗的所有人员必须兢兢业业，并且具备一定的技术业务水平，否则，便不能胜任其工作。因此，劳动定员可以激发员工钻研业务技术的积极性，从而提高员工的素质。

二、企业劳动定员的方式和方法

(一)企业定员的两种不同方式

一种是自下而上的逐级汇总，一种是自上而下的逐级分解。一般来看，自下而上方式往往由于缺乏总体规模限制而容易虚夸定员，最终仍要由公司高层强力压缩定员。因此，用自上而下方式从一开始就确定企业总体规模，并逐次分解，强调企业总规模和部门总规模对岗位定员的总体限制，这样能使各部门自觉按合理水平确定定员。同时，任何企业都存在一个人员总体规模限制的问题，其极限是企业盈亏平衡点所决定的人工成本占企业总销售额的比重。

(二)确定定员的方法

1. 确定一线业务人员总规模

企业一线业务人员直接为客户提供服务或制造产品，因此可以根据企业业务规模或产量等量化因素来确定。具体方法如下：

(1)根据设备定员。对于生产企业，每台设备都存在额定的看管定额或操作机位，例如，纺织企业纺织工人数量的确定是根据纺织机看管定额水平确定的，计算方法为：岗位定员＝设备台数(台)/看管定额(台/人)。

(2)对于服务类企业，生产人员与服务对象之间则存在相对稳定的比例关系，以餐饮企业为例，就餐人数和服务人员存在一定比例，按此比例则可计算出服务人员规模。

(3)按照劳动效率定员。根据企业总的设计产量和一般的人均劳动效率，则可计算出生产人员总量。

(4)按照人工成本定员。如煤矿企业，可以用百万吨煤人工成本含量计算出生产人员总量。

2. 确定管理人员总规模

管理人员与生产岗位定员之间存在一定的比例关系，这种比例关系一般随行业不同而不同，一般来说，劳动越密集则管理人员所占比例越低，而资本和智力越密集则管理人员所占比例越高。每个行业都存在一个适宜的比例范围，企业可参考行业标杆企业、平均水平和自身情况合理确定该比例。

3. 按照部门岗位设置，在各职能部门中合理分配管理人员总定员

在管理人员总定员确定后，按照组织结构确定的部门设置，将总定员分配到各部门中去。可由人力资源部门代表企业定员工作小组提出一个讨论草案。分配原则可根据部门性质不同而分别制定，如：对于人力资源部门，可按照员工数量的一定比例确定；对于财务部门，可主要考虑公司业务数量决定的财务工作量；对于销售部门，可按公司销售模式、销售区域管理方式确定；对于行政部门，可按照员工数量的一定比例确定。其中，研发部门较为特殊，具有一定的独立性，主要取决于企业的研发策略和研发投入。同时，各部门之间注意保持合理的定员比例关系。

4. 定员的最终确定

在分解部门定员的时候，可能产生定员核定数不尽合理的问题，需要重新核定部门总定员；还要对分解到岗位的结果进行总体分析，并最终确定。

三、企业定员管理的注意事项

(1)持续积累定员数据，为定员提供支持。行业数据和本企业历史数据是企业定员最有力的依据，人力资源部门应特别注意相关历史数据和行业数据的搜集和积累，从而为企业核定定员提供支持。

(2)正确认识定员的意义，争取企业高层的重视和支持。

(3)运用公开透明的决策程序，使各部门充分发表意见。人力资源部门应当强化定员程序的公开透明，使各部门积极参与到定员中，充分发表意见。

(4)通过规则设计，使各部门具有自我约束动力。对于可以独立核算的部门，如销售部门，可向其支付销售费用和适当的销售额提成比例，由其内部控制定员数量，则可有效地控制其定员。对于人力资源部等难以实现独立核算的部门，也应从定员增长与工资增长幅度之间的制约关系上着手使之具有合理确定定员的动力，即如果在增加定员的前提下，年度工资增长幅度必须相对调低，或者只能和上年度持平，除非企业规模扩张阶段下的定员自然增长。

(5)正确认识量化标准和经验的作用。不要盲目相信量化，定员绝对不可能完全量化，经验起着重要作用，采用合理的程序如德尔斐法等使经验公开表达，非但不会影响客观性，反而有利于定员的合理确定，其关键在于公开。

(6)定员是一个持续调整过程。环境是不断变化的，企业定员也必然是不断调整的，因此没有一劳永逸的定员标准，人力资源部门要做好定员维护工作，及时发现问题，并根据企业状况适时调整。

第三节　人力资源的现状分析

一、人力资源现状分析的内容与一般方法

（一）人力资源现状分析的内容

人力资源现状分析包括两个方面的内容，一是人力资源外部环境的分析，二是人力资源队伍自身的分析。人力资源的外部环境对人力资源的发展产生着一定的机会或威胁；人力资源队伍自身可能存在一定的优势，也可能存在着某些劣势，通过对人力资源现状的分析，就可以找出有利条件和不利因素，有针对性地制定人力资源的战略规划。

人力资源的环境分析包括人力资源的宏观环境分析、中观环境分析和微观环境分析。宏观环境分析指一个区域或整个国家，乃至整个世界范围内的分析；中观环境分析一般指行业内的竞争环境分析；而微观环境分析则指本单位内的具体情况的分析。

（二）人力资源现状分析的一般方法

人力资源现状分析所使用的方法大致有两大类，一类是一般方法，另一类是专门分析的方法。人力资源现状分析的一般方法是指那些经常使用的基础性方法。

1. 比较分析法

比较分析法就是利用对照比较的方式，对一个事物的前后过程或多个具有某种联系的确定相同与相异之处的分析方法。比较分析法可以是不同时间上比较，也可以是同一时间不同单位、不同地区之间的比较。

2. 结构分析法

这是一种广泛应用于各种科学研究活动的分析方法。结构分析法从一个事物的各个部分之间的相互关系上去分析事物存在和发展的内在根由。

3. 专家分析法

所谓专家分析就是利用专家的知识和经验对人力资源现状进行分析，可分为专家个人分析法和专家会议分析法。为避免专家个人分析法和专家会议分析法的不足，在人力资源现状分析过程中经常使用专家调查法——德尔斐法。

4. 图表分析法

图表分析法就是利用图、表的形式来对人力资源的现状进行分析。

5. 综合分析法

所谓综合分析法是指在上述两种或多种分析方法运用的基础上，进一步进行统筹分析的方法。综合分析法多用在大型的或复杂的人力资源现状分析上。

二、人力资源的环境分析

（一）人力资源的宏观环境分析

人力资源的宏观环境分析是指对人力资源有战略影响的要素所进行的分析。其要素可分为四个部分，即：P——政治要素；E——经济要素；S——社会要素；T——技术要素。

1. PEST 分析法

以上述四个要素为根据所进行的分析，就是 PEST 分析。可以说这四个要素就是四个分环境，它们对人力资源起着一定的制约作用。PEST 分析法的具体要素如图 2-1 所示。

P 政治	·政治制度与体制 ·政局稳定性 ·对外开放 ·人力资源的立法 ·人才市场 ……	S 社会	·人口 ·就业与失业 ·教育 ·收入分配与社会保障 ·价值观念与信仰 ·文化传统与生活方式 ……
E 经济	·GNP 和 GDP ·国民收入 ·产业结构 ·行业结构 ·市场需求 ·价格体系 ……	T 技术	·政府研究与开发支出 ·科技人力资源 ·科技产出 ·科技政策与重点 ·科技进步贡献率 ·新科技商品化 ……

图 2-1　宏观环境及其要素分析图

2. 关键战略环境要素的评价

当关键要素确定后还要分析某一关键要素对人力资源的影响程度，即在整体影响过程中某一因素所起的作用，用权数表示。权数最大为 1，最小为 0，所有权数之和为 1。再用 5 分制的形式为各要素打分，5 分表示重大机会，4 分表示一般机会，3 分表示既不是机会也不是威胁，2 分表示一般性的威胁，1 分表示严重威胁。总加权得分最高为 5 分，最低为 1 分，平均为 3 分。

表 2-2　关键战略要素评价模型表

关键战略环境要素	权数	评价值	加权得分
人力资源政策	0.30	4	1.20
劳动力市场	0.25	4	1.00
大学毕业生人数	0.15	3	0.45
科技转化为商品	0.30	2	0.60
合　计	1.00	—	3.25

通过表 2-2 可以看出该企业总体上有一定的机会优势，但很小，说明该企业技术老化，靠人力资源的优惠政策维持现状。

(二)人力资源的中观环境分析

人力资源的中观环境分析是指行业范围内的分析。一个行业经济结构的变化，竞争的激烈程度及获利能力的最终潜力，受到竞争对手的强弱、加入者的威胁、替代品的威胁、顾客的购买力、供应商的情况、工会组织、行业协会等多方面因素的影响。在分析各因素对人力资源系统的影响时，要找出那些对整个行业竞争有关键影响作用的因素并加以着重比较和分析。

(三)人力资源的微观环境分析

人力资源的微观环境分析通常是指对单位范围内的影响人力资源的各因素的分析。

三、人力资源自身队伍现状的分析

(一)人力资源自身队伍现状分析的含义

人力资源自身队伍现状的分析，是对整体实力的评价，其目的是了解哪些因素对人力资源队伍现状和人力资源队伍发展产生作用。因素可以分为两类：一类是支持性因素，一般称为优势或长处；另一类是妨碍性因素，一般称为劣势或弱点。找出关键性因素，对关键性因素的优势应给予保持和培育，并最大程度地加以发挥；对关键性因素的劣势要尽可能地控制和减少，并研究如何使不足转化为优势，从而为人力资源战略规划的制定提供依据。

(二)人力资源工作总结的分析

人力资源管理工作总结的分析，是对过去的人力资源管理工作全过程的各方面的总结、评价与分析。它涉及的工作范围广、内容多，包括过去的人力资源规划的实施情况，过去的人力资源管理体制的总结与分析，过去的人力资源开发的总结与分析等。从人力资源的取得、培养到人力资源的使用，包括各个层面和各个环节。通过对人力资源管理工作的总结与分析，可以找出成功的经验和失败的教训，为制定下一时期的人力资源战略规划提供依据。

(三)人力资源队伍现状的分析

人力资源队伍现状的分析，是整个现状分析最重要的内容之一，是最内在的分析。它包括人力资源发展状况、人力资源工作状况和人力资源生活状况等一系列要素。这些要素通常可用指标的形式表现出来。人力资源队伍发展状况的分析包括以下要素：如某类职工的总量、某类人力资源的结构、整体人力资源对比关系、某类人力资源发展的速度、某类人力资源创造效益情况等要素。人力资源队伍工作状况的分析包括以下要素：如任务总量、科研经费的总投入额、人均经费数、经费的投入产出率、经费的来源渠道等。人力资源队伍生活状况的分析包括以下要素：如家庭人口、户均人口、职工平均负担的人口数、居住条件、工资收入情况、工资收入的构成、通勤情况、家务负担、医疗保健、闲暇时间等因素的分析。

对人力资源队伍现状的分析要注意两点：一是要注意分析人力资源队伍中的人才队伍部分；二是要注意人力资源队伍发展与经济和社会发展的协调性分析。人力资源队伍现状的分析实质上是人力资源实力的分析，通过分析可以明显地找出自身优势与不足。

四、人力资源现状的综合分析

人力资源现状表现的内容是多方面的，各种不同的表现内容之间是相互联系和相互影响的。寻找事物之间的相互联系，找出一事物与其他事物之间差别的因果关系，对人力资源现状的综合分析来说是十分必要的。分析的方法有以下两种。

1.从各个因素的变动研究指标变动的原因

如产量指标的增加是什么原因造成的呢？可以将产量指标分解为两个要素指标，分别为人力资源投入的数量和劳动效率两个因素,即增加人力资源数量的投入,可增加产量。如不增加人力资源数量投入,提高劳动生产效率也可以增加产量。若产量的增加主要是由于劳动生产率的提高带来的,说明产量增加与劳动生产率提高之间有明显的因果关系。

2. 从事物的逻辑关系上寻找存在问题的深层次原因

任何事物的出现,都有其深层次原因。人力资源管理中的许多瓶颈问题,也有其深层次的原因。要想解决这些问题,只有从问题产生的深层次原因入手,才能从根本上解决。这种分析方法的步骤为:首先找出存在的问题和问题出现的各种动因,再对各动因进行比较分析,找出本质的、根本的原因并对这种原因进行分析,最后制定解决问题的根本性的办法,从而为人力资源战略规划的制定提供科学的依据。这种分析方法在我国的战略规划中较为常见。

第四节　人力资源供求预测及综合平衡

人力资源预测是对未来一段时间内人力资源发展趋势的推测,是根据人力资源的现状,运用科学的方法对一定时期内人力资源发展的状态进行定性与定量的估计和判断。

一、人力资源需求预测

人力资源的需求预测,是指以组织的战略目标、工作任务为出发点,综合考虑各种因素的影响,对组织未来人力资源的数量、质量进行估计的活动。

人力资源需求预测的影响因素包括:国家方针政策的影响、企业经营战略的变化、产品市场需求的变化、劳动力成本发展趋势、每个工种员工的流动情况、出勤率等。

(一)定性预测方法

1. 管理部门意见征询法

走访企事业的管理部门,听取他们对未来生产技术发展与人才需求结构的种种设想是获得各级各类人才需求预测值的一种快速而又相对简单的方法。

这种预测可以由决策管理层在整个企事业单位需要时做出,也可由各部门管理层在本部门需要时做出。值得注意的是在各部门预测人力资源需求时,如果相关的估计数没有约束,为保证本部门今后一定的人员数,其预测值可能偏高。另一方面,部门负责人很清楚本部门各项工作的特性,以及和人力资源需求有关的各种预期发展情况。这种方法的局限性一是预测期在2～3年间,而且必须假定没有重大的不确定因素;二是预测值往往受到不确定性因素的影响。

2. 德尔斐法

德尔斐法是美国兰德公司于20世纪40年代后期首先用于技术预测的。这种方法是依靠专家的知识、经验与判断能力,对未来发展趋势做出定性估测,然后将定性资料转换成定量的估计值。

德尔斐法的基本特点是匿名性、反馈性和统计性。德尔斐法的实施步骤是:

(1)选择20～30名专家,提供预测背景资料。

(2)设计调查表,即将人才结构预测的各项参数归结为十分明确的问题。

(3)进行第一轮调查,将调查表送请专家填写,对专家的意见采用统计平均法、四分位法及加权平均法进行综合处理。

(4)把第一轮处理结果划分为若干档,制成第二轮咨询表,请专家在第二轮调查中对咨询表开列的选择方案评分。

(5)用总分值及等级和的计算方法对第二轮征询表进行处理,总分值最高、等级和最低的即为最佳方案,第二轮的结果使专家们的意见进一步集中了。

(6)根据第二轮结果再拟出第三轮咨询表,第三轮表仅提供三种人才结构比例方案,数据处理采用加权平均法,便可得到满意的方案。

3.国际比较法

其基本方法是通过利用发达国家同企业事业单位不同生产或劳务水平下人力资源时间序列资料,来预测本国企业事业单位某一时期的人力资源配置和需求情况。

(二)定量预测方法

1.生产函数预测法

最典型的生产函数模型是柯布-道格拉斯生产函数模型。该模型是美国经济学家柯布和道格拉斯根据大量历史统计资料分析归纳得出来的。其模型为

$$Y = \alpha L^{\beta} K^{\gamma}$$

其中:Y ——总产量;

L ——人力资本投入;

K ——资本投入;

α——技术水平

β,γ ——参数,又称弹性系数。

将上式变形为

$$\lg Y = \lg\alpha + \beta\lg L + \gamma\lg K$$

于是有

$$\lg L = \frac{1}{\beta}(\ln Y - \lg\alpha - \gamma\lg K)$$

一旦先预测出企业在 t 时间的产出水平和资本总额,即可得到企业人力资源的需求量。

2.统计推断模型

在此类模型中,人力资源需求被设定为多个变量的函数,这些变量可以是影响人力资源需求的各项生产经营活动及工艺技术等。统计推断模型可分为以下两类:

(1)简单模型。这一模型假设人力资源需求与企业的产出水平成比例

$$M_t = M_0 \frac{y_t}{y_0}$$

即在获得人员需求的实际值 M_0 及未来时间 t 的产出水平 y_t 后,可算出 t 时间段的人员需求值 M_t。这里 M_0 并非指现有人员数,而是指现有条件及生产所对应的人员数。它通常是在现有人员数的基础上,根据管理人员的意见或参考同行业情况修正估算而得出的。使用该模型的前提是:产出水平同人员需求量的比例一定,否则应该用另一种复杂的模型。

(2)复杂模型。它是根据人力资源需求的当前值和以往值及产出水平的变化而建立,公式为

$$M_t = \frac{M_0}{y_0} y_t + (\frac{M_0}{y_0} - \frac{M_{-1}}{y_{-1}}) y_t$$

式中 M_{-1} 为基期前一期的人员数，y_{-1} 为基期前一期的产出水平。该模型与第一种相比，由于考虑了劳动生产率的变化，更具有实用性。

3. **劳动定额法**

定额是对劳动者在单位时间内应完成工作量的规定。在已知企业计划任务总量及制定了科学合理的劳动定额的基础上，运用劳动定额法能较准确地预测企业人力资源需求量。其公式为

$$N = \frac{W}{q(1+R)}$$

式中：$R=R_1+R_2-R_3$。R_1 为企业技术进步引起的劳动生产率提高系数；R_2 为由于经验积累导致的生产率提高系数；R_3 为由于年龄增大及某些社会因素引起的生产率下降系数。

4. **经验比例法**

企业中某些人员，如医护人员、炊事人员、政工干部或其他服务人员与企业人员总数有直接关系，对这部分人员的预测可按经验比例法进行。公式为

$$M = \frac{F}{m}$$

其中：F 为服务对象总人数，m 为定员标准比例。

5. **任务分析法**

任务分析法是将某部门所承担的任务分为 A,B,C 三类：A 类为日常性工作，几乎天天发生；B 类为周期性工作，这类工作到指定的日期才会发生；C 类为临时的、突发性工作，虽然具有不确定的特性，但可以估计和推测。部门总需求人数为

$$N_A + N_B + N_C$$

式中：$N_A = \sum W_B/q, N_B = \sum W_B/q, N_C = \sum W_C/q$；

q 为每个员工实际工作时间定额，工作量可按小时或工作日计算。

二、人力资源供给预测

人力资源供给要从企业内部和外部两个方面来考虑。人力资源供给首先要弄清楚企业现有人力资源的情况，这就要了解企业内人员的流动及适应未来工作的状况；其次要分析宏观经济形势、相关的政策法规和调查外部劳动力市场现状。

(一)内部人力资源供给预测

企业内部人力资源供给预测最常用的方法是马尔可夫模型和人员接替模型。

1. **马尔可夫模型**

马尔可夫模型是一种用定量分析方法预测企业内部人力资源供给的方法。它是根据企业内某项工作的人员转移的历史数据，来计算未来某一时期该项工作的人员转移的概率，即人员转移概率的历史平均值，从而来预测企业内该项工作的人力资源供给。其前提是，企业内部人员是有规律地转移，其规律可以估计。企业各类人员常见的转移如图 2-2：

在图 2-2 中，虚线方框内为企业内部的流动，这里不仅有操作人员向技术人员、管理人员晋升，有技术人员、管理人员向领导干部的晋升，也有技术人员与管理人员之间、不同类别操作人员之间的转移。除上述企业内部的转移，穿过虚线方框的人员进出可视作人员进入企业或

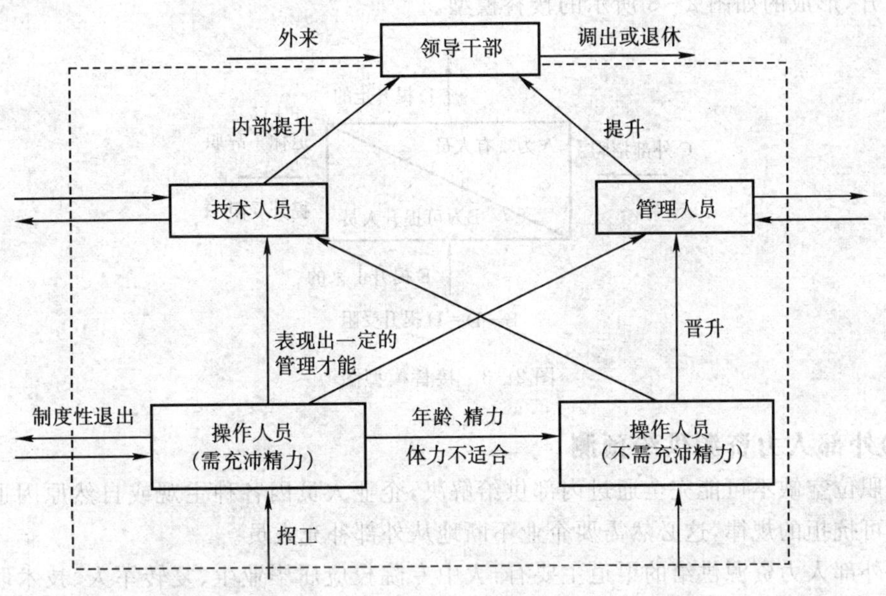

图 2-2 企业人员转移流向图

流出企业。

如果给定各类工作的初始人数、转移概率和补充进来的人数,那么各类工作在未来某一时期的人员供给数就可以根据以下公式来预测。

$$N_i(t) = \sum N_j(t-1) \cdot P_{ij} + R_i(t)$$

其中:$N_i(t)$——时刻 t 时,i 类工作的人数;

P_{ij}——员工从 j 类工作向 i 类工作转移的概率;

$R_i(t)$——在时间$(t-1,t)$内,i 类工作所补充的人数;

$i,j=1,2,3,\cdots,k$,其中 k 为工作分类数。

马尔可夫模型的关键是确定转移率。假定已有 $t=-T$ 到 $t=0$ 时刻的所有数据,则可根据以下公式计算转移率

$$p_{ij} = \sum m_{ij}(t) \Big/ \sum n_i(t)$$
$$t = -T, -(T-1), \cdots, 0$$

式中:p_{ij}——从 i 类工作向 j 类工作转移人员的概率;

m_{ij}——从 i 类工作向 j 类工作转移人员的数量;

n_i——第 i 类人员的初始数量。

2. 人员接替模型

企业未来人力资源需求的满足,应优先考虑内部人力资源。影响企业内部人力资源供给的因素包括,企业职工的自然流失和内部流动。企业内部人力资源供给预测可采用人员接替模型。它是主要针对管理人员供给预测的一种简单而有效的方法,无论对大、小企业管理者的未来供给预测均有实用性。

例如,可将管理职位分成几个不同的层次,后备人员在每年鉴定考评后由主管确定下一年

度是否提升，形成的如图 2－3 所示的接替模型。

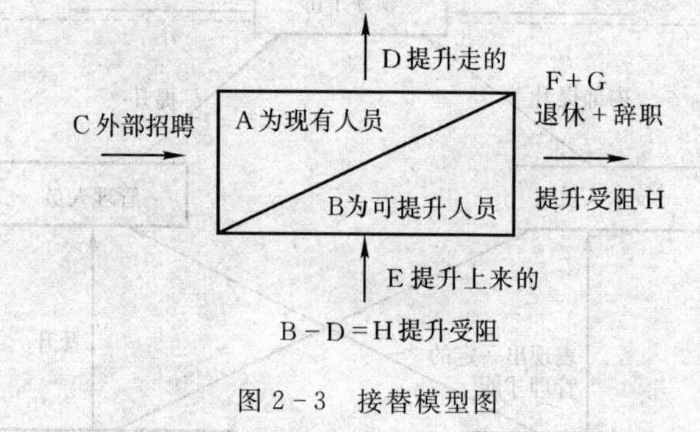

图 2－3　接替模型图

(二)外部人力资源供给预测

企业职位空缺不可能完全通过内部供给解决，企业人员因各种主观或自然原因退出工作岗位是不可抗拒的规律，这必然需要企业不断地从外部补充人员。

企业外部人力资源供给的渠道主要有：大中专院校应届毕业生、复转军人、技术职业学校毕业生、事业人员、其他组织人员、流动人员等。

大中专院校及技术职业学校应届毕业生的供给较为确定，主要集中于夏季，且其数量和专业、层次、学历均可通过各级教育部门获取，预测工作容易。复转军人也较容易预测。

比较困难的是城镇事业人员和流动人员预测，在预测过程中需综合考虑城镇事业人员的就业心理、国家就业政策、政府对农村劳动力进城务工的控制程序及其他一些因素。

对于其他组织在职人员的预测则需考虑社会心理、个人择业心理、组织本身的经济实力及同类组织人员的福利、保险、工资、待遇等各种因素。企业应在本单位可能提供的待遇基础上，科学地预测外部人员的可供给量。

在劳动力市场上，供给曲线显示随着工资率的提高，劳动力供给必然增加。如图 2－4 所示。

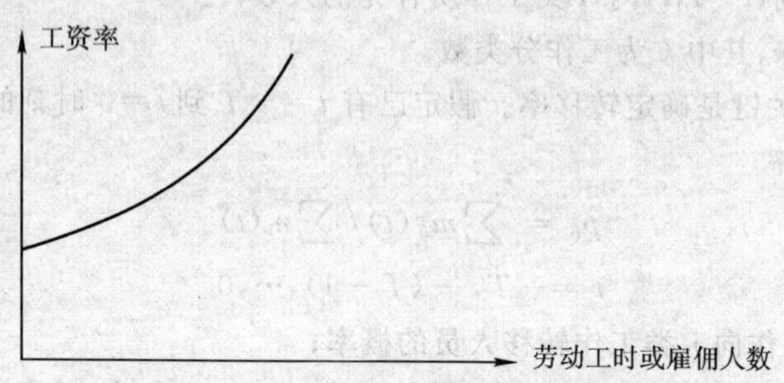

图 2－4　劳动力市场供给曲线图

另外还要考虑到影响劳动力供给的主要因素，如人口政策及人口现状、劳动力市场的发育程度、社会就业意识及择业心理偏好等。严格的户籍制度也制约着企业内部人员的供给。

三、人力资源供求的综合平衡

人力资源供求平衡是企业人力资源规划的目的，人力资源供求预测是为制定具体的供求平衡规划而服务的。但是企业人力资源供求平衡很少存在，即使总量上达到平衡，也会在层次、结构上发生不平衡。

企业人力资源供求共有三种可能：

(1)人力资源供求总量、结构平衡。

(2)人力资源供大于求，企业内部人浮于事，内耗严重，生产或工作效率低下。

(3)人力资源供小于求，设备闲置，固定资产利用率低，也是一种浪费。

人力资源规划就是根据企业人力资源供求预测结果，制定相应的政策措施，使企业未来人力资源供求实现平衡。

(一)企业人力资源供不应求的措施

预测企业的人力资源未来可能发生短缺时，可根据具体情况选择下列不同方案以解决不足。

(1)将符合条件，而又处于相对富余状态的人员调往空缺职位。

(2)如果高技术人才出现短缺，可拟定培训与晋升计划，当企业内部无法满足时，再拟定外部招聘计划。

(3)如果短缺现象不严重，且本企业员工又愿意延长工作时间，则可根据劳动法的有关规定，制定延长工时适当增加超时工作报酬计划。这只是一种短期应急措施。

(4)重新设计工作以提高员工的工作效率，形成机器替代人力资源的格局。

(5)制定聘用非全日制临时用工计划，如返聘已退休者或聘用小时工。

(6)制定聘用全日制临时用工计划。

(7)制定招聘政策，向企业外进行招聘。

(二)企业人力资源供大于求的措施

(1)依法永久性辞退那些劳动态度差、技术水平低、劳动纪律观念不强的职工。

(2)关闭或临时关闭一些不盈利的分厂或车间，撤并某些臃肿的机构。

(3)鼓励提前退休或内退。

(4)加强培训工作，提高员工的整体素质，增强其竞争力。

(5)加强培训，使员工掌握多种技能，拨出部分资金支持员工转岗，从事第三产业等。

(6)减少员工的工作时间，随之降低工资水平。

(7)由两个或两个以上的员工分担一个岗位的工作，按工作任务完成量计发工资。

第五节　人力资源规划的制定与成本控制

人力资源规划的制定与实施是一个动态过程，需要不断调整，使之达到预想的目标。

一、制定人力资源规划应注意的问题

(一)全局性

人力资源规划的制定应从全局的角度考虑问题，应具有全局的思想，应概括总体及各局部之间联系的宏观问题。对影响总体或全局的某些重要局部问题也应包括在其中。

(二)重点性

人力资源的发展是多方面的，而规划工作应该是重要的工作内容。要抓住人力资源发展的主要矛盾的主要方面，即关键的问题、关键的环节、关键的内容。只要抓住关键要素，人力资源规划才能发挥作用。

(三)发展性

人力资源规划应体现出总体发展的特征，任何工作都是在不断向前发展的，人力资源工作也是如此。因此规划的各层次都应体现出发展。

(四)创新性

人力资源的规划是未来人力资源宏观工作的指导，而未来组织内外的影响因素都不可能与过去一致，所以每一期的规划都应该具有创新性，以适应新环境或新时期的要求。

(五)稳定性

作为规划被确定下来后，在总体上应保持相对的稳定性，不能任意调整，朝令夕改，因为调整的代价是昂贵的。只有相对稳定，才便于执行。

(六)适应性

人力资源规划要适应外部环境和内部环境。当社会经济整体上的形势处于大发展时期，相关的政策、法规等环境都有利于发展战略的实施时，组织的战略规划应与之适应以求得较大的发展。

二、成本控制

各项人力资源管理措施的执行都需花费一定的成本，因而成本控制是人力资源规划控制的一个重要环节。

(一)人力资源费用审核的方法与程序

1. 人力资源费用审核的方法

在审核费用时，首先要认真分析人力资源管理各方面活动及其过程，然后确定在这些活动及其过程中，都需要哪些资源、多少资源给予支持(如人力资源、财务资源、物质资源)。这些费用预算与执行的原则是“分头预算，总体控制，个案执行”，公司根据上年度预算与结算的比较情况提出一个控制额度。费用大部分由人力资源部门掌握，项目之间根据余缺，经批准程序后可以调剂使用。对有些项目如培训费用，按使用部门进行控制，避免部门之间相互挤占而完不成各自的培训任务。

2. 人力资源费用审核的程序

在审核下一年度的人工成本预算时，首先要检查项目是否齐全，尤其是那些子项目。在审核时，必须保证这些项目齐全完整，注意国家有关政策的变化，是否涉及人员费用项目的增加或废止。特别是应当密切注意企业在调整人力资源某种政策时，可能会涉及人员费用的增减问题，在审核费用预算时应使其得到充分体现，以获得资金上的支持。总之，工资项目和基金项目必须严格加以区别，不能混淆。

在审核费用预算时，应当关注国家有关规定和发放标准的新变化，特别是那些涉及员工利益的资金管理、社会保险等重要项目，以保证在人力资源费用预算中得以体现。

(二)人力资源费用控制的作用与程序

1.人力资源费用控制的作用

人力资源费用支出控制的实施是在保证员工切身利益,使工作顺利完成的前提下使企业达到人工成本目标的重要手段;人力资源费用支出控制的实施是降低招聘、培训、劳动争议等人力资源管理费用的重要途径;人力资源费用支出控制的实施为防止滥用管理费用提供了保证。

2.人力资源费用控制的程序

首先制定控制标准,制定控制标准是实施控制的基础和前提条件;然后进行人力资源费用支出控制的实施,也就是将控制标准落实到各个项目,在发生实际费用支出时看是否在既定的标准内完成目标;最后进行差异的处理,经分析得出预算结果,如果和实际支出出现差异,要尽快分析差异出现的原因,要以实际情况为准,进行全面的综合分析,并作出进一步调整,尽快消除实际支出与标准之间的差异。

本章思考题

一、简答题

1.简述制定人力资源规划的具体制定程序。

2.简述人力资源规划的影响因素。

3.分析人力资源需求预测的影响因素。

4.列举并简述你所知道的人力资源需求预测的分析方法。

5.列举并简述你所知道的人力资源供给预测的分析方法。

6.如何进行企业人员的供需平衡分析?

7.简述企业定员的作用。

8.说明企业定员的基本方法。

9.简述人力资源费用审核的方法与程序。

10.简述人力资源费用控制的作用与程序。

二、计算题

1.某企业是主要生产 A、B、C 三种产品的单位,产品加工时定额和 2010 年的订单如表所示,预计该企业 2010 年的定额完成率为 110%,废品率为 3%,员工出勤率为 95%

类型	产品工时定额(小时)	2010 年订单(台)
A	100	30
B	200	50
C	300	60

计算该单位企业 2010 年生产人员定员人数。

2.某学院在 2009 年有研究生 1500 人,在 2010 年招生计划中计划比以往多招生 150 人,目前每个教师平均承担 15 名研究生,假如教师的工作量不变,在 2010 年该学院需要教师多少人?

3.某公司是一家中型企业,其产品在国内市场的销售量在 20%以上,公司多年的实践证明,公司的销售额与公司的员工总人数之间有着高度相关的正比例关系。2010 年公司的销售额为 5600 万元,人员为 1200 人,根据以前的销售额和初步的预测,公司估计 2011 年的销售额为6300万元。公司各类人员的比例从2006年至今变化不大,而且根据预测,在未来10年中基本保持这一比例不变,下表显示从事各岗位工作的员工人数:

类别	高层管理人员	中层管理人员	主管人员	生产人员	总数
数量(人)	100	200	300	600	1200

问题:

(1)根据以上数据,计算在2011年公司的员工总数要达到多少才能完成预期的销售额?

(2)公司各类员工的数量会有哪些变化?

课后实训

李先生几天前才调到人力资源部当助理,就接受了一项紧迫的任务,要求他在10天内提交一份公司的人力资源规划,为公司全年各项人力资源管理活动的执行打下基础。

虽然他进这家公司已经有3年了,但面对桌上那一大堆文件、报表,一筹莫展。经过几天的资料整理和思考,他觉得要编好这个计划,必须考虑下列各项关键因素:首先是公司现状。公司共有生产与维修工人825人,行政和文秘性白领职员143人,基层与中层管理干部79人,工程技术人员38人,销售人员23人。其次,据统计,近5年来员工的平均离职率为4%,没理由会有什么改变。不过,不同类别的员工的离职率并不一样,生产工人离职率高达8%,而技术人员和管理干部则只有3%。再次,按照既定的扩产计划,白领职员和销售人员要新增10%~15%,工程技术人员要增加5%~6%,中、基层干部不增也不减,而生产与维修的蓝领工人要增加5%。有一点特殊情况要考虑:最近本地政府颁发一项政策,要求当地企业招收新员工时,要优先照顾妇女和下岗职工。公司一直未曾有意地排斥妇女或下岗职工,只要他们来申请,就会按照同一种标准进行选拔,并无歧视,但也无特殊照顾。如今的事实却是,只有一位女销售员,中、基层管理干部除两人是妇女外,其余也都是男的,工程师里只有三位是妇女,蓝领工人中约有11%是妇女或下岗职工,而且都集中在最底层的劳动岗位上。

李先生还有5天就得交出规划,其中包括各类干部和职工的人数、从外界招收的各类人员的人数,以及如何贯彻市政府关于照顾妇女与下岗人员政策的计划。此外,五金制品公司刚开发出几种有吸引力的新产品,所以预计公司销售额5年内会翻一番,李先生还得提出一项应变计划以备应付这种快速增长。

假如你是李先生,该如何提交这份规划?

第三章
工作分析与工作设计

学习要点

1. 了解工作分析的基本概念、基本步骤、基本方法。

2. 能够进行职务信息收集,进行工作分析。

3. 了解工作说明书编写的一般要求和方法,编制不同工作性质的工作说明书。

4. 了解工作设计的方法,初步进行工作设计与再设计。

案例导入

丰田汽车公司的人性化工作设计

丰田汽车公司是世界著名汽车公司,20 世纪 90 年代后,日本制造业遇到了前所未有的劳动力不足的难题。丰田汽车公司也受到了严重影响。丰田汽车公司首先选择了用自动化设备来代替劳动力的对策。但是,自动化虽然在技术系统方面提高了生产效率,但是它给工人带来了巨大的精神压力,如果不改善工人的心理、物理环境,不仅不能提高现有工人的劳动积极性,而且也谈不上吸引更多的劳动力加入丰田汽车公司。劳动力不足的难题从根本上还会继续存在。在这种背景下,丰田汽车公司决定以工作设计作为突破点,通过改善工作环境,来探索一条应对劳动力不足的途径。这样,丰田汽车九州分公司的宫田工厂就成了丰田汽车公司进行探索的一个试验地。

丰田汽车九州分公司是丰田汽车公司的全资子公司。该公司于 1992 年 12 月 22 日开始生产,有员工 1950 人,日生产能力为 600 台。丰田汽车公司之所以选择该公司的宫田工厂作为工作设计的试验地,是因为它是一个全新的工厂,不受现有生产体系的制约,非常适合于全新的工作设计。

丰田宫田工厂的工作设计具有以下特点。

1. 在生产技术与生产方法方面,对传统的组装方式进行了重大改革

它根据任务将原有的一条长组装线分割成 11 条短的主组装线和 6 条短的子组装线,并据此形成了对应的工作班组。每一个工作班组负责一条组装线。每一条组装线负责统一完成一组完整的、机能关联密切的任务。重新组合任务并据此分割组装线的做法,改变了原来的局面,为工人们从事完整、复杂而创造性的工作奠定了基础。丰田汽车公司把它的这种做法称为以人为本的自律适应型组装方式。

2. 在任务设计方面,进行了任务重组

一方面,对具有同一性的任务进行合并;另一方面对操作工作与质量检查、机器维修与维护等智能化工作进行组合。此外,丰田汽车公司在班组范围内都不实行严格的分工。在丰田汽车公司,工人的工作范围是可以伸缩的。一般来讲,它与前后工序的工作发生重叠。这些重

叠的工作被称为互助工作。它要求工人在完成属于自己工序的工作后，还帮助前后工序的工人完成工作。除了互助工作之外，丰田汽车公司的工人还要做质量检查工作和部分机器维护与维修工作。

3. 以工作班组为单位组织生产，并赋予了不同程度的决策自主权

在丰田汽车公司，工作班组的负责人由班组成员选举或从班组成员中产生。班组有权决定工作分派、工作轮换和工作进度。班组长将每天的工作分派写进正式的表格贴在车间，使工人对工作分派一目了然。工作班组有权决定工作轮换。工作班组还负责开展质量圈活动，改进工作质量。

4. 在工作设备与工作环境方面，丰田汽车公司借鉴了不少人类工程学和试验心理学的知识，以降低工人的体力负担和精神负担

通过重新设计，丰田汽车公司的工作体系具有了技能多样性、任务同一性、任务重要性、自主性、反馈、足够的知识与技能、班组规范等多种可能导致员工内在工作激励和工作班组效率提高的核心特征。一些调查表明，丰田汽车公司九州宫田工厂自1992年底实施工作设计改革以来，新组装线的生产效率很快达到了预计的目标，次品率比原有组装线低40%。60%的员工对任务重组持肯定态度，认为更加有利于工作，70%的员工认为自身的质量意识有了提高。

DH公司工作分析的实施

DH工贸进出口公司(以下简称DH)是一家已有近20年历史的国有企业，年进出口总额在全国同行业中处于前10名。公司员工总数101人。其中，14人服务于8个国内外机构，3个直属专业分公司共有经理人员及业务员42人，储运部4人，财务部30人，房地产公司5人，后勤3人，总经理办公室8人，人事部2人，行政部5人，企业部4人，副总经理3人，总经理1人。全体员工60%具有大专以上文凭，主要集中在业务部门和管理层，很少进行在职培训，主要由招聘筛选。公司外埠机构各设经理1名，3个分公司各设总经理及副总经理2人，下属有关分支机构各设负责人1人，其他部门各设经理1名。3名副总经理中有一人由党委书记兼任，实行总经理法人代表负责制。企业经营缺乏战略化管理，短期行为严重，无序现象逐步恶化。各职能部门均有相关文件明确说明其责任；国内外机构负责联络和信息收集、反馈；3个分公司从事项目执行及业务开发。实际上，权责模糊，越级管理和越级汇报经常发生，操作流程速度慢，质量差。会计及资金使用由总公司集中管理，各部门和分公司总在抱怨资金周转困难，整个公司资金总量也确实在逐步萎缩。公司平均营业收益率约为5%，且潜伏严重的交易风险。销售收入逐年大幅下降，收益微薄，投资失误接连不断，法律纠纷频繁发生，银行信用几乎为零。由于个人收入逐年下降，员工情绪低落，纪律涣散。谣传公司即将破产，员工纷纷暗中寻找“退路”。为了应对公司的外部竞争压力，及中国加入WTO后对本企业的冲击，公司特地聘请了某咨询公司进驻，以对公司的组织结构进行诊断，并对组织职务进行重新设计。公司期望通过外部专家的介入和工作，促使DH公司形成新的组织结构、职能权限体系和业务工作流程。

咨询公司通过调查分析，认为DH公司主要问题是组织的职能机构功能不清，岗位职责不明，需要进行工作分析，以重新划分职能部门，确定工作流程。

咨询公司期望通过工作分析使DH公司组织结构设计得到进一步深入和细化，将部门的工作职能分解到各个职位，明确界定各个职位的职责与权限，确定各个职位主要的工作绩效指

标和任职者基本要求，为各项人力资源管理工作提供基础。本次工作分析中拟完成下列工作内容：①了解各个职位的主要职责与任务；②根据新的组织机构运行的要求，合理清晰地界定职位的职责权限以及职位与组织内外的密切关系；③确定各个职位的关键绩效指标；④确定对岗位任职者的基本要求。工作分析的最终成果形成了具体的《职位说明书》。

第一节　工作分析概述

一、工作分析的概念

（一）工作及工作分析的定义

工作分析最基本的单元就是工作。对于"工作"的定义，有多种说法，最狭义的工作定义是指在一段时间内为达到某一目的的活动。在工作描述中，工作是指个人从事的一系列专门任务的总和。最广义的定义是，工作是指个人在组织里面全部角色的总和。关于工作分析，随着时间的发展国内外学者也从各自的角度给出不同的定义，萧鸣政在《工作分析的理论与方法》中的定义为"所谓工作分析，即分析者采用科学的手段和技术，对每个同类岗位工作的结构因素及其相互关系，进行分解、比较与综合，确定该岗位的工作要素特点、性质与要求的过程。"工作分析是对工作的全面信息的了解和提取的基础性管理活动，是对各类工作岗位的性质任务、职责权限、各类岗位关系、劳动条件和环境，以及员工承担本岗位任务应具备的资格条件所进行的系统研究，并制定出工作说明书等岗位人事规范的过程。

（二）工作分析中的术语

(1)工作要素，即工作中不能再继续分解的最小动作单位。

(2)任务，即为达到某一明确目的所从事的一系列活动。

(3)职业，即由不同时间内不同组织中的相似工作组成。

(4)职责，即组织要求的在特定岗位上需要完成的任务。

(5)职权，即依法赋予的完成特定任务所需要的权力。

(6)职位，即岗位，是组织要求个体完成的一项或多项责任以及为此赋予个体的权力的总和。

(7)职务，即工作，是按规定担任的工作或为实现某一目的而从事的明确的工作行为，由一组主要职责相似的职位所组成。

(8)职系，即由工作性质和基本特征相似相近，而任务轻重、责任大小、难易程度和要求不同的岗位所构成的岗位序列。

(9)职组，即工作性质相近的若干职系综合而成为职组。

(10)职门，即工作性质和特征相近的若干职组的集合。

(11)岗级，即同一职系中工作内容、难易程度、责任大小、所需资格皆很相似的职位。

(12)岗等，工作性质不同或主要职务不同，但其困难程度、职责大小、工作所需资格等因素相同或相近的岗级为同一岗等。工作分析中各术语之间的关系如图3-1。

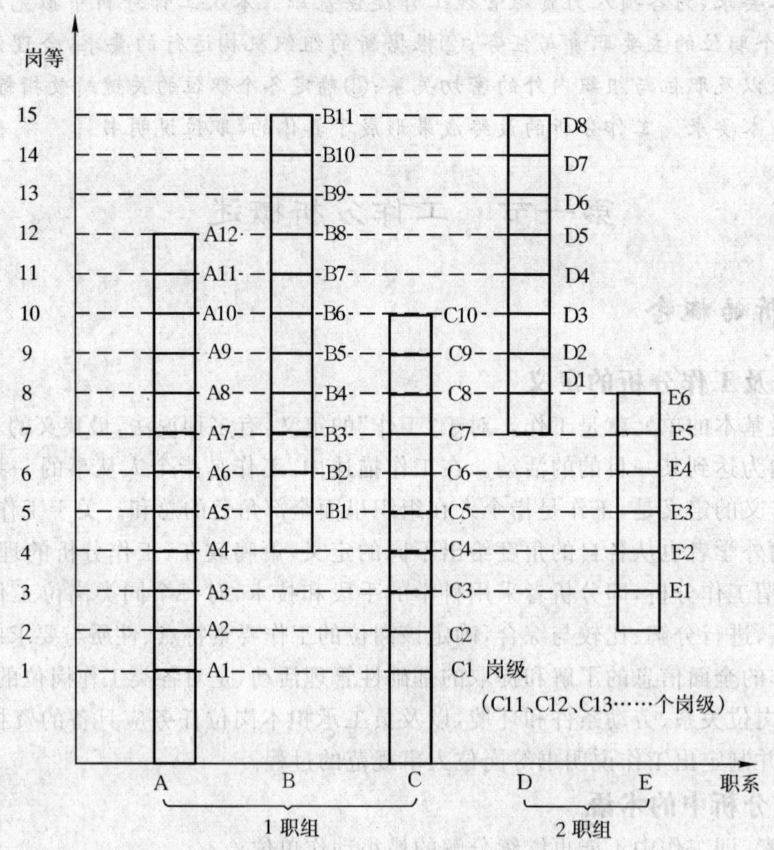

图 3－1　工作分析中各术语之间的关系

二、工作分析的内容

工作分析的内容包含三个部分：对工作内容及岗位需求的分析；对岗位、部门和组织结构的分析；对工作主体员工的分析。

对工作内容的分析是指对产品（或服务）实现全过程及重要的辅助过程的分析，包括工作步骤、工作流程、工作规则、工作环境、工作设备、辅助手段等相关内容的分析；由于工作的复杂性、多样性和劳动分工使岗位、部门和组织结构设计成为必然，不同的行业和不同的业务都影响着岗位、部门和组织结构的设置，对岗位、部门和组织结构的分析包括对岗位名称、岗位内容、部门名称、部门职能、工作量及相互关系等内容的分析，以及对工作主体员工的分析包括对员工年龄、性别、爱好、经验、知识和技能等各方面的分析，通过分析有助于把握和了解员工的知识结构、兴趣爱好和职业倾向等内容。在此基础上，企业可以根据员工特点将其安排到最适合他的工作岗位上，达到人尽其才的目的。

三、工作分析的程序

工作分析可以分为三个步骤来进行：

(一)准备阶段

(1)根据工作分析的总目标、总任务，对企业各类岗位的现状进行初步了解，掌握各种基本数据和资料。

(2)设计岗位调查方案；明确岗位调查的目的；确定调查的对象和单位；确定调查项目；确定调查表格和填写说明；确定调查的时间、地点和方法。

(3)为了搞好工作分析，还应做好员工的思想工作，说明该工作分析的目的和意义，建立友好合作的关系，使有关员工对岗位分析有良好的心理准备。

(4)根据工作分析的任务、程序，并将其分解成若干工作单元和环节，以便逐项完成。

(5)组织有关人员学习并掌握调查的内容，熟悉具体的实施步骤和调查方法。

(二)调查阶段

该阶段的主要任务是根据调查方案，对岗位进行认真细致的调查研究。在调查中，灵活运用访谈、问卷、观察、小组集体讨论等方法，广泛深入地搜集有关岗位的各种数据资料。对各项调查事项的重要程度、发生频率详细记录。

(三)分析阶段

该阶段首先对岗位调查结果进行深入分析，采用文字图表等形式作出归纳、总结。对岗位的特征和要求作出全面深入的考察，充分揭示其主要任务结构和关键影响因素，并在系统分析和归纳总结的基础上，撰写工作说明书、岗位规范等人力资源管理的规章制度。

(四)完成阶段

该阶段根据规范和信息编制“工作描述”和“工作说明书”，是前三个阶段的最终目标。

四、工作分析的作用

从组织的角度看，工作分析是一个基础性的工作，是维系和发展组织系统的关键。从人力资源管理角度上讲，工作分析为组织人力资源规划、人员招聘、人力资源培训和开发、绩效管理、薪酬管理、劳动关系管理的一系列职能活动提供了支持。当完成以工作分析为基础的岗位工作描述以后，就建立了整个人力资源管理系统的核心。工作分析的地位和作用如图 3-2 所示。

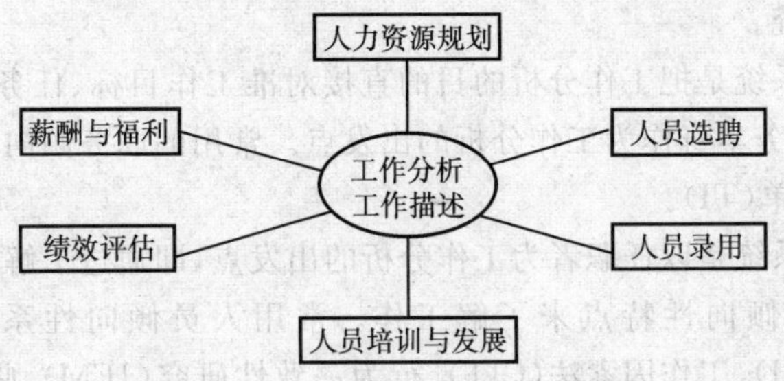

图 3-2 工作分析的地位和作用

1. 员工招聘

工作分析提供的信息中包括:工作的任务是什么,以及具备什么样资格和条件的人才能承担这项工作,这些与工作说明书和岗位规范有关的信息决定了应该招聘和雇佣什么样的人来从事此项工作。

2. 人力资源培训和开发

运用工作分析的信息可以为组织的培训计划和人员开发计划提供依据。这是因为工作分析的结果显示出工作岗位本身要求员工应该具备哪些技能,也就确定了应该对员工进行何种技能的培训。

3. 绩效评估

在许多情况下,我们都借助工作分析手段来确定员工应该达到何种绩效标准,工作绩效评价的过程就是将员工实际的工作绩效同要求达到的工作绩效标准进行对比的过程。

4. 薪酬管理

薪酬包括工资奖金等等通常都与工作承担者所具备的技能、教育水平,以及与工作有关的因素联系在一起,而所有的这些因素都必须经过工作分析才能确定,由此才能准确地把握每一项工作的价值含量,从而提供相应的报酬。

五、工作分析信息的主要来源

信息来源主要有工作执行者、管理监督者、顾客、工作分析人员,以及类似工作分析汇编、中华人民共和国职业分类大典等信息资料。选择信息来源时,应注意选用不同层次及各种职业的信息资料,要结合实际,不要照抄照搬。信息主要来自:①书面资料;②任职者的报告(无法保证信息的客观性和真实性);③同事的报告;④直接的观察(提供其他方法所无法提供的信息)。

六、工作分析的系统

在职务信息收集之后,就需要运用工作分析系统对职务信息加以分析。工作分析系统是关于工作分析的技术、方法、工具的总和,它用以说明职务、人员及组织三者的相关关系。目前国外普遍使用的分析系统很多,其中有为一般性工作分析所提供的技术和方法的系统,也有为用于特殊目的而提供的分析系统。另外,工作分析系统可以分为两大类:职务倾向性分析系统和人员倾向性分析系统。

职务倾向性分析系统是把工作分析的目的直接对准工作目标、任务和其他有关工作实质性特征的事项,即以职务本身作为工作分析的出发点。常用的职务倾向性系统有:职能工作分析系统(FJA)、任务清单(TI)。

人员倾向性分析系统是以任职者为工作分析的出发点,即通过了解任职者的潜质、能力和完成工作中表现出的倾向性特点来了解工作。常用人员倾向性系统有:职位分析问卷(PAQ)、关键事项(OAI)、工作因素法(CIT)、行为一致性研究(JEM)、临界特性分析(TTA)、能力需求尺度法(AKS)。

七、岗位规范和工作说明书

(一)岗位规范

岗位规范是对于岗位构成内容所作的统一规定,属于工作标准的范畴。因此岗位规范又称为岗位标准。制定岗位规范的意义,在于对岗位的职务、责任、权力、利益做出明确的、有束缚力的、相对稳定的规定,从而督促和约束员工更好地完成本职工作。我国目前的企业管理中,岗位规范的主要内容除岗位职责和权利外,还有岗位工作关系、岗位任职要求、岗位考核方式等。

1.岗位规范的含义

岗位规范也就是岗位标准,即岗位构成内容的标准化,包括职责和权利的标准化。在实际工作中,每一个岗位的工作内容和形式都有具体性、特殊性、变化性,但这个岗位所以设立,在其工作内容和形式中,又必然存在一般的、共同的、稳定的东西。正由于后者的存在,这一岗位才是必要的。岗位规范的意义,就在于对该岗位共性的东西加以明确的概括和说明,从而使从事该岗位工作的人员具有如何理解和开展工作的依据。因此,岗位规范对于个人来说,是一种工作指导;对于组织来说,是一种工作要求。

2.岗位规范的内容

岗位规范的内容取决于岗位的构成方式。在岗位规范的内容中,首先,最重要的是岗位职责的内容,即岗位的工作任务、工作范围、工作关系、工作责任。通过岗位职责的规定,明确组织对于该岗位的要求。其次,由于岗位总是由人来承接的,人员的状况对于岗位职责的履行也有直接影响。因此在岗位规范中同时有对于岗位工作者的资格规定,即从事该岗位工作的人员所要具备的条件要求,包括知识、能力、经验、个性等。除了上述两方面内容之外,岗位规范还包括一些其他的项目,例如岗位工作的考核方式、岗位的正式名称和管理编号等。

3.岗位规范的结构模式

(1)管理岗位知识能力规范。

(2)管理岗位培训规范。

(3)生产岗位技术业务能力规范。

(4)生产岗位操作规范。

(二)工作说明书

1.工作说明书的概念

工作说明书是用文件形式来表达工作分析的结果,其基本内容包括工作描述和任职者说明。工作描述一般用来表达工作内容、任务职责、环境等,而任职者说明则用来表达任职者所需的资格要求,如技能、学历、训练、经验、体能等。

2.工作说明书的分类

工作说明书可分为岗位工作说明书、部门工作说明书和公司工作说明书。

3.工作说明书的内容

工作说明书的基本内容主要由以下几个方面构成:

(1)基本资料。包括:岗位名称、直接上级职位、所属部门、工资等级、工资水平、所辖人员、定员人数、工作性质。同时应列出工作分析人员姓名、人数和工作分析结果的批准人栏目。

(2)工作描述。包括:①工作概要:用简练的语言说明工作的性质、中心任务和责任。②工作活动内容:包括逐项说明工作活动内容、说明各活动内容占工作时间的百分比、各项活动内容的权限、各活动内容的执行依据等。③工作职责:逐项列出任职者的工作职责。④工作结果:说明任职者完成工作应达到的结果,以定量化为好。⑤工作关系:工作关系描述包括此工作受谁监督、此工作监督谁、此工作可晋升的职位、可转换的职位,以及可升迁至此的职位,与哪些职位发生联系。⑥工作人员使用的设备和信息说明:包括工作人员主要使用的设备名称和工作人员使用信息资料的形式。

(3)任职资格说明。包括所需最低学历,需要培训的时间和科目,从事本职工作和其他相关工作的年限和经验,一般能力,兴趣爱好,个性特征,所需的性别、年龄特征,体能需求。

(4)工作环境。包括工作场所、工作环境的危险、职业病、说明工作时间特征、说明工作的均衡性和工作环境的舒服程度。

4.工作说明书编制时的注意点

(1)工作说明书的内容可依据工作分析的目标加以调整,内容可简可繁。

(2)工作说明书可以用表格形式表示,也可采用叙述型。

(3)工作说明书中,需个人填写的部分,应运用规范术语,字迹要清晰。

(4)工作说明书应使用浅显易懂的文字,用语要明确,不要模棱两可;评分等级的设定要依实际情况而确定。

(5)工作说明书运用统一的格式,注意整体的协调,做到美观大方。

5.工作说明书示例

表3-1 实验车间技术员工作说明书

职　　务:实验车间技术员　　职务编号:15038

部　　门:技术开发部　　职务等级:8

日　　期:1988年5月4日

工作范围:从事实验工作,包括零部件的设计、加工、装配和改造。

责任范围:根据图纸或工程师的口头指示,运用各种机械工具或安装设备、加工

仪器、设备及工具:普通车床、六角车床、成型机、钻孔机、磨削机、电锯、冲压机、测量仪及其他手工工具。

资格条件:高中毕业,或具有同等学力,具备3～4年操作各种机械设备的经验,有较高的理解、判断能力,会看图纸,能熟练完成实验操作,且身体健康。

表 3-2 发货员工作说明书

职务:发货员

部门:货品收发部门

地点:仓库 C 大楼

职务概况:听从仓库经理指挥,根据销售部门递来的发货委托单据,将货品发往客户。和其他发货员、打包工一起,徒手或靠电动设备从货架搬卸货品,打包装箱,以备卡车、火车、空运或传递。正确填写和递送相应的单据报表,保存有关记录文件。

教育程度:高中毕业

工作经历:可有可无

岗位责任:

一、花 70%的工作时间干以下的工作:

(1)从货架上搬卸货品,打包装箱。

(2)根据运输单位在货运单上标明的要求,磅秤纸箱并贴上标签。

(3)协助送货人装车。

二、花 15%的工作时间干以下的工作:

(1)填写有关运货的各种表格(例如装箱单、发货单、提货单等)。

(2)凭借键控穿孔机或理货单,保存发货记录。

(3)打印五花八门的表格和标签。

(4)把有关文件整理归档。

三、剩余的时间干以下的工作:

(1)开公司的卡车送货去邮局,偶尔也搞当地的直接投递。

(2)协助别人盘点存货。

(3)为其他的发货员或收货员检查货品。

(4)保持工作场所清洁,一切井井有条。

管理状态:听从仓库经理指挥,除非遇到特殊问题,要求独立工作。

工作关系:与打包工、仓库保管员等密切配合,共同工作;装车时与卡车司机联系,有时也和订销部门的人接触。

工作设备:操纵提货升降机、电动运输带、打包机、电脑终端及打字机。

工作环境:干净、明亮、有保暖设备;行走自如,攀登安全,提货方便。

表 3-3　会计员工作说明书

编码:305031	级别:初级	职务名称:会计员
1.职责总述: (1)本类工作是在主管人员监督下,办理基层单位会计工作。 (2)遵守国家和企业的各种规章制度、法规以及主管部门(或主管人)的原则指示,编制预算或决算,审核原始凭证,处理账目,核算成本。 (3)处理各种数据要准确无误。 (4)按时向有关主管人员呈报财务会计报表及文字说明。 2.所受监督: (1)直接接受本科室主管人的指令和监督。 (2)在规定的权限内,一般例行公事可独立处理,有关重要事项,须向上级请示,经批准后方可执行。 3.所施监督: 在一般情况下,无监督、指挥他人的权限。 4.工作举例: 负责基层单位会计工作,包括:①编制预算、决算;②编制会计报表(月份、季度、年度);③填发记账通知单;④登记、整理总台账;⑤审核原始凭证;⑥登记成本账;⑦编制传票;⑧账册凭证装订、保管。 5.所需资格条件: (1)大学或高等专科学校会计专业毕业,担任2年以上会计职务,具有实际工作经验。 (2)了解本部门、企业的会计及审计制度。 (3)了解国家及地区有关的方针、政策、法令、规定。 (4)具有一般的分析、判断、计算、记忆力。 (5)具有专业知识和一定的科研能力。 6.晋升:助理会计师。 7.与其他岗位的关系(工作关系)。 8.工作时间:在制度时间内工作,上白班(早晨8:00至下午17:00),一般无须加班加点。 9.工作环境和条件。 10.其他事项。		

(三)岗位规范与工作说明书的区别

1.所涉及的内容不同

工作说明书是以岗位“事”和“物”为中心,而岗位规范所覆盖的范围、所涉及的内容要比工说明广泛得多,只是其有些内容与工作说明书的内容有所交叉。

2.所突出的主题不同

岗位说明书是在岗位分析的基础上,解决“什么样的人才能胜任本岗位的工作”的问题;工作说明书不仅要解决岗位说明书的问题,还要回答“该岗位是一个什么样的岗位?这个岗位做什么?在什么地点和环境条件下做?”

3.具体的结构形式不同

工作说明书不受标准化原则的限制,可繁可简,结构形式多样化;岗位规范一般由企业职能部门按企业标准化原则,统一制定并发布执行。

第二节　工作分析的方法

工作分析的方法可以归结为两大类:定性方法和定量方法。在实际操作中可以把一种或把几种方法结合起来,综合应用。

一、定性方法

1.观察法

观察法是工作分析者通过对指定对象观察,把有关工作各部分的内容、原因、方法、程序等信息记录下来,最后把取得的职务信息归纳整理为适用的文字资料,包括直接观察法、阶段观察法和工作表演法。在进行观察记录时要注意:

(1)避免机械记录,应主动反映工作的各有关内容,对观察到的职务信息进行比较和提炼。

(2)观察力求结构化,应做到以下几个方面:①确定观察内容,例如职务的主要内容、人员,上级及同事、主要使用的设备、工作时间、工作中的非正式组织、工作的体能要求、工作环境等;②确定观测的时刻,可以选用瞬时观测法、定时观测法等技术,至于采用何种方法,应以能提取完整信息又节省时间,人力为准;③确定观察的位置,选择观察位置应以保证可观测到职务执行者的全部行为,且又不影响职务执行者的正常工作为准;④准备供观察使用的记录表格,以便记录,为此应事先对被观察工作有大体的了解,以免记录时因不能立刻正确归类造成混乱。

采用此种方法可以了解广泛的信息,如工作活动内容,工作中的正式行为和非正式行为,工作人员的士气、价值观念等隐含的信息。采用此种方法所取得的信息比较客观和准确,但是要求观察者有足够的实际操作经验。

观察法一般存在以下几个问题:不适用于工作循环周期很长和主要是脑力的工作;不能得到有关任职者资格要求的信息;偶然突发的工作不易观察到。

2.面谈法

面谈法是通过工作分析者与工作执行者面对面的谈话来收集信息资料的方法。但是,工作分析者不应该只是消极地记录工作执行者对各种问题的反映,而应通过积极的引导来获得较完整的信息。在面谈时应注意以下问题:①面谈应结构化。在面谈前应确定收集信息的内容并制定详细的提问单,把握住所提问题与目的间的关系,并注意挑选参加面谈的工作执行人员。②面谈中保持友善的态度。这种方法的优点首先在于可控性。通过提问单,可有系统地了解所关心的内容,当任职者的回答相互矛盾或不清楚时,可以进行跟踪提问把问题搞清楚。如果任职者对所提问题采取不合作态度时,可以进行劝导或换人。此外,面谈法可以提供观察法无法取得的信息,如工作经验、任职资格等,同时特别适用于对文字理解有困难的人。面谈方式包括个别面谈、集体面谈、管理人员面谈。

但是此种方法有以下几方面的不足:

(1)工作分析者对某一工作固有的观念会影响正确的判断。

(2)问题回答者出于自身利益的考虑而不合作,或有意无意夸大自己所从事工作的重要性、复杂性,导致工作信息失真。

(3)打断工作执行人员的正常工作,有可能造成生产损失。

(4)在管理者和任职者相互不信任时,具有一定的危险性。

(5)工作分析者可能问一些含糊不清的问题,影响工作信息的收集。

(6)面谈不能单独作为信息收集的方法,只适合与其他方法一起使用。

3.写实法

写实法与观察法相同,属于客观的描述方法,但不像观察法那样一定要亲临现场观察。写实法主要通过结构化的问卷来收集信息。常用的方法有:工作岗位调查表法、工作日志法和核对法。

(1)工作岗位调查表。工作岗位调查表即根据工作分析的目的、内容等所编写的结构性调查表,由工作执行者填写后回收整理,提取出工作信息。工作岗位调查表适用范围很广,是一种普遍使用的工作信息提取方法。工作岗位调查表的调查项目可根据工作分析的目的加以调整,内容可简可繁。

在设计工作岗位调查表时应注意:①简洁易懂;②调查项目应为可操作的具体问题,且问题含义应明确易懂。工作岗位调查表可以设计成开放式和封闭式两种。在开放式调查表中,工作执行者可自由回答所提问题;而在封闭式调查表中,工作执行者从所列答案中选择其中最适合的答案。调查表也可以设计成二者的综合。

(2)工作日志法。工作日志法是由工作者本人记录每日工作的内容、程序、方法、权限、时间等,然后经过归纳提炼,取得所需工作信息的一种职务信息提取方法。这种方法的优点在于信息的可靠性很高,适用于确定有关工作职责、工作内容、劳动强度等方面的信息,所需费用也低。但是可使用的范围较小,只适用于工作循环周期较短、工作状态稳定的职位,且信息整理量大,归纳工作繁琐。另一方面,职务执行者在填写时,往往因不认真而遗漏很多工作内容,并一定程度地影响工作。

(3)核对法。核对法是根据事先拟定的工作清单对实际工作活动的情况进行核对,从而获得有关工作信息的一种方法。这种方法结构性很高,使用起来方便,一类工作只需一份清单,从而减轻了信息收集的工作量。通过对工作清单进行适当的调整,可供长期使用。但是,工作清单拟定比较困难,而且很难包容工作的全部内容,也发现不了一些隐含的工作变量。为了保证职务信息收集质量,在拟定工作清单时应注意信息的完整性。为此,工作清单的构成应包括以下四类要素:工作性质、工作内容、工作职责、工作环境。

4.工作实践法

工作实践是指工作分析者实际从事所研究的工作,在工作过程中掌握有关职务要求的第一手资料。采用这种方法可以了解职务的实际任务以及在体力、环境、社会方面的要求。这种方法适用于短期内可以掌握的工作,对于那些需要进行大量训练才能掌握或有危险的工作不适宜采用此种方法。

5.典型事例法

典型事例法是指对实际工作中具有代表性职务的任务进行描述。比如把文秘人员的打字、收发文件等一系列行为收集起来进行归纳分类,得到有关工作内容、职责等方面的信息,这种方法可直接描述人们在工作中的具体活动,因此可以提高工作的动态性。由于所研究的职务可以观察和衡量,因此用这种方法获得的资料适应于大部分工作,但是收集归纳事例并且把它们分类需耗费大量时间。另外,由于典型事例法所描述的是具有代表性的工作者的行为,这样可能遗漏一些不显著的职务行为,难以非常完整地把握整个职务实体。

工作分析的定性方法很多，但各有利弊，因此在提取工作岗位信息时往往采用多种方法相结合的方式，以便能更有效地达到工作分析的特定目的。

表 3-4 工作分析问卷

职工调查问卷

日期：________

公司名称：________ 职位与职称等：________

所属部门：________ 所属科室：________ 主管姓名：________

总公司：________ 分公司或地区办事处：________

(1)说明工作的主要职务：________

____

(2)其他较不重要的职务：________

____

(3)请列举你所用的机具：

持续使用________

经常使用________

偶尔使用________

(4)做此工作需要何种教育程度？(请勾列出)

( )高中以下 ( )高中 ( )大专 ( )大专以上

并请列述哪些科目、课程或训练为工作所需

____

(5)开始这个工作需要多少年有关的工作经验？

( )不用经验 ( )1 到 3 年

( )3 个月以下 ( )3 到 5 年

( )3 个月到 1 年 ( )5 到 10 年

(6)你个人以为要做好或熟悉此工作，需要多长的教育或经验期间？

( )两周或少于两周 ( )3 个月

( )两年 ( )6 个月

( )1 年

(7)一般而言，此项工作的监督程度应如何？

( )经常性地监督。除去不重要的差异，其余一并交由主管处置。

( )每日几次即可，包括呈报、接受意见及指派工作。按照一定的方式与程序进行例外事项尤应注意。

( )偶尔。由于多数职务皆重复且互相牵连，因此只以制定规则与标准指引进行管制即可。对于不寻常的问题亦要注意，并时而提供建议与采取行动。

( )有限监督。工作一经指派后全权负责，虽有若干工作方法可供采用，不过不妨有自己的一套。

( )确定大目标即可。评估工作，可用任何方式，主要着重在整体成效，经常发展一些可获得预期成果的方法。

( )少量或没有直接监督。工作方法的选择，发展与协调只要在一般政策的范围内皆可任意行动。

(8)你所做的任何独立的决策的范畴与性质如何？

____

你认可的事项在生效前是否经常要经复核？如果要，由谁复核？

你拒绝的事项在生效前是否经常要经复核？如果要，由谁复核？

(9)本工作极需哪一方面的才能、创意,以及(或)进取的精神?

例如:______

(10)在本工作中可能会产生哪些差错?

______

这些差错如何被发现或检查到?

______

一旦差错发生而不被发现,会发生何种后果?

______

(11)关于公司业务该如何与他人进行联系?

持续不断　　频繁　　偶尔为之　　从不

联系方法:其他部门的职工、公司政策执行当局、社会大众,或同业公会、政府机关、其他(请指出)

请举出与之联系的例子与叙明目的______

______

(12)若需要特别的机智聪明。请就下列题目作答。有的打"√"

(　　)完全封闭　　(　　)偶尔　　(　　)高度集中

(　　)频繁,而有时中断　　(　　)稳定而持续

(13)试说明会导致疲惫的肌肉动作、身体移动、工作位置与姿势的改变。并请估计每项原因的时间长短。

______

(14)请指出任何你不愿待的不良工作环境,例如脏、嘈杂、湿漉、浊气、热度、外面的天气、单调、危险事故等。

如果你负责他人的工作,请回答下列问题。

(15)本项工作有哪部分是属于下列监督担任职务者的?

(　)指导　　(　)分派人员

(　)派工　　(　)解决员工问题

(　)核工　　(　)甄选新员

(　)规划别人的工作　　(　)调异(推荐　or　核准)

(　)订立标准　　(　)奖惩(建议　or　核准)

(　)协调业务　　(　)革职(建议　or　核准)

(　)加薪(提议　or　核准)

请列举在你直接监督下的工作名称及所属人员之数目:

______

汇总由你指挥的属员数目:

______

评语:(若有必要,可另贴纸张述之):

填写人:______

主管人员注意事项:你的签名表示你已经核阅上述的工作说明。如有必要修正,请以红笔在适当的地点填附,希望就上述各项分别加以评述。这些项目在定案前仍会与你交换意见。

在你属下担任此项职务的人员　　核阅人:

数目:　　职　衔:

二、定量方法

(一)职位分析问卷法

职位分析问卷法(position analysis questionnaire,PAQ),是一种结构严谨的工作分析问卷,1972 年由普渡大学教授麦考密克(E. J. McCormick)、詹纳雷特(P. R. Jeanneret)和米查姆(R. C. Mecham)设计开发。设计者的初衷在于开发一种通用的、以统计分析为基础的方法来建立某职位的能力模型,同时运用统计推理进行职位间的比较,以确定相对报酬。目前,国外已将其应用范围拓展到职业生涯规划、培训等领域,以建立企业的职位信息库。职位分析问卷(PAQ)包含 194 个项目,其中 187 项被用来分析完成工作过程中员工活动的特征(工作元素),另外 7 项涉及薪酬问题。计分为六个部分:

(1)资料投入(即指员工于进行工作时其获取资料的来源及方法)。

(2)用脑过程(即如何去推理,作决策、计划及处理资料)。

(3)工作产出(即员工该完成哪些身体活动,及其使用的工具器材如何)。

(4)与他人关系(与本身工作有关人员的关系如何)。

(5)工作范畴(包括实体工作与社交性工作)。

(6)其他工作特征(除去上述其他有关的职务的活动、条件与特征)。

首先你要对问卷及职务相当熟悉。其次方可约谈员工并填制问卷。如表中的“书面资料”一项,你可对各项选取适于该项评等分数(如 1 代表不常,2 表示偶尔,其余类推)。我们知道,一旦你填毕所有工作项的问卷。你就能够以五个尺度去评量、剖析你单位的所有工作。

表 3-5　职位分析问卷范例

使用程序:NA:不曾使用　1:极少　2:少　3:中等　4:重要　5:不重要

资料投入

工作资料来源(请根据任职者使用的程度,审核下列项目中各种来源的资料)

工作资料的可见来源

评分	项目
4	书面资料(书籍、报告、文章、说明书等)
2	计量性资料(与数量有关的资料,如图表、报表、清单等)
1	图画性资料(如图形、设计图、x 光片、地图、描图等)
1	模型及相关器具(如模板、钢板、模型等)
2	可见陈列物(计量表、速度计、钟表、划线工具等)
5	测量器具(尺、天平、温度计、量杯等)
4	机械器具(工具、机械、设备等)
3	使用中的物料(工作中、修理中和使用中的零件、材料和物体等)
4	尚未使用的物料(经过处理的零件、材料和物体等)
3	大自然特色(风景、田野、地质样品、植物等)
2	人为环境特色(建筑物、水库、公路等,经过观察和检查以成为工作资料的来源)

这五个基本尺度分别是:

(1)具有决策、沟通与社交能力。

(2)执行技术性工作的能力。

(3)身体灵活度。

(4)操作设备与器具的技能。

(5)处理资料的能力。

从上表中可以看到,书面资料被评定为第4等级,这说明书面资料(如书籍、报告、文章、说明书等)在工作中扮演了重要角色。PAQ将工作按照五个基本领域进行排序并提供了一种量化的分数顺序或顺序轮廓。也就是说,对所有工作项的问卷,PAQ能用五个尺度去衡量。这五个基本尺度是:具有决策、沟通能力;执行技术性工作的能力;身体灵活性与体力活动;操作设备与器具的能力;处理资料的能力及相关的条件。根据这五个基本尺度,就可以得出工作的数量性剖面的分数,职位与职位之间可相互比较和划分工作簇的等级,也就是说,PAQ可以使你用这五个尺度对每一项工作测量出一个量化的分数。于是管理者就可以运用PAQ所给出的结果对工作进行对比,以确定哪一种工作更富有挑战性,然后依据这一信息来确定每一种工作的奖金或工资等级。应当注意,PAQ并非工作说明书的替代品,但前者有助于后者的编制。

(二)功能性工作分析法(FJA)

所谓职能分析法,就是指从工作活动单元职能作用的角度,对工作进行分析的一种方法。这套方法由美国劳工部提出。对工作者功能的职务分析(functional job analysis)作为职务分析程序的一个阶段,可供我国有关部门参考。它以职工所需发挥的功能与应尽的职责为核心,列出了需加以收集与分析的信息类别,规定了工作分析的内容。按照这套方法,工作分析应包括工作特点分析与员工特点分析。工作特点包括职工的职责,工作的种类及材料、产品、知识范畴三大类。员工特点是工人在工作过程中,与人、事、数据打交道的过程,是指那些确定工作者与信息、人和事之间关系的活动。任何工作都离不开人、事、数据这三个基本要素,而每一要素所包括的各种基本活动又可按复杂程度分为不同的等级来反映工作者与信息、人和事之间的关系特性。

本方法既适用于对简单工作的分析,也适用于对复杂工作的分析。这种方法的关键之处在于其系统性,从而为培训项目的设计提供充分的依据。这种方法概括出与信息、人和事发生关系时工作者在做什么。这些活动如下表(表3-6):

表3-6 功能性工作分析法(FJA)活动要素

信息		人		事	
号码	描述	号码	描述	号码	描述
0	综合	0	教导	0	装配
1	协调	1	谈判	1	精确操作
2	分析	2	指导	2	操作控制
3	编辑	3	监督	3	驾驶操作
4	计算	4	使高兴	4	操纵
5	复制	5	劝说	5	照看
6	比较	6	发出口头指导	6	送进—移出
		7	服务	7	驾驭
		8	接受指导帮助		

表 3-7 一般工作分析问卷调查表

姓　　名＿＿＿＿＿＿　工作名称＿＿＿＿＿＿
部　　门＿＿＿＿＿＿　工作编号＿＿＿＿＿＿
主管姓名＿＿＿＿＿＿　主管职位＿＿＿＿＿＿

1.任务综述(请简单说明你的主要工作)

2.特定资格要求(说明完成由你承担的职务需要什么学历、证书或许可)

3.设备(列举为完成本职工作,需要使用的设备或工具等)

设备名称　　　　平均每周使用小时数

4.日常工作任务(请你尽可能多地描述日常工作,并根据工作的重要性和每项工作所花费的时间由高到低排列)

5.工作接触(请你列出在公司或公司外所有因工作而发生联系的部门和人员,并依接触频率由高到低排列)

6.决策(请说明你日常工作中包含哪些决策)

7.文件记录责任(请列出需要由你准备的报告或保存的文件,并说明文件交给谁)

8.工作条件(请描述你的工作环境与条件)

9.资历要求(请描述胜任本工作的人最低应达到什么要求)

最低教育程度

专业或专长

工作经历

工作年限

特殊培训与资格

特殊技能

10.其他信息(请写出前面各项中没有涉及的,但你认为对本职务很重要的其他信息)

填表人:　　　　　　日期:

表 3-8　推销员工作分析问卷(部分)

说明以下职责在你工作中的重要性(最重要的打 10 分,最不重要的打 0 分,标在右侧的横线上)。			
(1)和客户保持联系	____	(2)接待好每一个客户	____
(3)详细介绍产品的性能	____	(4)正确记住各种产品的价格	____
(5)拒绝客户不正当的送礼	____	(6)掌握必要的销售知识	____
(7)善于微笑	____	(8)送产品上门	____
(9)参加在职培训	____	(10)把客户有关质量问题反馈给有关部门	____
(11)准备好各种工具	____	(12)每天拜访预定的客户	____
(13)在各种场合推销本企业产品	____	(14)讲话口齿清楚	____
(15)思路清晰	____	(16)向经理汇报工作	____
(17)每天总结自己的工作	____	(18)每天锻炼身体	____
(19)和同事保持良好关系	____	(20)不怕吃苦	____

第三节　工作设计

工作设计(job design)是在工作分析的基础上,研究和分析工作如何做可以促进组织目标的实现,以及如何使员工在工作中感到满意以调动员工的工作积极性。工作设计又称岗位设计,是指根据组织需要,并兼顾个人的需要,规定每个岗位的任务、责任、权力以及组织中与其他岗位关系的过程。它是把工作的内容、工作的资格条件和报酬结合起来,目的是满足员工和组织的需要。工作设计问题主要是组织向其员工分配工作任务和职责的方式问题,工作设计是否得当对于激发员工的积极性、增强员工的满意感以及提高工作绩效都有重大影响。

一、工作设计的主要内容

工作设计的主要内容包括工作内容、工作职责和工作关系的设计三个方面。

(一)工作内容

工作内容的设计是工作设计的重点,一般包括工作的广度、工作的深度、工作的完整性、工作的自主性以及工作的反馈性五个方面:

1. 工作的广度

工作的广度即工作的多样性。工作设计得过于单一,员工容易感到枯燥和厌烦,因此设计工作时,尽量使工作多样化,使员工在完成任务的过程中能进行不同的活动,保持工作的兴趣。

2. 工作的深度

设计的工作应具有从易到难的一定层次,对员工工作的技能提出不同程度的要求,从而增加工作的挑战性,激发员工的创造力和克服困难的能力。

3. 工作的完整性

保证工作的完整性能使员工有成就感,即使是流水作业中的一个简单程序,也要是全过程，让员工见到自己的工作成果，感受到自己工作的意义。

4. 工作的自主性

适当的自主权力能增加员工的工作责任感，使员工感到自己受到了信任和重视。认识到自己工作的重要，使员工工作的责任心增强，工作的热情提高。

5. 工作的反馈性

工作的反馈包括两方面：一是同事及上级对自己工作意见的反馈，如对自己工作能力、工作态度的评价等；二是工作本身的反馈，如工作的质量、数量、效率等。工作反馈信息使员工对自己的工作效果有个全面的认识，能正确引导和激励员工，有利于工作的精益求精。

（二）工作职责

工作职责的设计主要包括工作的责任、权力、方法以及工作中的相互沟通和协作等方面。

1. 工作责任

工作责任设计就是员工在工作中应承担的职责及压力范围的界定，也就是工作负荷的设定。责任的界定要适度，工作负荷过低，无压力，会导致员工行为轻率和低效；工作负荷过高，压力过大又会影响员工的身心健康，会导致员工的抱怨和抵触。

2. 工作权力

权力与责任是对应的，责任越大权力范围越广，否则二者脱节，会影响员工的工作积极性。

3. 工作方法

工作方法包括领导对下级的工作方法、组织和个人的工作方法等。工作方法的设计具有灵活性和多样性，不同性质的工作根据其工作特点的不同采取的具体方法也不同，不能千篇一律。

4. 相互沟通

沟通是一个信息交流的过程，是整个工作流程顺利进行的信息基础，包括垂直沟通、平行沟通、斜向沟通等形式。

5. 协作

整个组织是有机联系的整体，是由若干个相互联系相互制约的环节构成的，每个环节的变化都会影响其他环节以及整个组织运行，因此各环节之间必须相互合作相互制约。

（三）工作关系

组织中的工作关系，表现为协作关系、监督关系等各个方面。

通过以上三个方面的工作设计，为组织的人力资源管理提供了依据，保证事（岗位）得其人、人尽其才、人事相宜；优化了人力资源配置，为员工创造更加能够发挥自身能力、提高工作效率，提供有效管理的环境保障。

二、工作设计的方法

传统工作设计方法和以泰勒为代表的工作设计方法，最大的特点是可以最大限度地提高员工的工作效率、降低生产成本，便于生产控制。但是，所有传统工作设计方法的缺点是明显的，最主要的缺点是只注重效率的提高和工作任务的完成，而不考虑员工对这种方法的反应，以事为中心，不重视人的因素。

现代工作设计方法则充分考虑了前述要求和因素，吸纳了传统方法的合理成分，克服其存在的根本弊端，突出了人的因素和需要。这些方法主要是：

（一）工作专业化

当员工的素质和精力难以适应复杂而综合的工作时，就应通过提高专业化程度将工作简化。工作专业化是一种传统的工作设计方法。它通过动作和时间研究，把工作分配为许多很小的单一化、标准化和专业化的操作内容及操作程序，并对工人进行培训和激励，使之保持高效率。专业化工作设计的优点是：

(1)专业化和单一化最紧密地结合在一起，从而可以最大限度地提高工人的操作效率。

(2)对工作执行者的技术要求低，可以节省大量的培训费用。

(3)可以大大降低生产成本。

(4)标准化的工序和操作方法，加强了管理者对产品数量和质量的控制，以保证生产的均衡。

专业化工作设计的不足是只强调工作任务的完成，而不考虑工作执行者的反应，因而专业化带来的高效率往往会被工人对重复单一工作的不满与厌恶所造成的缺勤、离职所抵消。

（二）工作扩大化(job enlargement)

与工作简单化相对应的是工作扩大化。工作扩大化旨在改变简单化的高效率工作所带来的单调和枯燥乏味。它包括横向扩大工作和纵向扩大工作。

(1)横向扩大工作的方法很多，例如，将属于分工很细的作业单位合并，由一人负责一道工序改为几个人共同负责几道工序；在单调的作业中增加一些变动因素，如从事一部分维修保养、清洗滑润辅助工作；采用包干负责制，由一个人或一个小组负责一件完整的工作，降低流水线传动速度，延长加工周期，用多项操作代替单项操作等。

(2)纵向扩大化工作是将经营人员的部分职能转由生产者承担，工作范围沿组织形式的方向垂直扩大化。例如，生产工人参与计划制定，自行决定生产目标、作业程序、操作方法、检验衡量工作质量和数量，并进行经济核算。

工作扩大化的实质内容是增加每个员工应掌握的技术种类和扩大操作工作的数目，目的在于降低对原有工作的单调感和厌恶情绪，从而提高员工的工作满意度。工作扩大化在实际应用中的作用非常有限，赫兹伯格(F・Herzberg)曾批评工作扩大化是“用零加上零”。

（三）工作轮调(job rotation)

这种方法并不改变工作设计本身，而只是让员工先后承担不同的但内容很相似的工作，定期从一个岗位转到另一个岗位。这样做使员工有更强的适应能力，感受到工作的挑战性以及在一个新岗位上产生的新鲜感。日本企业广泛实行工作轮调，对培养管理人员发挥了很大作用。

工作轮调的不足在于，员工实际从事的工作并没有真正得到重大改变，轮换后的员工长期在几种常规的简单工作之间重复交替工作，最终还是会感到单调与厌烦，并且容易产生报酬上的不公平感。不容忽视的是，这种工作设计的方法给员工提供了发展技术和一个较全面的观察、了解整个生产过程的机会，对组织的全局有更好的把握。

（四）工作丰富化(job enrichment)

工作丰富化是指在工作中赋予员工更多的责任、自主权和控制权，以满足员工的心理需求，达到激励的目的。工作丰富化思想对工作设计的影响很大，并在此基础上形成了一个著名的工作特征模型方法。

工作特征模型方法的理论依据是赫兹伯格的双因素理论。根据保健—激励理论,赫兹伯格设计了一种工作丰富化方法,即在工作中添加一些可以使员工有机会获得成就感的激励因子,以使工作更有趣、更富挑战性。这一般要给员工更多自主权,允许员工做更多有关规划和监督的工作。工作丰富化可采取以下措施:

(1)组成自然的工作群体,使每个员工尽心为自己的部门工作,以改变员工的工作内容。

(2)实行任务合并,让员工负担一项从头到尾的完整工作,而不是只让他承担其中的某一部分。

(3)建立客户关系,即尽可能给予员工与客户接触的机会。

(4)让员工自己规划和控制其工作,而不是让别人来控制,员工可以自己安排工作进度,处理遇到的问题,并且自己决定上下班的时间。

(5)畅通反馈渠道,找出更好方法,让员工迅速了解其绩效情形。

工作丰富化的核心就是激励的工作特征模型。这一模型的运作可以使员工产生三种心理状态,即感受到工作的意义、感受到工作结果的责任和了解工作结果。这些心理状态可以影响个人和工作的结果,即内在工作动力、绩效水平、工作满足感、缺勤率和离职率,而引起这些关键的心理状态的是工作的某些核心维度,以及技能的多样性、任务的完整性、工作任务的意义、任务的自主性和反馈。工作特征模型认为可以把一个工作按照它与这些核心维度的相似性或者差异性来描述,按照模型中的实施方法丰富化了的工作就具有高水平的核心维度,并可由此创造出高水平的心理状态和工作成果。

工作特征模型强调员工与工作之间心理上的相互作用,并且强调最好的工作设计应该给员工以内在激励。这种方法的优点是认识到员工社会需要的重要性,可以提高员工的工作动力、满意度和生产率;其缺点是成本和事故率比较高。这一模型在实践中的应用还在进一步探索。

(五)辅助工作设计方法

辅助工作设计方法是指缩短工作周和弹性工作制。它们没有改变完成工作的方法,因此从根本上讲还不是工作设计的内容,但是它们改变了员工个人工作时间的严格规定,实际上也产生了促进生产率的作用,所以把它们作为辅助工作设计方法。

1. 缩短工作周

缩短工作周是指员工可以在 5 天内工作 40 小时,典型的情况是每周工作 4 个 10 小时工作日,一般是错开工作时间,使得所有的传统工作日都有员工在工作。缩短工作周的优点是每周员工开始工作的次数减少,缺勤率和迟到率下降,有助于节约,并使员工在路上的时间减少,工作的交易成本下降,工作的满足感提高。缩短工作周的缺点是工作日延长容易使员工感到疲劳,并可能导致危险,员工在工作日的晚间活动受影响。研究结果表明,4×10 小时工作周只有短期效果

2. 弹性工作制

弹性工作制的典型做法是,企业要求员工在一个核心时间的期间内(如上午 10 点到下午 3 点)必须工作,但是上下班时间由员工自己决定,只要工作时间总量符合要求即可。弹性工作制的优点是员工可以自己掌握工作时间,为实现个人要求与组织要求的一致创造了条件,降低了缺勤率和离职率,提高了工作绩效。弹性工作制的缺点是每天工作的时间延长增加了企业的公用事业费,同时需要企业建立相应的管理监督系统来确保员工工作时间总量符合规定。

弹性工作制可以使企业和员工都受益。目前，在我国有许多实行项目管理制的研究开发工作均采用了弹性工作制度。

每个组织使用的工作设计方法可能不同，在进行工作设计时，往往要综合考虑组织的实际情况，因地制宜地采用上述几种方法。

三、影响工作设计的主要因素

一个成功有效的工作设计，必须综合考虑各种因素，即需要对工作进行周密的有目的的计划安排，并考虑到员工的具体素质、能力及各个方面的因素，也要考虑到本单位的管理方式、劳动条件、工作环境、政策机制等因素。具体进行工作设计时，必须考虑以下几方面的因素：

（一）员工因素

人是组织活动中最基本的要素，员工需求的变化是工作设计不断更新的一个重要因素。工作设计的一个主要内容就是使员工在工作中得到最大的满足，随着文化教育和经济发展水平的提高，人们的需求层次提高了，除了一定的经济收益外，他们希望在自己的工作中得到锻炼和发展，因此对工作质量的要求也更高了。

只有重视员工的要求并开发和引导其兴趣，给他们的成长和发展创造有利条件和环境，才能激发员工的工作热情，增强组织吸引力，留住人才。否则随着员工的不满意程度的增加，带来的是员工的冷漠和生产低效，以致人才流失。因此工作设计时要尽可能地使工作特征与要求适合员工个人特征，使员工能在工作中发挥最大的潜力。

（二）组织因素

工作设计最基本的目的是为了提高组织效率，增加产出。工作设计离不开组织对工作的要求，具体进行设计时，应注意：

(1)工作设计的内容应包含组织所有的生产经营活动，以保证组织生产经营总目标的顺利有效实现。

(2)全部岗位构成的责任体系应该能够保证组织总目标的实现。

(3)工作设计应该有助于发挥员工的个人能力，提高组织效率。这就要求工作设计时全面权衡经济效率原则和员工的职业生涯和心理上的需要，找到最佳平衡点，保证每个人满负荷工作，使组织获得生产效益和员工个人满意度及安宁两方面的收益。

（三）环境因素

环境因素包括人力供给和社会期望两方面。

(1)工作设计必须从现实情况出发，不能仅仅凭主观愿望，而要考虑与人力资源的实际水平相一致。例如，在我国目前人力资源素质不高的情况下，工作内容的设计应相对简单，在技术的引进上也应结合人力资源的情况，否则引进的技术没有合适的人使用，就会造成资源的浪费，影响组织的生产。

(2)社会期望是指人们希望通过工作满足些什么。不同的员工其需求层次是不同的，这就要求在工作设计时考虑一些人性方面的东西。

在21世纪，激励越来越受到管理者的重视，因为它是对员工从事劳动的内在动机的了解和促进，从而使员工在最有效率、最富有创造力的状态下工作。工作设计直接决定了人在其所从事的工作中干什么、怎么干，有无机动性，能否发挥其主动性、创造性，有没有可能形成良好的人际关系等。优良的工作设计能保证员工从工作本身寻得意义与价值，可以使员工体验到工作的重要性和自己所负的责任，及时了解工作的结果，从而产生高度的内在激励作用，形成高质量的工作绩效及对工作高度的满足感，达到最佳激励水平，为充分发挥员工的主动性和积极性创造条件，组织才能形成具有持续发展的竞争力。

本章思考题

一、简答题

1. 简述工作分析在我国的发展。
2. 简述工作分析的主要内容。
3. 工作分析的定性方法有哪几种，各有什么优缺点？
4. 简述工作分析的程序。
5. 工作设计的原则是什么？
6. 什么是横向扩大工作？什么是纵向扩大工作？
7. 工作扩大化与工作丰富化的区别是什么？

二、案例分析题

案例1

华益食品公司是一家外商独资企业，开创初期实施了卓有成效的经营战略，使产品一炮打响，并迅速占领了我国市场，随着市场的扩大，企业规模也急剧扩张，生产线由初期的 2 条扩展到 12 条，人员也增至上千人，但随之而来的是管理上暴露出种种问题，最为突出的是员工报酬问题，各部门人员都觉得自己的付出比别人多，而得到的少。生产部门的人员强调自己的劳动强度大，劳动条件艰苦；经营部门的人员强调他们整天在外面跑，既辛苦又承受着很大的压力；还有人员强调自己的工作责任大，风险高。大家各执一词，怨声载道，公司究竟应该怎样做才能改变目前这种被动分配局面呢？公司总经理决定聘请企业外的专家协助解决，重新构建一套更加切实可行的薪酬方案，专家们经过一番调查研究，决定从工作分析人手。

请回答以下问题：

(1)专家为什么提出要从工作分析开始？

(2)工作分析具有哪些重要的意义？

案例2

美国通用电器(GE)公司是多年被财富杂志评选出的全世界最受推崇的公司。前董事长兼首席执行官杰克·韦尔奇自 1981 年上任以后，在 20 年里，使 GE 股票升值 40 多倍，企业价值提升 25 倍，他本人也被称为"美国头号经理"、"世界头号企业家"。那么杰克·韦尔奇在"管人"上有什么奇招妙法？他又是怎样调动员工的工作积极性呢？韦尔奇说得十分简洁：调动员工的积极性，就是让每个人对自己的作用、责任和奖励都一清二楚。

请回答以下问题：

(1)怎样才能使每个岗位的作用与责任一清二楚？

(2)试说明工作分析的内容。

(3)说明岗位设置的基本原则与改进方法。

案例3

王教授到东昌钢管公司参观访问时，接待并陪同他访问的年轻人刘刚给他留下了深刻的印象。刘刚是该公司人力资源经理助理，主要负责工作分析。公司专门指派了一位工业工程师到人力资源部门，协助刘刚进行工作设计。王教授也曾被人力资源经理聘来研究该公司的工作分析体系，并提出改进的建议。他曾在人力资源办公室与刘刚一起浏览了工作说明的所有文件，并发现这些说明总体上是完整的，而且与所完成的工作是直接相关的。参观访问的第一站就是焊接分厂张副厂长的办公室。这是一间十几平方米的房间，位于厂房一楼，四周都装了玻璃窗。当刘刚走近时，张副厂长正站在办公室外。“您好，刘助理。”他说。“您好，张厂长。”刘刚说，“这是王教授。我们能看一看您的工作说明并跟您聊一会儿吗?”“当然。”张副厂长说着打开了门，“进来吧，请坐。我去把那些资料拿来。”从他们坐的地方恰好能看到工作现场的工人。在他们查阅每项工作说明时，都有可能观察到工人实际中的工作。张副厂长很熟悉每项工作。“这儿的工作说明是怎样与绩效评估相联系的呢?”王教授问道。“是这样。”张副厂长答道，“我只是根据工作说明中规定的项目来评估工人的业绩，而这些项目是由具体的工作分析来决定的。用这些项目来评估业绩能使我在工作发生变化、以前的说明不再能够准确反映现有工作情况时，需要及时修改工作说明。刘助理已经为所有中层以上干部制定了培训计划，所以我们都了解工作分析、工作说明和绩效评估之间的关系。我认为这是一个很好的系统。”刘刚和王教授继续参观了工厂的其他几个生产区，发现了类似的情况。刘刚似乎与每个分厂厂长、车间主任以及他们拜访的三位总厂的领导的关系都很好。当他们回到办公室时，王教授正考虑着他将向厂长提出些什么建议。

请回答以下问题：

(1)请运用人力资源管理方面的理论分析并阐述东昌钢管公司工作分析的显著特色。

(2)你认为王教授应向厂长提交一份什么样的报告?

(3)简要分析并叙述工业工程师与人力资源经理助理刘刚在工作分析中可能存在何种合作关系。

案例4

某公司最近决定在荷兰新开设两家工厂，以发挥其竞争优势。该公司两个重要的竞争优势是在荷兰已经有现成的生产设施和对荷兰的劳动力有很大的吸引力。该公司在建厂前进行了周密的战略研究。当然所关注的重要因素之一，就是合格人力资源的供给问题。公司怎样做才能使今后10年乃至后几十年的劳动力供给与公司的发展特点相适应。因为荷兰工人的基本特点是在工作生涯中，并不习惯从一个地点移动到另一个地点，因此员工的工作调动很是困难，而员工的更换几乎是不可能的。鉴于这些因素，为保持其竞争优势，该公司正在试图制定一个切实可行的人力资源规划，并且结合现有生产工人的特点拟采用工作轮换和工作丰富化的组织措施以提高人力资源的机动性和适用性。

请回答以下问题：该公司怎样才能使工作丰富化?

案例5

晨光机电厂是某机电公司在西部地区新建的一个工厂。工厂投产后，许多规章制度和人事管理文件基本上使用原公司同类企业的原有制度和文件，其中，工作说明书和岗位规范也是原公司的成果。有一天，该厂发生这么一件事情，给工厂领导和人力资源管理部门带来麻烦。

那天下午上班后，新来的机床操作工张华不小心把大量的不良液体洒倒在其机床周围的地板上。车间主任发现后当即叫操作工张华把洒掉的液体清扫干净，但张华拒绝执行，理由是工作说明书里没有包括清扫机床周围地面的规定。车间主任顾不上去查看工作说明书上的原文，就找来一名服务工做清扫工作。但服务工也同样予以拒绝，他的理由同样是工作说明书里没有规定清扫地板的任务。车间主任便威胁着要把他解雇，因为这位服务工是分配到车间来做杂务的临时工。在车间主任的威逼下，服务工勉强同意，但清扫完地板之后他随即向厂方进行了投诉。

有关人员看了投诉之后，审阅了以上三类职务的工作说明书：机床操作工、服务工和勤杂工。机床操作工的工作说明书规定：操作工有责任保持机床的清洁，使之处于可操作状态，但并未提及清扫地板的要求。服务工的工作说明书规定：服务工有责任以各种方式协助操作工，如领取原料和工具，随叫随到，即时服务，但也没有包括清扫工作。勤杂工的说明书中确实包含了各种形式的清扫，但是他们的工作时间是从操作工人下班后开始的。

怎么处理呢？一时真让厂领导为难了。

请回答以下问题：

(1)对于新建工厂而言，应该如何对待公司原有的相应工作说明书？或应如何对待同类企业的相应工作说明书？新建工厂如何确定自己的工作说明书？

(2)对于服务工的投诉，你认为如何解决？

(3)对于操作工拒绝清扫的行为，你认为该如何面对？

(4)你认为该新建工厂在管理上需要做些什么？原公司工作分析的工作说明书存在哪些问题？需要进行工作再设计吗？

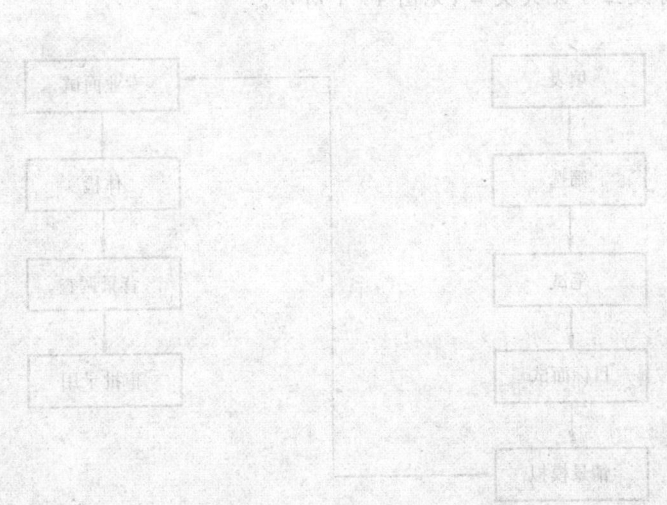

第四章 人员招聘与配置

学习要点

1. 熟悉员工招聘的总体流程和实施过程。
2. 明确招聘来源和各种招聘方式及其特点。
3. 掌握人员面试和挑选录用的技能。
4. 掌握招聘活动的评估方法。
5. 熟悉人力资源的有效配置。

案例导入

上海通用汽车公司(SGM)的"九大门坎"

上海通用汽车有限公司(SGM)是上海汽车工业(集团)总公司和美国通用汽车公司合资建立的轿车生产企业,是迄今为止我国最大的中美合资企业之一。SGM 的目标是成为国内领先、国际上具有竞争力的汽车公司。同时 SGM 的发展远景和目标也注定其对员工素质的高要求:不仅具备优良的技能和管理能力,而且还要具备出众的自我激励、自我学习能力、适应能力、沟通能力和团队合作精神。

为了招到符合要求的员工,SGM 制定了近乎苛刻的录用程序。

SGM 对应聘者设立了九大关口,见图 4-1 所示。

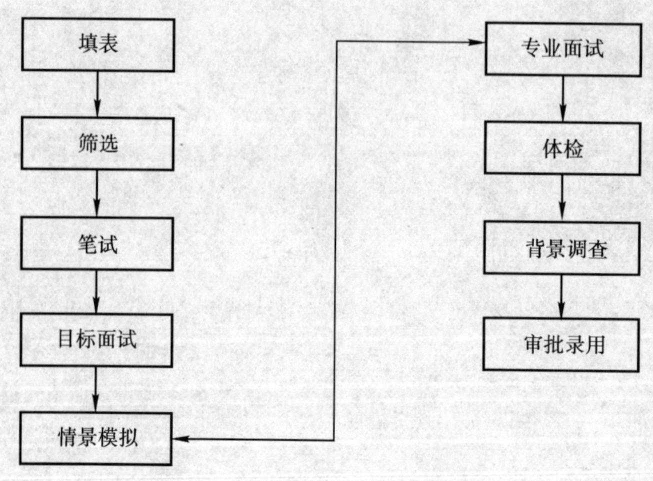

图 4-1 SGM 公司的招聘流程

SGM 的整个评估活动完全按标准化、程序化的模式进行。凡被录用者,需经的每个程序和环节都有标准化的运作规范和科学化的选拔方法，其中笔试主要测试应聘者的专业知识、相关知识、特殊能力和倾向；目标面试则由受过国际专业咨询机构培训的评估人员与应聘者进行面对面的问答式讨论，验证其登记表中已有的信息，并进一步获取信息，其中专业面试则由用人部门完成；情景模拟是根据应聘者可能担任的职务，编制一套与该职务实际情况相仿的测试项目，将被测试者安排在模拟的、逼真的工作环境中，要求被试者处理可能出现的各种问题，用多种方法来测试其心理素质、潜在能力的一系列方法，如通过无领导的两小组合作完成练习，观察应聘管理岗位的应聘者的领导能力、领导欲望、组织能力、主动性、说服能力、口头表达能力、自信程度、沟通能力、人际交往能力等。SGM 还把情景模拟推广到了对技术工人的选拔上，如通过齿轮的装配练习，来评估应聘者的动作灵巧性、质量意识、操作的条理性及行为习惯。在实际操作过程中，观察应聘者的各种行为能力，孰优孰劣，泾渭分明。

从上面 SGM 人员录用流程的描述可以看出。招聘管理工作在人力资源管理中的重要性已经得到了企业的高度重视；企业只有通过组织严格的简历筛选、面试笔试、素质测评、情景模拟等招聘管理活动，才能吸收与获取有助于企业发展战略实现的人力资源。

第一节 人员招聘程序

一、招聘的意义

(一)招聘概述

人力资源管理的一项重要功能就是要为企业获取合格的人力资源，尤其是在人才竞争日趋激烈的今天，能否吸引并选拔到优秀的人才已经成为企业生存和发展的关键。

在资源配置市场化的经济体系中，企业必须通过竞争才能获得资源，人力资源也不例外。一个企业只有经过竞争才能在劳动力市场中获得资源。如何按照企业的经营目标与业务要求，在人力资源规划的指导下，根据工作分析把所有需要的人才在合适的时候放在合适的岗位上，是企业成败的关键因素之一。

招聘就是发现和吸引具备条件、有资格和能力的人员来填补企业的职务空缺。成功和有效的招聘意味着企业有更多的人力资源优势。招聘有助于改善企业的劳动力结构与数量。通过有目的、有计划地录用工作人员，企业可以控制人员类型和数量，改善人力资源结构，保证年龄结构、知识结构、能力结构等符合企业发展的整体目标。

(二)招聘的定义

人员招聘是企业为了弥补岗位空缺而进行的一系列人力资源管理活动的总称。它是人力资源管理的首要环节，是实现人力资源管理有效性的重要保证。

人员配置是企业为了实现生产经营的目标，采用科学的方法，根据岗得其人、人得其位、适才适用的原则，实现人力资源与其他物力、财力资源的有效结合而进行的一系列管理活动的总称。

一般情况下，企业招聘工作是源于以下几种情况的人员需求：

(1)因生产或业务的扩展而计划的人员招收。

(2)因人员离职等突发原因产生的缺员补充。

(3)为了确保企业所需的专门人员。

(4)为了确保新规划事业的人员。

(5)企业组织机构有所调整之时。

(6)为了使企业更具有活力,而必须引进新人员之时。

二、招聘的原则

人员招聘是确保企业生存与发展的一项重要的人力资源管理活动。在招聘过程中,应遵循以下原则:

(一)双向选择原则

招聘是员工和企业之间的相互选择过程。传统上认为招聘是以企业为中心的单向过程,是员工找工作,企业向员工提供工作,企业在人员选择占有绝对的优势。企业在招聘中占主动地位,应聘人员只能被动等待企业的挑选。现代的观点是招聘中企业和应聘人员之间存在双向选择,人们对企业也有选择权,在企业挑选员工的同时,未来的员工也在选择企业。招聘工作实际上是企业向应聘者推销岗位或职务的过程,招聘的成功必须是企业和应聘人员双方对申请的职务达成共识。

除了双向选择观念以外,现在招聘活动与传统招聘还存在着许多差别。传统招聘内容特别强调职务申请者的技术、知识和能力必须满足企业的需求,忽略了申请者的心理需要;现代招聘中则强调申请者的人格、兴趣和爱好应适合职务说明书、企业文化和价值观的要求。从职务申请者方面来看,传统上人们选择企业多考虑经济方面,而现代人们更多地考虑企业环境、组织技术、企业发展及能否发挥自己的潜能。企业需要申请人员不仅在知识、技术和能力上符合职务需要,而且还要求在个性心理等方面满足企业要求。

(二)公平竞争原则

招聘为员工是提供一个公平竞争上岗的过程,保证每个员工都能充分发挥自身的能力。企业对每一位应聘者一视同仁,不能因地域、体貌、性别等因素限制平等竞争的市场规则。企业应按照公平、公开、公正的招聘程序,遵守法律规定和承担应有的社会义务。通过公平公正的招聘,企业可以发现最佳人选,减少明显不合格或不合适的人员进入企业,减少人员受聘后离职的可能性,帮助员工找到适合自己的工作,增加企业和个人的效率。

(三)择优录用原则

人员招聘必须制定科学的考核程序、录用标准,选择合适的测试方法来筛选和鉴别人才。在强调择优的同时注重全面的原则,对报考人员从品德、知识、能力、智力、心理、过去工作的经验和业绩进行全面考试、考核和考察。因为一个人能否胜任某项工作或者发展前途如何,是由其多方面因素决定的,特别是非智力因素对其将来的作为起着决定性作用。只有根据客观的测试结果的优劣来选拔人才,才能真正选到良才。

(四)能位匹配原则

招聘人员的数量和质量,是以企业事业发展的具体岗位数量和职责对能力的要求来决定的。人的能力有大小,专长有强弱,本领有高低;而企业的要求有区别,工作有难易,待遇有不同。招聘工作的目的不是要寻找到最优秀的人才,而是要量才录用,做到人尽其才、用其所长、职得其人,这样才能持久地高效的发挥人力资源的作用。

(五)效率优先原则

招聘是一项有成本的管理活动。企业应依据不同的招聘要求,灵活选用合适的招聘程序和选拔方法。如对高级管理人员的招聘选拔因用人标准高、识别难度大,招聘选拔的程序可选择较复杂的流程,运用多种测试手段进行鉴别,确保选出的人选符合高级管理职位的要求。但对普通岗位人员的招聘、选拔,就不必选用复杂的测评系统。这样在保证招聘质量的前提下,尽量降低招聘成本,体现效率优先的招聘原则。

三、招聘的程序

招聘是个连续的过程。从广义上讲,人员招聘包括招聘准备、招聘实施和招聘评估三个阶段。详细的招聘实施流程如图 4-2,包含下面的内容:

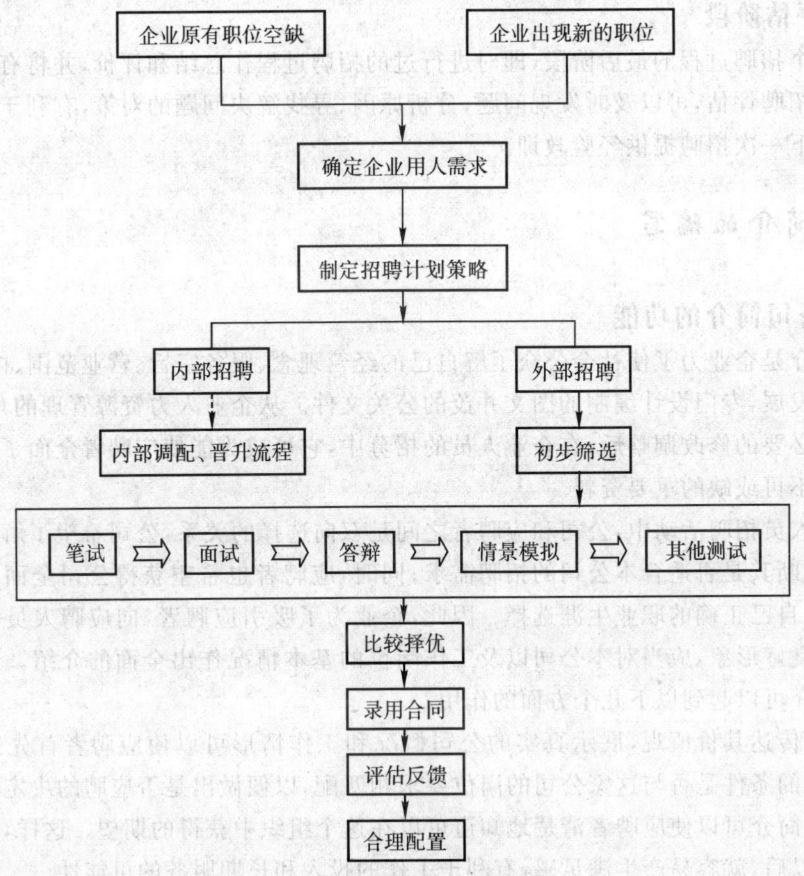

图 4-2 企业招聘实施流程

(一)准备阶段

(1)进行人员招聘的需求分析,明确哪些岗位需要补充人员。

(2)明确掌握需要补充人员的工作岗位的性质、特征和要求。

(3)制定各类人员的招聘计划,提出切实可行的人员招聘策略。

(二)实施阶段

招聘工作的实施阶段是整个招聘活动的核心,也是最关键的一环,先后经历招募、筛选、录用三个步骤。

1. 招募阶段

根据招聘计划确定的策略和用人条件与标准进行决策,采用适宜的招聘渠道和相应的招聘方法,吸引合格的应聘者,以达到适当的效果。

2. 筛选阶段

在吸引到众多的符合条件的应聘者之后,还必须善于使用恰当的方法,挑选出最合适的人员。

3. 录用阶段

在这个阶段,招聘者和求职者都要做出自己的决策,以便达成个人和工作的最终匹配。

(三)评估阶段

这是整个招聘过程的最后阶段,即对进行过的招聘过程作总结和评价,并将有关资料整理归档。进行招聘评估,可以及时发现问题、分析原因、寻找解决问题的对策,有利于及时调整有关计划并为下一次招聘提供经验教训。

四、公司简介的编写

(一)公司简介的功能

公司简介是企业为了使社会公众了解自己的经营理念、服务宗旨、营业范围、内部组织、历史以及未来发展,专门设计编制的图文并茂的公关文件。从企业人力资源管理的角度看,对这一文件经过必要的修改调整后,在企业人员的招募中,它可成为能使应聘者全面了解企业及其应聘岗位的不可或缺的重要资料。

在企业人员招聘活动中,公司和应聘者之间是双向选择的关系,公司希望了解应聘者的相关信息,以判断其是否适合本公司的招聘需求;同时,应聘者也希望获得公司全面、真实、客观的信息,作出自己正确的职业生涯选择。因此,企业为了吸引应聘者,向应聘人员乃至全社会树立企业的良好形象,应当对本公司以及工作岗位的基本情况作出全面的介绍。通过编制和发布公司简介可以起到以下几个方面的作用:

(1)公司传达其价值观,展示真实的公司概况和工作情形可以使应聘者首先进行自我对照,判断自己的条件是否与这家公司的岗位要求相匹配,以便做出是否应聘的决定。

(2)公司简介可以使应聘者清楚地知道可以在这个组织中获得的期望。这样,一旦他们加入到组织中以后,就容易产生满足感,有利于工作的投入和长期服务的可能性。

(3)公司向应聘者介绍公司的真实情况,会使应聘者感到公司是真诚的、有信誉的。另一方面,公司对工作要求和工作环境的描述,可以使应聘者对未来发展可能面临的困难和问题有一定的思想准备,即使将来在工作中遇到某些困难和问题,他们也不致退缩和回避,而是采取积极的态度面对现实,努力去解决问题。

(二)公司简介的原则

编写一个好的公司简介,应该遵循以下原则:

1. 感召性

一篇简单的、语言平铺直叙的公司简介很难引起应聘者的关注，不能达到预期的效果，所以好的公司简介应注意内容的选取、语言的修饰，如果采用录像带、光盘等形式，还要注意声音与图像的配合，以期引起应聘者的兴趣和关注，公司发布的音像资料应当对应聘者产生强烈的感召力，在他们的心理上产生震撼，才能吸引更多的优秀人才加盟到本公司中来。

2. 真实性

公司简介不能仅是华丽的包装，而一定要真实可靠地反映公司的情况。对一些公司所取得的成绩进行介绍时，必须是真实可信的。

3. 详细性

公司简介不应该只介绍公司的总体特征这种宽泛信息，最好能对诸如公司文化、公司结构、工作岗位、日常的工作环境等细节问题作出详细的介绍。

4. 全面性

公司应该对员工的晋升机会，工作的难易程度和各个部门的情况逐一介绍，尽可能地把全面的信息介绍给应聘者。

5. 重点性

公司简介在全面详细地介绍公司情况时，应该中心明确、重点突出，应当对应聘者最关心的问题、最想知道的信息作出解答。因为，公司的有些信息应聘者可以通过公开渠道获得，这些信息就没有必要在公司简介中重复叙述。

（三）公司简介的编写

不同规模的公司会选用不同的形式来制作公司简介。一些大型公司很注重公司形象的宣传，把编制公司简介当作一个对外展示公司形象的窗口，因此会尽可能地选用录像、视频、广告、宣传手册、展板等多种形式。这种公司简介同时也用在企业的人员招聘活动中。目前，国内外很多大中型企业，还根据人员招聘不同场合的需要，有针对性地设计采用了不同形式的公司简介，产生了非常好的宣传鼓动作用。

公司简介的内容和结构确定之后，便进入制作阶段。首先，要根据简介的形式和规格确定由谁负责完成公司简介的制作工作，现在有许多广告公司提供专业设计和制作服务，他们经验丰富，能制作出精美的手册、录像等。是由公司内部独立制作，还是聘请专门的广告设计公司完成，完全取决于企业的实际规划和经费预算。

实例　信雅达公司的公司简介

1. 公司基本情况

信雅达计算机服务有限公司是专业从事金融行业 BPO（业务流程外包）服务的公司，主要以派驻或远程的方式为客户提供业务数据服务。公司为国家高新技术企业，具有上市公司背景，是国内规模最大、案例最多、经验丰富、服务优良、解决方案最全的金融业务外包服务全流程解决方案提供商，是“中国 BPO 企业十强企业”。

公司管理团队多来自金融行业专家和资深从业人员，员工来自全国著名大专院校和相关职业技术学校，目前从业人数超过 2000 人，服务范围覆盖国内外银行、保险公司、证券公司及其他企事业单位，服务客户超过 300 家，中国工商银行、中国农业银行、中国建设银行、广发银行、兴业银行及中国人寿、泰康人寿、上海证券交易所、国泰君安证券等均为公司目前的合作伙伴。

2. 荣誉与资质

信雅达是国内唯一一家以电子影像及相关服务为主营业务的上市公司；

信雅达是国内唯一一家具有国家一级系统集成资质的外包服务企业；

信雅达是国内唯一一家具国家安全产品资质，能够提供自主安全产品和方案的外包服务商；

信雅达同时拥有ISO27001环境安全证书、ISO9001质量体系证书和CMM3证书；

信雅达拥有金融行业15年服务经验；

信雅达是国内金融行业规模最大、案例最多的档案扫描外包服务提供商；

信雅达是国内最早拥有图像切割技术，率先将图像切割技术成熟地应用于外包服务领域的外包服务商。

3. 信雅达文化

核心内涵：诚信、文雅、速达、团结、创新！

经营准则：重视提供完整的方案，重视建立长久的合作！

企业追求：一流的形象，一流的品质，一流的服务！

企业座右铭：认识自己、实现自己、认识社会、服务社会！

企业口号：信雅达永远创造未来！

4. 福利待遇

(1)公司为员工提供良好的办公环境，工作日提供工作餐补助。

(2)员工表现优秀，除晋升为管理人员，亦可自荐或推荐至公司优秀项目上班，享受更舒适的办公环境、更宽广的发展空间，更有机会和公司签订正式劳动合同，享受社会保险。

(3)享有复合技能培养机会，拥有更加广阔的晋升发展空间。

五、招聘信息的发布

人员招聘广告是企业单位补充各类岗位的空缺人员，应用最普遍、最为广泛的人员招募方法之一。人员招聘广告的受众范围十分广泛，阅读招聘广告的不仅包括正在寻求工作岗位的应聘者，还包括各种潜在的应聘者、公司的客户，以及社会公众，如客户或供应商等。公司的招募广告不仅具有传输人员招聘信息的基本功能，还代表着公司的形象，值得认真策划实施。

(一)招聘广告的设置原则

一份招聘广告一定要能够吸引广大读者，使他们对广告的内容产生兴趣，继而产生应聘的欲望，并采取实际的应聘行动。因此招聘广告的设计必须遵循“注意—兴趣—愿望—行动”的四项原则

1. 引起读者的注意

这是从广告设计的总体效果而言的。在多数的媒体上大部分的广告都是批量发布的。广告设计如果没有特色，就很容易淹没在其他的广告中而不能引起应聘者的注意。

2. 激发读者的兴趣

即要引起求职者对工作的兴趣。平铺直叙的枯燥的广告词可能很难引起人们的兴趣，而撰写生动的、具有煽动性的、能引起读者共鸣的广告词加上巧妙、新颖的呈现方式则很容易激起读者的兴趣，例如“你将投身于一项富有挑战性的工作！”“邀你与充满活力的单位共同成

长!”等。

3.创造求职的愿望

这比激发兴趣更进一步了,即不仅表示读者有兴趣,还要引起读者求职和工作的愿望。通常求职的愿望是与他们的需求紧密联系在一起的,因此,一般情况下单位可以通过强调吸引人的一些因素,如成就和培训与发展的机会、挑战性的项目、优厚的薪酬福利等,激发求职者对工作的愿望。

4.促使求职的行动

即要向应聘者提供联络方法,包括联系电话、通讯地址、公司的邮件网址等,同时也可以强调时间限制,用“要得到好工作就要马上行动”等话语促使应聘者迅速采取行动。

(二)招聘信息的发布渠道

发布招聘信息渠道很多,可以采用的广告媒体主要包括:报纸、杂志、广播电视、招聘网站等,这些媒体广告各具特点,企业可以根据招聘需求的不同选择合适的形式。

1.报纸

报纸发行量大,能够迅速将信息传达给读者,广告大小也可以灵活选择,但是阅读对象繁杂,针对性较差。比较适合候选人数量较多,适合流动率较高的职业。

2.杂志

杂志的接触目标群体的概率大,便于保存,但预约期长,区域分散。比较适合并非迫切的专业领域的职位。

3.广播电视

广播电视的广告可能产生较强冲击力的视听效果,容易给人留下印象,但广播电视广告的时间短,难以保留,费用也相对较贵。一般适合于当单位需要迅速扩大影响、招聘大量人员时。

4.网上招聘

网上招聘广告有传播范围广、速度迅速、成本低廉、时间周期选择自由、联系快捷等诸多优点,所以是目前招聘形式的主流。但是,由于网上招聘对于应聘者信息处理的工作量较大,所以对于需求量很大的低层次职位,如操作工作业员,还是以采用招聘会等现场招聘的形式更好。

5.其他渠道

比如海报、公告、招贴、传单等,是在特殊场合有特殊效果的方法。比如可趁参观、展览、产品说明会、公共活动的同时发布招聘广告。

(三)招聘广告的内容

一份设计精良的招聘广告,应当最大限度地吸引应聘者,特别是吸引那些真正适合岗位要求的应聘者的注意力,并应该做到内容准确、详细、聘用条件清楚。好的招聘广告通过对公司和职位的介绍,还能起到扩大单位影响的作用,让更多的人了解单位,一举两得。一般来说,招聘广告包括以下内容:

(1)让读者充分了解公司背景,如历史、规模、业务范围、企业文化和发展前景等。

(2)让读者明确了解岗位情况,如岗位名称、所属部门、主要工作职责等。岗位情况的介绍应以读者的理解和感兴趣为主,切不可照搬岗位说明书。

(3)让读者了解岗位任职的资格条件,包括专业范围、工作经验等。

(4)让读者知道公司的人力资源政策,如福利待遇、劳动合同和培训机会等,对于薪资水平，一般给出一个范围或最低报酬，也可只给出“面议”。

(5)最后必须给出让应聘者方便投递简历的联络方式。一般为通信地址、传真号码或者电子邮件地址，但不必提供电话号码，以免影响公司正常业务。另外，还应该提供应聘的时间期限。

实例　AKFI公司的招聘广告

<table>
<tr><td colspan="2">公司简介：
爱可法信息咨询服务(AKFI)有限公司是华东地区少数能够同时为跨国集团和本土企业提供创新 IT 服务的机构之一。公司成立于 2004 年，总部设立于苏州，分别在北京、上海、扬州、天津、厦门设有分支机构。公司致力于为客户提供度身定做的解决方案和专业的技术服务，服务的范围主要包括企业 IT 运营支持服务、企业 IT 环境安全与管理解决方案、IT 产品供给及集成服务等。成立以来，公司的业务与中国经济共同迅速成长。我们既帮助跨国企业更好地开拓中国市场，又与领先的本土企业和政府机构开展广泛的合作。我们的客户已超过 100 家，包括有 70 家以上的福布斯 500 强企业、政府机关和其他机构，在苏州、上海、北京拥有超过 50 名的专业技术人员。公司还通过了 ISO 9001 国际质量体系资质认证和 ISO 27001 信息安全管理体系认证，并被评为江苏省高新技术企业。
良好的市场定位，稳固的组织架构，优秀的专业服务使 AKFI 公司成为华东地区业绩最优秀、最具行业影响力的专业 IT 外包咨询服务供应商，成为福布斯 500 强大企业本地化资深合作伙伴。为适应企业快速发展，诚邀有共同志向的贤才加入我们团队。</td></tr>
<tr><td colspan="2">企业文化：
遵守国家法规，尊重个人尊严和权利；
尊重文化差异，互相关心，相互信任；
个人能力得到承认，并得到有竞争力的回报；
受到公平的待遇，不被歧视，个人选择得到支持；
本着互惠互利的原则处理各种关系，创造他人满意并乐意与我们打交道内外环境；
在学习、创新的文化气氛中，每位员工都能得到帮助提高自我能力，并在公司内得到发展。
公司福利
1. 提供具有竞争力的薪资和福利待遇；
2. 完善的员工教育培训及广阔的职业发展空间；
3. 规范的劳动用工及社会保险制度；
4. 优秀的企业文化有助员工个人价值的持续提升；
5. 提供良好的工作环境及发挥个人能力的平台。</td></tr>
<tr><td colspan="2">单位网址：http://www.akf-info.com</td></tr>
<tr><td colspan="2">联系方式：</td></tr>
<tr><td>· 地址：苏州工业园区创新信息产业园 A 区</td><td>· 邮编：215123</td></tr>
<tr><td>· 传真：0512－65432100</td><td>· EMAIL：hr@akf-info.com</td></tr>
<tr><td colspan="2">招聘职位：营销主管</td></tr>
<tr><td>最低学历：大专</td><td>工作经验：两年以上</td></tr>
<tr><td>招聘人数：3 名</td><td>工作地点：苏州市区</td></tr>
<tr><td>语言要求：英语良好</td><td>计算机要求：良好</td></tr>
</table>

<table>
<tr><td>招聘方式：全职</td><td>薪资范围：面议</td></tr>
<tr><td>发布日期：2010.10.08</td><td>截止日期：2010.12.15</td></tr>
<tr><td>任职要求：</td><td>——相关专业全日制大专以上学历；
——两年以上 IT 行业工作经验；
——熟悉 IT 产品（HP/IBM/SUN 设备，Oracle 数据库等）、熟悉销售流程；
——有一定的 IT 服务或系统集成的工作经验；
——熟练的英语听说读写能力，达到 CET-4 水平；
——良好的人际关系和沟通能力；
优先考虑：
——有银行、保险、电信、电力、政府、大型企业等行业市场销售经验；
——有 IBM/HP/SUN 等 IT 设备的行业销售经验和市场资源。</td></tr>
</table>

第二节 人员来源和招聘方式

一、人员招聘的来源

企业制定招聘计划时，应该考虑从何处获得劳动力。这是招聘活动中，人力资源管理人员需要最先解决的问题。人员的来源可分企业内部和外部两种渠道。由于内部招募与外部招募各有其优势和不足，而且两者在一定程度上是互补的，因此，企业在进行人员招聘时，要综合考虑，通常选用内外部结合的方式效果最佳，既可以发挥内外部招募各自的优势，又可以在一定程度上避免其不足。具体从何种渠道选择人员是由企业对经营环境、发展战略计划以及企业的人事政策、技术特征、岗位人员的要求等多种因素决定的。

（一）企业内部的人力资源

大多数企业在需要人力资源时总是先在内部进行人员的调配，如增加或减少某些部门的人员数量。组织利用内部人力资源主要有内部晋升、平级调动、工作轮换、重新聘用和公开竞聘五个来源。其中公开竞聘是面向企业全体人员，内部晋升、平级调动、工作轮换则局限于部分人员，重新聘用则是吸引那些因某种原因暂时不在岗的人员，以及召回已经离职的人员重新回到公司。

1. 内部晋升

内部晋升是指将企业内部的职工调配到较高的职位上。晋升内部人员有许多优点：首先组织与应聘人员相互容易适应。企业对这些员工比较了解，能够比较正确地评价他们是否有资格和能力胜任新的职务。内部人员熟悉组织的管理方式、政策、组织特殊的文化，与组织文化冲突较少，容易更快地适应新的岗位。

内部晋升员工也是组织的一种激励手段。组织提升内部员工，员工会感到组织的安全感，自己有发展前途，产生对组织的长期兴趣。如果内部晋升做得公正，它则能激发员工的积极性，发展欲望，促使员工不断开发潜能。

内部的晋升也有经济上的好处。利用组织内部自有的人力资源可以节省组织用在招聘上的费用，将培训员工等方面的支出转变成组织的资源。此外外部招聘的人员与从事同样工作的内部人员比常常需要支付较高的薪水。组织在引进外部人员时还要支出费用安排其家属，使外聘人员的费用增加。

内部晋升也有不足。有时组织内部没有最佳的候选人，即使发现有最佳人员，他可能不喜欢离开熟悉工作环境，不愿意离开长期居住的地方和家人不支持等不愿意被提升。此种形式的另一个不足之处是容易引发组织内部的明争暗斗和培植亲信，这些都不利于组织的发展、开拓和吸纳各种观点。

基于这些的优点和缺点，因此组织在内部晋升人员的同时也考虑从外部获得人员。组织常常根据需要员工的类型决定从何处去发现员工，例如组织需要高级的、受过专业训练的员工或高级经理时常从外部找人；需要中等级技术和管理人员时用内部晋升的方法。开展内部晋升的关键是保证晋升活动的公平、公开和公正。目前许多组织的晋升标准是以个人判断为基础，而个人判断常常引发标准的公平性问题，企业在思考内部晋升方式时，应用客观的方法评价员工，提出一个令人可信的晋升标准。

2. 平级调动

内部人员的平级调动是指在同级水平的职务之间的工作调动，简称“平调”。这是较常见的人员配置方式。一个企业可供晋升的职位毕竟是有限的，职位越高可用于晋升的职位就越少，多数人员只有在同级水平调动。但是平级调动也有激励作用，例如将经常上“三班”的员工调到白天上班。如果职工被调任到一些重要的岗位，平调之人也有受重用之感。人员平调的关键是确定谁可以调动，人员的调动的依据是资历和业绩两个标准：一般企业希望根据员工的能力大小安排平调，而员工更愿意依据资历深浅调动工作。

平级调动除了填补企业职位空缺的作用之外，还有其他很多作用。如可以使内部员工了解企业内其他部门的工作内容，与本企业更多的人员有深入的接触、了解和交流。这样，一方面有利于员工今后的晋升，另一方面也可以是上级对下级的能力有进一步的考察了解，有利于做到对人员的优化组合配置。

3. 工作轮换

工作轮换是指派员工在一个阶段从事一项工作，在另一段时间从事另一工作。轮换工作的员工其岗位有临时的特点。工作轮换有助于丰富员工的工作经验，通过工作轮换可以培养技术和行政管理人员，将他们置于企业的各部门，使其熟悉企业的更多领域及各部门之间的相互活动，为今后的管理工作打下扎实的基础。

工作轮换与平级调动有些类似，都是在同一层级的工作调动，但又有所不同。如平级调动从时间上来讲相对是长期的，而工作轮换往往是短期和暂时的；另外，平级调动是独立单向的，而工作轮换往往是多人互相的。工作轮换可以使企业内部的管理人员或普通员工适应企业内部不同岗位的工作，给那些有潜力的员工创造晋升条件，减少部分人员由于长期从事某项工作而带来的烦躁和厌倦情绪，并且可以提高企业的管理效率，降低企业的管理成本。

4. 重新聘用

有些单位由于某些原因会有一些不在岗的员工，如下岗人员、长期休假人员，或在外自谋职业的停薪留职人员，以及因其他原因离职的人员。由于企业环境和经营状况的变化，这些人员中恰好是有内部空缺所需的，选择他们中素质高的人员重返企业岗位，可以使他们能有再为企业尽力的机会。

这些人员中的这种招聘方式是将那些暂时离开工作岗位人员招回到原有的工作岗位。与其他方法相比这种方法支出的费用较少,适用于商业周期明显的行业。重新聘用的员工与新的职务申请人不同,这些人员熟悉企业的工作程序,了解企业的文化特点,也有丰富的工作经验,容易适应工作环境及胜任新的工作。同时,企业一般有员工记录,对他们较了解,使用这些人对企业而言更安全。通常他们比新招进的员工有较好的业绩,对企业也较忠诚,更稳定、流动性少。但是有时企业招聘不到合格的员工,因为这些人员可能被其他企业聘走或是不再愿意重新加入企业中来。因此,在暂时解聘员工时,企业仍应与这些员工保持较好的人际关系,以便保证企业在需要人员能及时召回他们。

5. **公开竞聘**

公开竞聘是面向企业全体员工的,其做法通常是企业在内部公开空缺岗位和任职要求,吸引员工来参加应聘。这种方法起到的另一个作用是使员工有一种公平合理、公开竞争的平等感觉,它会使员工更加努力奋斗,为自己的发展增加积极的因素。这无疑是人力资源开发与管理的目标之一。

(二)企业外部的人力资源

企业内部招聘由于人员选拔的范围比较小,有时没有合格的人员,往往不能满足企业的需要。在企业快速发展需要大量基础人员、专业人员和管理人员时,内部的人员一时没有那么多,企业需要用外部招聘的方式来解决。

聘用外部人员将给企业带来许多利益:第一,他们给企业带来新观念、新思想、新技术、新方法等;第二,外来人员与企业成员间没有裙带关系,较能客观地评价企业的工作,洞察存在的问题;第三,企业能高效率地使用人才,很经济地聘用到已经受过训练的员工,因为企业没有这种人才的时候招聘费用通常比培训一个员工便宜;第四,企业可以更灵活地与外部人员签定合同,提供短期或临时的工作。聘用外部人员对企业也有不利之处:有时对应聘人员不了解,造成选人不当;在管理职务上引进外部人员对内部人员可能产生负面影响;应聘人员有时要花较长时间的调整对企业环境和工作的适应;在工作方面,受聘人员会搬老经验,忽视企业本身的特点,不能将经验与企业发展有机地结合在一起。

外部人员来源有以下几种:

1. **熟人推荐介绍**

熟人推荐介绍方式是指企业内部员工、客户、协作伙伴等推荐和介绍职位申请人到企业中来。它实际上是在企业内部和外部之间建立起一座桥梁,通过介绍人以口头方式传播招聘,将企业外部的人员引入企业适当的岗位。

熟人推荐介绍的操作重点是,首先是企业公布招聘信息,通知相关人员招聘的职位、需要多少人员,及各类人员的应聘条件;其次是鼓励他们推荐和介绍“朋友和亲戚”申请职位,并提出相应的鼓励措施。熟人推荐介绍方式与其他外部招聘方法相比,从此种渠道进入的员工的相对较稳定。因为内部人员向应聘人员提供的企业资料比较客观,知道企业职位所需的知识、能力和技术;受聘人员与熟人关系较密切,比较熟悉企业文化、工作制度与作风,能快速适应企业的环境。

2. **上门求职者**

此种方式是招聘直接上门主动寻找工作的人员。企业常常用此渠道招聘营业员、职员和保管员等技能和知识要求都比较低的工作人员,而管理人员或监督人员很少从这类人员中产生。这种来源的人有时对企业及其从事的职务并不了解，企业对他们也不能充分信任，因此彼此之间则难以融洽地合作。但这是用最低的成本获取人力资源的方式，企业应该很好地保持上门申请工作者的申请记录，以便在需要用人时能及时使用这些人力资源。

3. **社会求职人员**

这是企业外部招聘最广泛的来源人群，他们有的刚从学校毕业正在寻找工作机会；有的因为某种原因失业下岗，处于待业状态；有的是不满目前工作待遇或环境正在寻找更合适的工作岗位。这些社会人员非常关注各类招聘信息，一旦有合适的机会，必然会踊跃应聘。他们往往学有所成，或有相当的工作经验，而且各有专长，给企业带来很大的挑选余地。

4. **高职院校**

各类高校、大中专院校，也是企业的人力资源主要来源。高职院校的责任之一是向社会提供职业高中、中专、大专、大学本科和研究生的各层次的专业人才。各种学校的毕业生在技术、能力、知识水平方面差异很大，企业可以根据不同的职务选择不同等级院校的各类毕业生。一般学校的毕业生都没有实践的经验，所以，使用这些人员往往需要进行上岗培训，但是这类人员年轻，富有朝气、活力，而且能干，善于吸收新知识，有较大的可塑性，许多企业很乐于接受这些人员。目前争夺高校人才相当激烈，一些公司提前进入高校招聘，预先聘用有发展潜力的大学高年级学生。

5. **劳务中介机构**

劳务中介机构是那些专门向企业提供人力资源的机构。我国劳务中介机构的形式有临时劳务市场、固定的劳动介绍机构、各类各级人才交流中心和专门从事提供高级管理人员的猎头公司等。从所有制上看，我国劳务中介机构有些是国家和政府设立的，有些是由某些企业、集团和集体开办的，有些是纯属商业性的劳务中介公司。从提供劳务方面讲，每种劳务机构对人员的提供亦有则重，有些劳务机构主要向社会提供熟练工人和技术工人，而有些重点是向社会提供管理人员、高级专家和留学回国人员，还有些机构专门帮助企业发掘高级行政主管。

劳务机构的主要职能是将我国人员配置纳入到市场配置的范围，它不仅可以使企业以低的费用在市场上快速找到所需的人员，而且为求职者提供了选择工作的广泛机会，提高了全社会的人员配置效率。劳务机构向招聘单位和应聘者发布信息，企业劳务供需双方的见面，为各方提供一系列的招聘服务。企业利用劳务中介机构可以获得各种类型的人员，它是企业人员来源的重要渠道之一。

二、企业招聘的方式

根据企业内部与外部的应聘人员的特点不同，企业的招聘方式也有不同。招聘可以分为内部招聘与外部招聘两种方式。

（一）适用内部招聘的方式

企业内部招聘人员有许多方法，如推荐法、布告法、档案法等。

1. **推荐法**

推荐法可用于内部招聘，也可用于外部招聘。它是由本企业员工根据企业的需要推荐其熟悉的合适人员，供用人部门和人力资源部门进行选择和考核。由于推荐人对用人单位及被推荐者的情况都比较了解，使得被推荐者更容易获得企业与岗位的信息，成功概率较大。在企业内部招聘中的推荐法，比较常见的是主管推荐，其优点在于主管一般比较了解潜在候选人的能力，由主管推荐的人选具有较高的可靠性。它的缺点在于这种推荐可能比较主观，容易受个人因素的影响，主管们可能会提拔自己的亲信而不是一个胜任的人选。有时候，主管们为了不影响自己部门的实力，不愿意推荐得力的优秀下属到别的部门岗位上去。

2. 布告法

布告法是常用的内部招聘方法，它的目的在于让企业中的全体员工都了解到哪些职务空缺，需要补充哪些人员，使员工感觉到企业在招募人员这方面的透明度和公平性。内部招聘信息通常通过布告栏、内部刊物、广播和员工大会等发布招聘消息。招聘布告的目的是吸引更多有资格的员工参加应聘和竞争。它向员工提供平等的成长和发展机会，员工自由、自愿申请不必事前得到其直接领导批准。目前因为绝大多数企业都有内部邮箱和局域网站，可以将内部招聘信息发布在内部网络，各种申请手续也可在网上完成，使得整个过程更加快捷方便。

布告法的内部招聘方式的关键是与员工有良好的沟通和将招聘结果反馈给员工。招聘布告应该描述职务、说明职务的重要性、报酬、应聘者必须具备的条件等。有时招聘布告也说明希望员工介绍和推荐适合的人员应聘，并给介绍人一定的奖励。为了保证招聘工作的公正和公平，企业需要向员工宣布应聘人及被聘理由。这种方式向员工提供多样化的职务，使企业以较低成本配置员工进入最适宜的位置。但是也要防止有些员工不顾个人的知识、技术和能力，利用这种公开招聘方式在企业内部连续"跳槽"，影响员工在某些职位上的稳定性。

3. 档案法

人力资源部门都有员工档案，从中可以了解到员工在教育、培训、经验、技能等方面的信息，帮助用人部门与人力资源部门寻找合适的人员补充岗位空缺。员工档案对员工晋升、培训、发展有着重要的作用，因此员工档案应力求准确、完备，对员工在岗位技能、教育绩效等方面信息的变化应及时作好记录，为人员选择与配备做好准备。

值得注意的是，我们所说的"档案"应该是建立在新的人力资源管理思想指导下的人员信息系统，该档案中应该对于每一位员工的特长、工作方式、职业生涯规划有所记录，将过去重"死材料"的防范型档案，转变到重"活材料"的开发型思路上来，为内部有效管理和用人做好准备。在现代档案管理基础上，利用这些信息帮助人力资源管理部门获得有关岗位应聘者的情况，发现那些具备了相应资格但由于种种原因没有申请的合格应聘者，通过企业内的人员信息查找，在企业与员工达成一致意见的前提下，选择合适的员工来补充新增或空缺的岗位。

(二)适用外部招聘的方式

外部招聘与内部招聘的方法不同。外部招聘需要将职务的有关信息告之特定的目标对象或社会公众。面向社会的招聘会涉及不同的应聘者的来源，这都会影响到招聘的方法。主要招聘方法有发布广告、借助中介招聘、校园招聘和网络招聘等。

1. 发布广告

广告是单位从外部招聘人员最常用的方法之一，是指用广告方式吸引职务申请人应聘职务。它利用大众媒介报纸、杂志、电视和电台发布招聘信息。一般都常以报纸刊登招聘广告对外部发布招聘信息。报纸发行量大，读者面广，可让更多的潜在职位申请人看到有关招聘职务和岗位信息。报纸的读者有不同层次，报纸广告可以适用招聘从非技术工人到技术和管理人员等几乎所有的职位。

利用杂志发布招聘广告一般适用于招聘高级人员和特殊领域的专家。每份杂志通常都有特定的读者群，在各种专业杂志上发布广告可以很容易地将有关信息传达到特定的招聘目标对象之中，帮助企业招聘到特殊的人员。例如，当某家电脑公司需要高级程序设计人员时，可以有选择地在电脑杂志上发布招聘广告，经常阅读这类专业杂志的人员很容易看到这些信息，及时参加应聘活动。杂志广告在招聘特定人员时比报纸广告更有针对性，也更有效，但杂志往往出版周期较长，在企业急需人员时不能及时发布招聘信息。

利用电台和电视发布的招聘广告数量很少。一般企业之所以不利用这种媒介，是因为其支出的经费较高，而且招聘效果深受各种节目的收视率和播出时间的影响。有时电台和电视台为了提高收视率开播与劳动和职业介绍有关的节目，在这类节目中提供劳务招聘的信息。目前我国有许多城市的电台和电视台开展此项业务，为我国下岗人员的安置提供了较多的求职信息。

2.借助中介招聘

随着人才流动的日益普遍，各类人才交流中心、职业介绍所、劳动力就业服务中心等就业中介机构应运而生。这些机构承担着双重角色：经营单位择人，也为求职者择业。借助这些机构，单位与求职者均可获得大量的信息，同时也可传播各自的信息。这些机构通过定期或不定期地进行交流会，使得供需双方面对面地进行商谈，缩短了招聘与应聘的时间。

(1)人才交流中心。在全国的各大中城市，一般都有人才交流服务机构。这些机构常年为单位服务。企业去人才交流中心检索其人才资源库，或委托其招聘员工。这种方式的优点是介绍速度快、费用价格低，但目前职业中介机构的服务质量普遍不高。

(2)招聘会。在招聘会中，单位和应聘者可以直接进行接洽和交流，可信度较高，现场可确定初选意向，节省了单位和应聘者的时间。随着人才交流市场的日益完善，人才招聘会呈现出向专业化方向发展的趋势，比如有中高级人才洽谈会、应届生双向选择会、信息技术的人才交流会等。通过参加招聘洽谈会，单位招聘人员不仅可以了解当地人力资源素质和走向，还可以了解同行业其他单位的人力资源政策和人才需求情况。虽然这种方法应聘者集中，单位选择的余地较大，但招聘会上往往应聘者众多，常常环境嘈杂，针对性不强，挑选面受限制。这种方式比较适合于招聘初中级人才和急需的人员，却很难招聘到满意和合适的高级人才。

(3)猎头公司。猎头公司是英文“Head Hunter”直译的名称。在我国是近年来为适应一些企业对高层次人才的需求与高级人才的求职需求而发展起来的。在国外，猎头服务早已成为企业单位招揽高级人才和高级人才流动的主要渠道之一，我国的猎头服务近年来发展迅速，有越来越多的企业单位组织接受了这一招聘方式。当然，要通过猎头公司招聘到高素质的人才，需要支付昂贵的服务费。目前，猎头公司的收费通常能达到所推荐人才年薪的20%到35%，即一般为服务对象的3～4个月的薪水收入。但是由于猎头公司对单位及其人力资源需求有较详细的了解，对求职者的信息掌握比较全面，而且在供需匹配上较为慎重，其成功率比较高，如果把单位自己招聘人才的时间成本、人才素质差异等隐性成本计算进去，猎头服务仍不失为一种经济高效的方式。

3.校园招聘

校园招聘即由企业单位的招聘人员通过到学校招聘、参加毕业生交流会等形式直接招募人员。对学校毕业生最常用的招募方法是每年举办的人才供需洽谈会，供需双方直接见面，双向选择。除此之外，有的单位则通过定向培养和委托培养等方式直接从学校获得所需要的人才。随着网络的发展，许多企业的校园招聘也借助网络平台发布信息，例如，中华英才网的校园版块、高校就业信息网和BBS,以及企业网站的招聘专栏等。

对于应届生和暑期临时工的招聘也可以在校园直接进行,主要方式有招聘张贴、招聘讲座和毕业生分配办公室推荐三种。校园招聘通常用来选拔工程、财务、会计、计算机、法律,以及管理等领域的专业化初级水平人员。校园招聘选择余地大、候选人专业多样化、招聘成本低,有助于宣传企业形象。但校园招聘也有明显不足之处,因为毕业生都没有工作经验,与企业岗位要求有差距,通常只用来选拔一些专业化初级水平人员。

4. 网络招聘

20世纪70年代后,互联网的出现,给人类社会的经济发展,以及人们的生产、生活、文化等方面带来了革命性的变化。从企业管理的角度看,不仅出现了e-HR信息化人力资源管理的新局面和新模式,也使企业人员招聘方式发生了深刻的变化。网络招聘是通过计算机网络向公众发布招聘信息。企业可以利用局域网、国际互联网发布有关招聘的信息,职务申请人可以通过网络寻找到适合自己的职业。利用计算机网络服务主要优点是能快速及时传递信息,传播面极为广泛,可以直接跨越地区和国界。目前,越来越多的企业借助互联网承担起公司人力资源管理与开发的多项职能。

用尽量少的成本找到尽可能称职的应聘者,已经成为企业人员招聘主要追求的目标。采用互联网招聘的方式,可以从某种程度上满足企业的要求,因为网络招聘具有以下优点:

(1)成本较低,方便快捷;选择的余地大,涉及的范围广。

(2)不受地点和时间的限制,在网上距离感似乎已经不复存在,无论你身处何地都不会妨碍你的工作的开展。互联网不但有助于你在世界各地广招贤才,还可以在网上帮助你的公司完成应聘人员的背景调查审核,能力素质评估,甚至笔试面试和录用通知。互联网已经不仅仅是一个在网上发布招聘广告的媒体,而是具有多种功能的招聘服务系统。

(3)使应聘者求职申请书、简历等重要资料的存贮、分类、处理和检索更加便捷化和规范化。

5. 熟人推荐

前面所讲的推荐法,既可用在企业内部招聘中,也可以用在外部招聘中。

熟人推荐是通过单位的员工、客户、合作伙伴等熟人推荐人选的招聘方式,其长处是招聘周期快,介绍人对候选人的了解比较全面,能力岗位匹配比较准确。候选人一旦被录用,顾及与介绍人的关系,一般工作都会比较努力,另外,对于客户或合作伙伴介绍的人员,有利于提高相关方的满意度,还能为公司带来业务机会。问题在于由于是熟人介绍,可能会在单位中形成裙带关系,反而不利于工作交流和公司管理制度的落实。所以,除非是公司特别急需,最好要让熟人介绍的应聘者与外部的求职者一同参加公司的测试选拔,以便贯彻公平竞争和择优录用的招聘原则。

(三)内部招聘和外部招聘的比较

1. 企业内部招聘的特点

内部招聘是指通过内部晋升、平级调动、工作轮换、重新聘用等方法,从企业内部人力资源储备中选拔出合适的人员,补充到空缺或新增的岗位上去的活动。内部招聘有以下优点:

(1)准确性高。从招聘的有效性和可信性来看,由于对内部员工有较充分的了解,如对该员工的业绩评价资料是较容易获得的,管理者对内部员工的性格、工作动机,以及发展潜能等方面已有比较客观准确的认识。

(2)适应较快。从运作模式看,现有的内部员工更了解本组织的运营模式,与从外部招聘的新员工相比，他们能够更快地适应新的工作。

(3)激励性强。从激励方面来分析，内部招募能够给员工提供发展的机会，强化员工为组织工作的动机，也增强了员工对组织的责任感。尤其是各级管理层人员的招聘，这种晋升类型的招聘往往会带动一批人做一系列的升职，从而能鼓舞员工士气，同时也有利于在组织内部树立榜样。通过这种相互之间的良性互动影响，可以在组织中形成积极进取、追求成功的氛围。

(4)费用较低。内部招聘可以节约大量的费用，如广告费用、招聘人员与应聘人员的差旅费等，同时还可以省去一些不必要的培训项目，减少组织因岗位空缺而造成的间接损失。此外，从组织文化角度来分析，员工在组织中工作了很长一段时间后，已基本融入了本组织的文化，对本组织的价值观有了一定的认同，因而对组织的忠诚度较高，离职率低，避免了招聘不当造成的间接损失。许多企业都特别重视从内部选拔人才，尤其是高层管理者。

尽管内部选拔有上述许多优势，但其本身也存在着明显的不足，主要表现在以下方面：

(1)容易产生消极影响。处理不公、方法不当和员工个人原因，可能会在组织中造成一些矛盾，产生不利的影响。内部招聘需要竞争，而竞争的结果必然有成功与失败，并且失败者占多数。竞争失败的员工可能会心灰意冷、士气低落，不利于组织的内部团结。内部选拔还可能导致部门之间“挖人才”的现象，不利于部门之间的团结协作。此外如果在内部招聘过程中有论资排辈或开后门的不正当行为，将严重挫伤其他员工的积极性，也给有能力的员工的职业生涯发展设置了障碍，导致优秀人才外流或被埋没，从而削弱了企业的竞争力。

(2)容易抑制创新思维。同一组织内的员工有相同的文化背景，可能会产生“团体思维”现象，抑制了个体创新，尤其是当组织内部重要岗位主要由基层员工逐级升任，就可能会因缺乏新人与新观念的输入而逐渐产生一种趋于僵化的思维意识，这将不利于组织的长期发展。

此外组织的高层管理者如多数是从基层逐步晋升的，管理层的年龄就会偏高，不利于冒险和创新精神的发展。而冒险和创新则是出于新经济环境下组织发展至关重要的两个因素。要弥补和消除内部选拔的不足，就需要人力资源部门做大量更细致的工作。

2.外部招聘的特点

相对于内部选拔而言，外部招聘成本比较高，而且也承担起了更大的风险，但具有以下优势：

(1)带来新思想和新方法。从外部招募来的员工对现有的组织文化有一种崭新的、大胆的尝试，而较少有感情的依恋。典型的内部员工已彻底被组织文化同化了，受惯性思维影响，看不出组织有待改进之处，也没有进行变革和自我提高的意识和动力，整个组织缺乏竞争的意识和氛围，可能呈现出一潭死水的局面。通过从外部招聘优秀的技术人才和管理专家，就可以在无形中给组织原有员工施加压力、激发斗志，从而产生“鲶鱼效应”。特别是在高层管理人员的引进上，这一点尤为突出，因为他们有能力重新塑造组织文化。

(2)有利于招聘一流人才。外部招聘的人员来源广，选择余地大，能招聘到许多优秀人才，尤其是一些稀缺的复合型人才。这样可以把别人的资源为我所用，节省相关的培养费用。

(3)树立企业形象的作用。外部招聘也是一种很有效的交流方式，组织可以借此在其员工、客户和其他外界人士中树立良好的形象。

同样外部招募也有以下不足：

(1)筛选难度大、时间长。组织希望能够比较准确地了解应聘者的能力、性格、态度、兴趣等素质，从而预测他们在未来的工作岗位上能否达到组织所期望的要求。而研究表明，仅仅依靠招聘时的了解来进行科学的录用决策是比较困难的。为此一些组织还采用诸如推荐信、个人资料、自我评定、同事评定、工作模拟、评价中心等方法。这些方法各有各的优势,但也都存在着不同程度的缺陷。这就使得录用决策耗费的时间较长。

(2)进入角色慢。从外部招募的员工需要花费较长时间来进行培训和定位,才能适应组织的工作流程和运作模式,增加了培训等成本。

(3)招募成本大。外部招募需要在媒体发布信息或者通过中介机构招募,一般需要支付一定费用,而且由于外界应聘人员相对较多,后续的挑选过程也非常繁琐和复杂,不仅耗费巨大的人力财力,还占据着很多时间,所以外部招募的成本较大。

(4)决策风险大。外部招聘只能通过几次短时间的接触就必须判断候选人是否符合本组织空缺岗位的要求,而不像内部招聘人员经过了长期的接触和考察,所以很可能因为一些外部的因素,例如应聘者为了得到这份工作而夸大自己的实际能力等而作出不正确的判断,进而加大了决策的风险。

(5)影响内部员工的积极性。如果组织中有胜任的人未被选用或提拔,即内部员工得不到相应的晋升和发展机会,内部员工的积极性可能会受到影响,容易导致"招来女婿气走儿子"的现象发生,因此外部招募一定要慎重。

三、招聘的备选方案

尽管招聘和选择成本在买方市场上已稍微有所下降,但还是很高的。它常常包括寻找过程、面试、支付代理费以及重新安置和培训新员工等成本。并且一旦员工被雇佣,即使其业绩勉强合格,也很难辞退他。因此,公司在从事招聘之前应认真考虑招聘的备择方案。

招聘的备择方案一般包括加班、转包、临时工等方面。

1. 加班

加班是解决工作量中短期波动最常使用的方法。加班对雇主和员工双方都有帮助,加班的优点是:①雇主由于避免了招聘、选择和培训等费用而获益;②员工可以得到较高的报酬。

与利用加班明显的优点相伴而来的是潜在的问题:许多管理者认为当他们与员工一起为公司长时期加班后,公司支付增加而得到的回报减少。员工会变得疲劳并缺乏以正常工作效率完成工作的精力,特别是当过度加班时。

2. 转包

企业会选择将工作转包给另一家企业或服务机构的方式,实际中,当转包商在生产某些商品或服务上更具有专长时,这种方法特别具有吸引力。这样的安排常常会使双方都受益。

3. 采用兼职或临时工

一个正式员工的管理成本一般要占到其工资额的30%~40%,并且还不包括招聘成本;而采用临时工,可以避免这样一些成本并保持随工作负荷变动的灵活性。

但是,这种配备人员稳定性差,不利于工作质量的提高,从短期来看,企业使用临时工所带来的益处可以使企业顺利过渡,完成一些临时增加的业务任务,但从长期效益来看,不利于企业发展,并且存在安全保障和社会保险等较大的法律风险。

第三节　招聘面试和选拔

一、人员选拔的内容

(一)人员选拔的含义

人员选拔,也就是甄选或筛选,它是指通过运用一定的工具和手段对已经招募到的求职者进行鉴别和考察,区分他们的人格特点与知识技能水平,预测他们的未来工作绩效,从而最终挑选出企业所需要的、恰当的职位空缺填补者。有效的人员选拔,可以降低人员招聘的风险,有利于人员的安置和管理,为员工的规划与发展奠定基础。

准确理解人员挑选的含义,要把握以下几个要点:

(1)选拔应包含两个方面的工作,一是评价应聘者的知识、能力和个性,二是预测应聘者未来在企业中的绩效。

(2)选拔要以空缺职位所要求的任职资格条件为依据来进行,只有那些符合职位要求的应聘者才是企业所需要的。

(3)选拔由人力资源部门和用人部门共同完成,最终的录用决策应当由用人部门作出。

(二)人员选拔的内容

候选者的任职资格和对工作的胜任程度主要取决于他所掌握的与工作相关的知识、经验、本人的个性特点、行为特征和个人价值观趋向等因素。因此,人员选拔主要是对候选者的下列素质进行测量和评价。

1. 知识

知识是系统化的信息,可分为普通知识和专业知识。普通知识也就是我们所说的常识,而专业知识是指特定职位所要求的特定知识。在人员选拔过程中,专业知识通常占主要地位。应聘者所拥有的文凭和一些专业证书可以证明他所掌握专业知识的广度和深度。人员选拔时不能仅以文凭为依据判断候选者掌握知识的程度,还应通过笔试、测试等多种方式进行考察。

2. 能力

能力是引起个体绩效差异的持久性个人心理特征,例如,是否具有良好的语言表达能力是导致教师工作绩效差异的重要原因。通常我们将能力分为一般能力与特殊能力。一般能力是指在不同活动中表现出来的一些共同能力,例如记忆能力、想象能力、观察能力、注意能力等。这些能力是我们完成任何一种工作都不可缺少的能力。特殊能力是指在某些特殊活动中所表现出来的能力,例如,设计师通常需要具有良好的空间知觉能力及色彩辨别能力,管理者需要具有较强的人际能力、决策和分析能力等。

3. 个性

每个人为人处世总有自已独特的风格,这就是个性的体现。个性是指人的一组相对稳定的特征,这些特征决定着特定的个人在各种不同情况下的行为表现。个性与工作绩效密切相关。例如,性格急躁的人不适合做需要耐心的精细的工作,而性格内向、不擅长与人打交道的人不适合做公关工作。

4. 动力因素

员工要取得良好的工作绩效,不仅取决于他的知识、能力水平,还取决于它做好这项工作的意愿是否强烈,即是否有足够的动力促使员工努力工作。员工的工作动力来自于企业的激励系统,但这套系统是否起作用,最终取决于员工的需求结构。不同的个体需求结构是不同的。在动力因素中最重要的是价值观,即人们关于目标和信仰的观念。具有不同价值观的员工对不同企业文化的相融程度不一样,企业的激励系统对他们的作用效果也不一样。所以企业在招聘员工时有必要对应聘者的价值观等动力因素进行鉴别测试。

(三)人员选拔的程序

为了保证人员选拔的效果,按照上面所提到的几项标准的内容,人员选拔的程序一般来说包括以下内容(见图 4－3):首先评价应聘者的工作申请表和简历;合格者安排接受笔试和面试;然后进行各项选拔测试,接下来审核应聘者材料的真实性;据此做出对候选者是否录用的决策,再接下来是通知进行体检;最终决定是否可以录用。

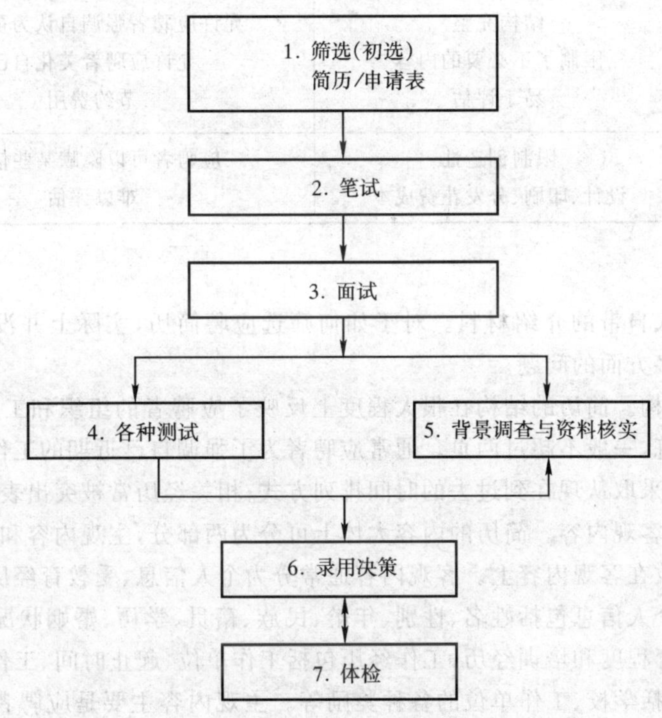

图 4－3　人员选拔程序

选拔的程序可以采用淘汰制,即每一选拔阶段就将不适合的人选逐步淘汰出局;也可采用循环制,就是从第二阶段的笔试开始,让所有应聘者参加完成选拔的全过程,考虑综合成绩决定录用人选。

二、人员选拔的实施

(一)初步筛选

初步筛选是对应聘者是否符合岗位基本要求的初次审查,目的是筛选出那些背景和潜质都能满足岗位任职要求标准和基本要求的候选人,为后面阶段的细选奠定基础。

应聘者最初的信息资料主要通过应聘简历或招聘申请表表现出来。组织的初步筛选也就是对这两种材料进行判定选择。

个人简历是应聘者主动投递给招聘单位的书面材料，也就是应聘者的个人自荐材料。简历的好处在于，它能使应聘者展示其书面表达能力，申明自己的资历和经历。应聘申请表也叫应聘登记表，是由组织设计并要求应聘者填写的申报资料，它的作用是明确了企业想要知道的求职者的相关资历、经验和技能的信息。当然，有些企业只需个人简历或应聘申请表的其中之一即可。两种材料各有特点，如表 4-1 所示，企业可以酌情考虑使用。

表 4-1 简历与申请表的优缺点分析

	应聘申请表	个人简历
优点	直截了当 结构完整 限制了不必要的内容 易于评估	体现应聘者的个性 允许应聘者强调自认为重要点 允许应聘者美化自己 节约费用
缺点	限制创造性 设计、印刷、分发花费成本	应聘者可以隐瞒某些信息 难以评估

1. 简历的筛选

应聘简历是个人自带的介绍材料。对于如何筛选应聘简历，实际上并没有统一的标准。简历的筛选涉及很多方面的问题。

(1)分析简历结构。简历的结构在很大程度上反映了应聘者的组织和工作能力。结构合理的简历都比较简练，一般不超过两页。通常应聘者为了强调自己近期的工作，描写教育背景和工作经历时，可以采取从现在到过去的时间排列方式；相关经历常被突出表述。

(2)审查简历的客观内容。简历的内容大体上可分为两部分，主观内容和客观内容。在筛选简历时注意力应放在客观内容上。客观内容通常分为个人信息、受教育经历、工作经历和个人成绩四个方面。个人信息包括姓名、性别、年龄、民族、籍贯、学历、婚姻状况和联系方式等；受教育经历包括教育程度和培训经历；工作经历包括工作单位、起止时间、工作内容、参与项目实绩等；个人成绩包括学校、工作单位的各种奖励等。主观内容主要是应聘者对自己的表现、个人性格和特长的评价要素的内容。

(3)判断是否符合岗位技术和经验要求。首先要注意个人信息和受教育经历，判断应聘者的专业资格和招聘岗位的要求是否相符。如果一些硬指标如性别、年龄、学历、专业、经验年数等明显不符合要求，就没有必要浪费时间再浏览简历的其他内容了。

(4)审查简历中的逻辑性。在实际工作经历和个人成绩方面，要注意简历的描述是否有条理，是否符合逻辑。比如有一份简历在表述自己的工作经历时，列举了其曾在一些知名公司中担任过的高级岗位，而他们所应聘的却是一个比较普通的岗位；或者比如在简历中自称获得了很多的资格证书，但是从他们的工作经历中分析很难有这样的机会和条件，这样的简历就要引起注意，基本上虚假的成分占多数。

(5)对简历的整体印象。通过阅读简历，问问自己是否留下良好的印象。另外标记出简历中有疑问的地方和感兴趣的地方，面试时可以向应聘者询证。

实例:分析求职者简历

<table>
<tr><td colspan="4">个人简历</td></tr>
<tr><td>姓　　名:</td><td>——</td><td>性　　别:</td><td>男</td></tr>
<tr><td>出生年月:</td><td>1984-11-11</td><td>学　　历:</td><td>大专</td></tr>
<tr><td>专　　业:</td><td>电子商务</td><td>目前状态:</td><td>在职　　照片</td></tr>
<tr><td>证件类型:</td><td>身份证</td><td>证件号码:</td><td>——</td></tr>
<tr><td>户　　口:</td><td>四川成都</td><td>现居住地:</td><td>苏州工业园区</td></tr>
<tr><td>健康状况:</td><td>良好</td><td>婚育状况:</td><td>单身</td></tr>
<tr><td>工作年限:</td><td>3年</td><td>目前月薪:</td><td>2800</td></tr>
<tr><td>联系电话:</td><td>13500001234</td><td>电子邮件:</td><td>abc@def.com</td></tr>
<tr><td>通信地址:</td><td></td><td>邮政编码:</td><td>215000</td></tr>
<tr><td colspan="4">求职意向</td></tr>
<tr><td>希望行业:</td><td colspan="3">不限行业</td></tr>
<tr><td>目标职位:</td><td colspan="3">营销管理,客户服务,主管以上</td></tr>
<tr><td>期望薪水:</td><td colspan="3">3500</td></tr>
<tr><td colspan="4">工作经验</td></tr>
<tr><td>2008/05-至今:</td><td colspan="3">DEF有限公司(日本独资)</td></tr>
<tr><td>所属行业:</td><td colspan="3">进出口/贸易　　公司规模:1000—1999</td></tr>
<tr><td>营业技术课:</td><td colspan="3">客服主管</td></tr>
<tr><td>工作及业绩描述:</td><td colspan="3">1.制定客户访问计划,与客户联络进行日常事务处理,维持与客户的良好关系。
2.对PO和FC进行预算和管理。对产品的交货期进行管理。
3.货款跟踪回笼。每月汇总各项营业数据向上级营业部门报告。</td></tr>
<tr><td>2007/8-2008/04:</td><td colspan="3">ABC有限公司(民营股份制企业)</td></tr>
<tr><td>所属行业:</td><td colspan="3">IT服务/网络/电信/通讯　　公司规模:50-99</td></tr>
<tr><td>市场部:</td><td colspan="3">销售主管　　主管</td></tr>
<tr><td>工作描述及业绩:</td><td colspan="3">1.主要带着5个市场销售人员,推广公司的企业管理ERP软件和网络产品。
2.维护公司客户,开发新客户。并且参与客户公司ERP软件的设施建设。
3.对市场人员进行培训并制定市场的工作目标,对市场人员进行业绩考核。</td></tr>
<tr><td colspan="4">项目经验</td></tr>
<tr><td>项目描述:</td><td colspan="3">SONY新客户导入项目</td></tr>
<tr><td>项目中的职位:</td><td colspan="3">市场开发长</td></tr>
<tr><td>项目中的职责:</td><td colspan="3">客户关系维护、样品数据评价、订单处理</td></tr>
<tr><td colspan="4">教育背景</td></tr>
<tr><td>2005/09-2007/7</td><td colspan="3">××××职业技术学院　　电子商务　　大专</td></tr>
<tr><td>所获证书:</td><td colspan="3">英语四级,计算机二级</td></tr>
</table>

详细描述		
培训经历		
2008/02-至今	××××培训学校	标准日本语
详细描述：	因工作需要和本人的兴趣，选择了日本语的学习。目前已经过了二级，可以同日本客户直接交流。目前日本语还继续学习中。	
自我评价		
个性外向的我，很喜欢交际，性格比较随和，具有较强的亲和力，与人相处比较融洽。组织和协调能力比较强，最主要的是工作比较有责任心，希望给我一个机会，为您公司添一份力量。		

2. **申请表的筛选**

应聘申请表，或者是招聘登记表的筛选方法与个人简历的筛选有很多相同之处，其特殊的地方在于以下几个方面：

(1)判定应聘者的态度。在筛选申请表时，首先要筛选出那些填写不完整、字迹敷衍潦草的材料。将那些态度不认真的应聘者排后待选。如果与简历对比，发现相互矛盾并核实为虚假信息的，可直接将这些人淘汰掉。

(2)关注与职业相关的问题。在审查申请表时，要评估背景材料的可信程度，要注意应聘者以往经历中所任职务、技能、知识与应聘岗位之间的联系。要注意应聘者是否表明了过去单位的名称，其过去的工作经历与现在申请的工作是否相符，工作经历和教育背景是否符合申请条件，是否经常变换工作而这种变换却缺少合理的解释。在筛选时要注意分析其离职的原因、求职的动机，对那些频繁离职的人员要加以关注。

(3)标注可疑之处。无论是简历还是应聘申请表，很多材料都或多或少地存在内容上的虚假。在筛选材料时，应标明这些疑点，在面试时作为重点提问的内容之一加以询问。如在审查应聘申请表时，通过分析求职岗位与原工作岗位的情况，要对高职低就、高薪低聘的应聘者加以注意。必要时要检验应聘者的各类证书、身份及能力的证件。

值得注意的是，由于个人资料和应聘申请表所反映的信息不够全面，决策人员往往凭个人的经验与主观臆断来决定参加复试的人选，带有一定的盲目性，经常产生漏选的现象，因此，初选工作在费用和时间允许的情况下应坚持面广的原则，应尽量让更多的人参加复试(笔试、面试、素质测试)。

(二)笔试

笔试是一种最古老而又最基本的选择方法，他是让应聘者在试卷上笔答事先拟好的题目，然后根据应聘者答题的正确程度来评定成绩的一种选择方法。这种方法主要通过测试应聘者的基础知识和素质能力的差异，判断该应聘者对招聘岗位的适应性。

笔试在员工招聘中有相当大的作用，尤其是在大规模的员工招聘中，它可以把员工的基本活动了解清楚，然后可以划分出一个基本符合需要的界限。笔试的优点是：可以增加对知识技能和能力的考察信度和效度；可以对大规模的应聘者同时进行筛选，花较少时间达到高效率；对应聘者来说心理压力较小，容易发挥正常水平，同时成绩评定也比较客观。正是上述优点，笔试至今仍是单位经常使用的选择人员的重要方法。笔试的缺点是：不能直接与应聘者见面，不直观；不能全面考察应聘者的工作态度、品德修养，以及管理能力和口头表达能力、操作能力等;笔试的分析结果需要较多的人力;有时,被试者会投其所好,尤其是在个性测试中显得更加明显。一般来说,笔试仍然不能做出对应聘者的录用决定,还必须经过面试等阶段的进一步考察。

(三)面试

面试是用人单位最常用的也是必不可少的测试手段。调查表明,99%的用人单位在招聘中多采用这种方法。在现代社会,用人单位越来越注重员工的实际能力与工作潜力,因此面试在人员挑选环节中占有不可或缺的重要地位。

在面试过程中,代表用人单位的面试考官与应聘者直接交谈,根据应聘者对所提问题的回答情况,考察其对相关知识的掌握程度,以及判断、分析问题的能力;根据应聘者在面试过程中的行为表现,观察应聘者的主观态度、风度气质,以及现场的应变能力,以此判断应聘者是否符合应聘岗位的标准和要求。

1.面试的优缺点

面试的优点是:

(1)适应性强。面试可以在许多方面收集有用的信息,主试可以根据不同的要求,对被试者提各种各样的问题,有时在某一个方面可以连续提各种问题,全面深入地了解被试者。

(2)可以进行双向沟通。在面试时,主试可向被试者提问,被试者也可以向主试提问,主试在了解被试者的同时,有时被试者也在了解主试,这样对于招聘工作有比较积极的作用。

(3)有人情味。面试可以多渠道地获得被试者的有关信息。

面试的缺点是:

(1)时间较长。

(2)费用比较高。

(3)面试官可能存在主观偏见。

(4)不容易数量化。

(5)测试的有效性和可靠性不确定。

2.面试的一般步骤

(1)面试前的准备阶段。本阶段包括确定面试的目的,科学地设计面试问题,选择合适的面试形式,确定面试的时间地点等。面试官要事先确定需要面试的事项和范围,准备面试提纲,并且在面试前要详细了解应聘者的资料,了解应聘者的个人信息、社会背景及对工作的态度、是否具有发展潜力等。

(2)面试开始阶段。面试时应从应聘者可以预料到的问题开始发问,如教育程度、工作经历等,然后再过渡到其他问题,以消除应聘者的紧张情绪。这样才能营造和谐的面谈气氛,有利于观察应聘者的表现,力求全面客观地了解应聘者。

(3)正式面试阶段。正式面试中,面试考官可以采用灵活的提问和多样化的形式,交流信息,进一步观察和了解应聘者。正式面试阶段是面试的实质性阶段,面试考官通过广泛的话题从不同侧面了解应聘人的心理特点、工作动机、能力、素质等,评价内容基本上是“面试评价表”中所列的各项要素。在这个阶段,需要注意的是面试提问的技巧,提问无非采用以下几种方式:

①封闭式提问。它只需应聘人做出简单的回答。一般以“是”或“不是”来回答。这种提问方式只是为了明确某些不甚确实的信息,或充当过渡性提问。

②开放式提问。这是一种鼓励应聘人自由发挥的提问方式,在应聘人回答问题过程中,主考官可以对应聘人的逻辑思维能力、语言表达能力等进行评价。如“请自我介绍一下你的专业

特长”。

③引导性提问。涉及工资、福利、工作安排等问题时，可以通过这种引导性提问方式征询应聘人的意向、需要和一些较为肯定的回答。

④假设性提问。它是采用虚拟的提问方式，目的是为了考察应聘人的应变能力、思维能力和解决问题的能力。如“你碰到这种情况，会怎样处理?”

⑤清单式提问。面试主考官提出问题后，鼓励应聘者从多项回答中选择最优选项，主要用于考察应聘人员的判断、分析和决策能力。例如要求回答“你认为影响产品质量的因素有哪些？其中主要原因是什么?”

⑥重复式提问。让应聘者知道面试考官接收到了应聘者的信息，检验获得信息的准确性。比如“你是说……”“你刚才的观点我的理解是……”

⑦连串式提问。主要审查应聘人的反应能力，思维的逻辑性、条理性及情绪的稳定性。主考官向应聘人提出一连串问题，给应聘人造成一定的压力，这也是这种提问方式的目的之一。

⑧举例式提问。这是面试的一项核心技巧，又称行为描述提问。一般面试时往往注重简历或申请表中的内容来向应聘者求证，为了克服应聘者应对面试而编造的假象，面试时可以让应聘者例举与应聘职位要求有关的以往工作经历中相关项目的处理过程，从中总结和评判应聘者的真实水平和能力。

(4)结束面试阶段。在面试结束之前，在面试考官确定问完了所有预计的问题之后，应该给应聘者一个机会，询问应聘者是否有问题要问，是否有要加以补充和修正之处。不管录用还是不录用，均应在友好的气氛中结束面试。最后结束时要向应聘人员致谢，并告知下一阶段的安排，或让应聘者等待通知。

(5)面试评价阶段。面试结束后要对应聘人员进行对比评价。如果对某一对象是否录用有分歧意见时，不必急于下结论，还可以安排第二次面试。评价可以采用评语式评价，也可以采用计分式评价。表 4 - 5 是一种计分式的面试评价表。

表 4 - 2　面试成绩评定表

姓名		性别		年龄		学历		专业	
应聘岗位						所属部门			
面试项目	好		分数	中		分数	差		分数
仪　表	端庄整洁		10	一般		5	不整洁		0
态　度	诚　恳		10	一般		5	随便		0
情　感	稳　重		10	一般		5	轻浮		0
表达能力	清晰明畅		20	基本达意		15	含糊不清		5
专业知识	对口扎实		20	有一定知识		15	肤　浅		5
实际经验	丰　富		15	有一定经验		10	没　有		5
进取心	强　烈		15	一般		10	欠缺		0
评定总分				评定等级					
评语结论									

3. 面试的方法

根据具体形式的不同，面试可分为个别面试和小组面试。

(1)个别面试也叫一对一面试，在这种形式下，一个应聘者与一个面试人员面对面地交谈，有利于双方建立较为亲密的关系，加深相互了解。而且，个别测验可以使用多种工具，并可以给予特别的注意。但由于只有一个面试人员，所以决策时难免有失偏颇。

(2)小组面试也叫集体面试，通常是由两三个人组成面试小组对各个应聘者分别进行面试。面试小组可由人力资源部门及其他专业部门的人员组成，从多个角度对应聘者进行考察，提高判断的准确性，克服个人偏见。

根据提问种类的不同，面试可以分为结构化面试和非结构化面试。

(1)结构化面试是在面试之前，已经有一个固定的框架或问题清单，面试考官根据框架控制整个面试的进行，按照设计好的问题和有关细节逐一发问。这种面试的优点是对所有应聘者均按同一标准进行，可以提供结构与形式相同的信息，便于分析比较，并能减少主观性，同时有利于提高面试的效率，且对面试考官的要求较低。缺点是谈话方式过于程式化，难以随机应变，所收集的信息的范围受到限制。

表 4-3　面试中常见的问题

面试中常见的问题
你在这个行业成功的原因是什么？
请你描述一个典型的工作日？
你为什么想在这里工作？
你申请的工作主要职责是什么？
你的优点和缺点是什么？
你有什么长处和短处？
你处理过什么样的复杂问题？
你喜欢与什么样的人一起工作？
你阅读的最后一本书是什么？对你有何影响？
你认为你原来的上级是个什么样的人？
你有什么问题要问吗？

(2)非结构化面试无固定的模式，事先也无需做太多的准备，面试官只要掌握组织、岗位的基本情况即可。这种面试的主要目的在于给应聘者充分发挥自己能力和潜力的机会，通过观察应聘者的知识面、价值观、谈吐和风度，了解其表达能力、思维能力、判断力和其他能力。由于这种面试有很大的随意性，需要面试官有丰富的知识和经验，灵活掌握谈话技巧，否则很容易使面谈失败。同时，由于面试考官所提问题的真实意图比较隐蔽，要求应聘者有很好的理解能力和应变能力。其优点是灵活自由，问题可因人而异，可得到较深入的信息；其缺点是这种方法缺乏统一的标准，易带来偏差。

(四)测试

为使招聘单位进一步掌握应聘者的能力，有时会安排各种测试内容。

1. 人格测试

人格有广义和狭义之分。广义的人格是指一个人的整体精神面貌，即个体所具有的所有品质、特征和行为等个体差异的总和，它包括个人所具有的能力、智力、兴趣、气质、思维和情感及其他行为差异的混合体。狭义的人格是指人的兴趣态度、价值观、情绪、气质、性格等内容。这里我们谈及的是狭义的人格。

人格测试就是用已标准化的测验工具，引发被试者陈述自己的看法，然后对结果进行统计处理，研究分析，从而对人的价值观、态度、情绪、气质、性格等素质特征进行测量与评价的一种心理测试方法。

人格测试的作用：在招聘工作中，对应试者的人格测验也是一项极为重要的工作内容，尤其是对那些经常要和其他人有人际交流的候选人，这种人格特性的测验尤为重要，如对将从事推销、公共事业、监督和管理、访谈等工作的人。把人格测试引入招聘工作中，有助于在对应聘者的知识、能力和技能考察的基础上，进一步考察其工作动机、工作态度、情绪的稳定性、气质、性格等心理素质，使考察更全面、科学和客观，从而保证能够选拔出具有较高知识素质、能力素质和心理素质的优秀人才。

2. 智力测试

所谓智力就是指人类学习和适应环境的能力。智力包括观察能力、记忆能力、想象能力、思维能力等等。智力测验就是对智力的科学测试，它主要测验一个人的思维能力、学习能力和适应环境的能力。智力的高低直接影响到一个人在社会上是否成功。智力的高低以智商 IQ 来表示，正常人的 IQ 在 90 到 109 之间；110 到 119 是中上水平；120 到 139 是优秀水平；140 以上是非常优秀水平，其中 150 以上是天才水平。而 80 到 89 是中下水平；70 到 79 是临界状态水平；69 以下是智力缺陷。一般来说，智商比较高的人，学习能力比较强，但这两者之间不一定完全正相关。因为智商还包括社会适应能力，有些人学习能力强，而他的社会适应能力并不强。

具体的智力测试方法可以参照相关专著。

3. 技能测试

技能测试主要用于特定能力或才能的测试(空间感、动作灵活性、数字能力、语言能力等)，可用来衡量人的潜力。测验的内容是测量受试者潜在的能力及能量。

由于技能测验是测量受试者学习某项工作技能的潜力，所以这种测验多用于缺乏工作经验的求职者，以选择适用的人员加以培训。技能测试包括：

(1)一般能力测试。本测试可以检查出受试者一些共同项目的能力。主要内容有：思维能力、推理能力、分析能力、数学能力、空间关系判断能力、语言能力等。

(2)特殊能力测试。所谓的特殊能力就是指某些人具有他人所不具备的能力。有时，由于工种的需要，在企业招聘中需要测试一些特殊能力。例如，为测验其想象力、创造力而进行的“一物多用”测验；为测验其双手协调动作的准确性与速度而进行的“钉板”测验；为测定其注意力的集中、分配与转移能力而进行的“划字”测验；为测定记忆广度而进行的“顺背数字”和“倒背数字”测验；为考察应试者记忆与动作的协调能力进行“数字配符号”测验等。

特殊能力测试在员工招聘中并不常用。特殊能力与心理活动测量结果与智商并没有显著的相关性。而且，有时需要一些心理测试仪器的配合运用，才能了解得比较准确。

(3)心理运动能力测验。本测试主要是用于测评一个人运动反映的速度、灵活性、协调性和其他身体动作方面的特征。心理运动能力测验主要包括两类：一是心理运动能力，如选择反应时间、肢体运动速度、四肢协调、手指灵巧、手臂稳定、速度控制等；二是身体能力，包括动态强度、爆发力、广度灵活性、动态灵活性、身体协调和平衡能力等。在人员选拔中，对这部分能力的测试，一方面可以通过体检进行，另一方面可借助各种测试仪器或工具进行。

4. 心理测试

所谓心理测试就是通过一系列的科学方法来测量被评者的智力水平和个性方面差异的一种科学方法。

心理测试的原则是：第一，要对个人的隐私加以保护。因为心理测试涉及个人的智力、能力等方面的个人隐私，这些内容严格来说应该只让被试者以及其指定的人才能了解，所以，有关测试内容应该严加保密。第二，心理测试以前，要先做好预备工作。心理测试选择的内容、测试的实施和计分，以及测试结果的解释都是有严格的顺序的，一般来说，主试及测试者要受过严格的心理测试方面的训练。第三，主试要事先做好充分的准备，包括要统一地讲出测试指导语；要准备好测试材料；要能够熟练地掌握测试的具体实施手续；要尽可能使每一次测试的条件相同，这样测试结果才可能比较正确。

(1)个性测试。个性是指一个人比较稳定的心理活动特点的总和，它是一个人能否施展才能，有效完成工作的基础，某人的个性缺陷会使其所拥有的才能和能力大打折扣。个性可以包括性格、兴趣、爱好、气质、价值观等等。个性是由多方面内容组成的，因此，我们不能希望通过一次测试或一种测试，就把人的所有个性都了解清楚，而应分别进行测试了解，以准确、全面地认识一个人的整体个性。在招聘中可通过个性测验，了解一个人个性的某一方面，再结合其他指标来考虑他适合担任哪些工作。

(2)职业兴趣测试。职业兴趣测试是心理测试的一种方法，它可以表明一个人最感兴趣的并最可能从中得到满足的工作是什么，该测试是将个人兴趣与那些在某项工作中较成功的员工的兴趣进行比较。它是用于了解一个人的兴趣方向以及兴趣序列的一项测试。

常用的技术方法有斯庄格职业兴趣表(SVIB)和库得兴趣记录(KPR)等。职业兴趣测试通常列出众多的兴趣选择项，涉及运动、音乐、艺术、文学、科学、社会服务、计算、书写等领域，例如，喜欢踢足球，喜欢看球赛，喜欢听流行音乐，喜欢听交响乐，喜欢看画展，喜欢外出写生，喜欢看爱情小说，喜欢看侦探小说，喜欢看科普杂志，喜欢自己做小家具，喜欢写诗歌，喜欢做数字游戏，喜欢写信，喜欢外出旅游，喜欢独立思考，喜欢下棋，等等。根据被试者对各种兴趣项目的“是”或“否”的选择，或依据受试者排列出的兴趣序列，可以对其是否适合某一职业或某一种工作做出判断。

职业兴趣测试有许多用途，最典型的就是用于员工的职业生涯规划，因为一个人总是把自己感兴趣的事情做得很好。另外还可以用职业兴趣测试作为选择的工具，如果你能选择那些与现职成功的员工的兴趣相似的候选人，那么这些候选人很可能在新的岗位上也能取得成功。

5. 情景模拟

所谓情景模拟就是指根据被试者可能担任的职务，编制一套与该职务实际情况相似的测试项目，将被试者安排在模拟的、逼真的工作环境中，要求被试者处理可能出现的各种问题，用多种方法来测评其心理素质、潜在能力的一系列方法。它是一种行为测试手段。由于这类测试中应试者往往是针对一旦受聘可能从事的工作做文章，所以也被称为“实地模拟”测试。面试官将为被试者提供一种有代表性的模拟情况，需要他们完成应聘岗位上的典型任务，然后对其工作质量进行分析。

解决情景模拟假设往往有一种以上的方法，而且测评主要是针对被试者明显的行为以及实际的操作，另外还包括两个以上的人之间相互影响的作用。一般情况下，这种测试有时间限制。应试者必须对要做的工作安排轻重缓急，然后在规定的时段内完成尽可能多的任务。

情景模拟的优点：

(1)信度高。情景模拟测试的信度，比其他测评的方法更高。

(2)效度高。情景模拟有较高的效度，这也是它明显优于其他测评方法的一个长处。

(3)情景模拟使被试者进行了一次系统的模拟练习，提高了管理水平。通过这种测试选拔出来的人员可以为企业节省大量的培训时间和费用。

情景模拟的缺点：

(1)时间较长。情景模拟的准备工作一般在一个月以上，培训实施一般在3～5天，有时达到两个星期左右。

(2)费用比较高。情景模拟还牵涉到办公设备和实地的工作环境。

(3)要有专家指导。

由于情景模拟设计复杂，准备工作时间长，费用比较高，正确度比较高，因此在员工招聘中往往在招聘高级管理人员时运用情景模拟。

情景模拟可以包括许多内容，但它主要的内容有公文处理、与人谈话、无领导小组讨论、角色扮演、即席发言等。

(五)背景调查

背景调查是用人单位通过第三者对应聘者的情况进行了解和验证。这里的“第三者”包括原来的雇主、上级单位、同事及有关联人员。背景调查的主要目的是了解应聘者的思想道德和以往与工作有关的实际经历等一些信息，对应聘者做一个更为全面的掌握，也可以对他的诚实性进行考察。背景调查的方法包括打电话求证、个人访谈、调查信件(邮件)等。

背景调查的主要内容包括以下几个方面：①学历学位。在应聘中，最常见的一种作假方式就是提供假文凭。因为大多数职位都是有学历要求的，那些没有达到学历要求的应聘者就有可能对此进行伪装。②工作经验。招聘企业往往把工作经历和经验看做一个非常重要的指标。对过去工作经验调查侧重了解的是，受聘时间、担任职位、离职原因、薪酬等问题。③道德品行。有资料表明，一个人的品行特性定型于25岁之前。对用人单位而言，录用一个品行不良、有不良嗜好或违纪犯罪倾向的人员，无疑是给单位埋下了祸根，很可能导致意想不到的损失。所以，一定要对求职者的个人品德、成长经历、家庭背景、信用记录等进行充分全面的了解。主要方式是通过档案记录和关联人员或单位的调查取得。

第四节 人员录用和招聘评估

一、人员录用决策

(一)人员录用的策略

人员录用是依据选拔的结果作出录用决策并进行安置的活动，其中最关键的内容是做好录用决策。录用决策是依照人员录用的原则，避免主观武断和不正之风的干扰，把选拔阶段多种考核和测试结果汇总起来，进行综合评价，从中择优确定录用名单。值得强调的是，人员选拔环节中的所有方法都可以用来选择潜在的员工，但决定使用哪些选拔方法，一般要综合考虑时间限制、信息与工作的相关性，以及费用等因素，对相对简单无需特殊技能的工作采用一种方法就行了。例如招聘打字员，主要根据应聘者文字输入测试成绩，一般就可以作出决定。但是对于大部分岗位来说，通常需采用多种方法，相互结合、扬长避短，提高录用决策的科学性和正确性。

一般来说，员工的岗位均是按照招聘的要求和应聘者的应聘意愿来安排的，以实现用人之所长、学用一致、有效利用人力资源的目的。

1.人员录用必须遵循的原则

(1)因事择人原则。就是以事业的需要、岗位的空缺为出发点，根据岗位对任职者要求来选择人员。它要求组织招聘员工应该根据工作的需要来进行，严格按照人力资源规划的供需计划来吸纳每一名员工，人员配置切莫出自于部门领导或人力资源部门的个人需要或长官意识，也不能借工作需要来达到个人的某种目的。只有这样，才能实现事得其人、人适其事，使人与事科学地结合起来。

(2)任人唯贤原则。任人唯贤，强调的是用人要出于"公心"，以事业为重，而不是以自己的"小圈子"为重、以"宗派"为重。只有这样，才能做到大贤大用、小贤小用、不贤不用。能否做到任人唯贤，是衡量管理人员是否称职的标准之一，在人员的安排使用过程中，要克服错误心态，避免用人上的失误。

(3)用人不疑原则。这个原则要求管理者对员工要充分的信任与尊重。如果对部下怀有疑虑，不如干脆不用。既然要用，就一定要明确授权，放手大胆使用，使他充分发挥才干。

2.人员录用的主要策略

(1)多重淘汰式。多重淘汰式指在招聘的每个环节都实行淘汰制，应聘者必须在每一种测试中都达到一定水平，方能合格。该方法是将多种考核与测试项目依次实施，每次淘汰若干低分者。对于全部通过考核项目者，再按他们最后面试或测试的实际得分，排定名次，择优确定录用名单。

(2)补偿式。补偿式中，不同测试的成绩可以互为补充，最后根据应聘者在所有测试中的总成绩作出录用决策。如分别对应聘者进行笔试和面试选择，再按照规定的笔试和面试的权重比例，综合算出应聘者的总成绩，决定录用人选。值得注意的是，由于权重不一样，人选也会有差别。假设在甲乙两人中录用一人，两人的基本情况与考核得分，如表4-4所示。到底录用谁，关键要看不同项目的权重系数。注意，这个权重是根据岗位要求的侧重点而决定的。

表4-4 各种项目的权重得分

		学历	态度	领导力	事业心	技术能力	决策能力	适应能力
甲的得分		0.5	1	1	0.8	0.9	0.8	1
乙的得分		0.9	0.8	0.8	1	0.7	1	0.7
权重	W_1	1	1	1	1	1	1	1
	W_2	0.5	1	0.8	0.8	1	0.7	0.6
	W_3	1	0.8	1	0.8	0.5	0.7	0.6

如果权重相同，则甲的总得分为6，乙的总得分为5.9，甲为优胜；如果突出态度和技术能力，则甲的综合得分为4.75，乙的综合得分为4.51，仍然是甲为优胜；如果突出学历与组织领

导能力,则甲的综合得分为4.55,乙的综合得分为4.61,就是乙为优胜。

(3)结合式。结合式中,有些测试是淘汰性的,有些是可以互为补偿的,应聘者先通过淘汰性的测试后,才能参加其他测试。

3.做出最终录用决策时应当注意的问题

(1)尽量使用全面衡量的方法。企业要录用的人员必然是能够满足单位需要,符合应聘岗位素质要求的人才。因此,必须根据单位和岗位的实际需要,针对不同的人员素质要求给予不同的权重,然后录用那些得分最高的应聘者。

(2)减少做出录用决策的人员。在选择录用人选时坚持少而精的原则,选择那些直接负责考察应聘者工作表现的人,以及那些今后与应聘者共事的人进行决策。如果参与的人太多,会增加录用决策的难度,造成意见不一或浪费时间和精力。

(3)不能求全责备。人没有十全十美的,在录用决策时不要吹毛求疵,挑小毛病,总是这不满意那不满意。我们必须分辨主要问题以及主要方面,分辨哪些能力对于完成这项工作是必不可少的,这样才能录用到合适人选。

(二)人员录用的程序

人员录用是人员招聘的重要环节之一,它主要涉及对应聘人员进行挑选之后,对候选人进行录取、任用等一系列具体事宜,如决定录用人员、通知录用人员、员工入职安排、签订劳动合同,以及培训试用等手续。

1.公布录用名单

此阶段的任务是依照人员录用的原则,避免主观武断和不正之风的干扰,把选择阶段多种考核和测试结果汇总,进行综合评价,从中择优确定录用名单。录用名单确定后,张榜公布,公开录用,以提高透明度。这样做的好处是:一方面接受社会监督,切实落实招聘政策;另一方面可防止招聘中的不正之风,也可纠正招聘过程中的弄虚作假。

2.通知应聘者

通知应聘者是录用工作的一个重要部分。通知无非有两种,一种是录用通知书,一种是不录用通知即辞谢通知。两种通知是完全不一样的。一个是给人带来好消息,另一个是给人带来坏消息。当然,写录用通知相对更容易些,因为无论如何措辞,该通知都是人们乐意读到的;而写辞谢通知则相对比较为难,因为无论如何措辞,读者都很难高兴起来。

(1)通知被录用者。在通知被录用者方面,最重要的原则是及时。录用通知哪怕晚发一天,都有可能损失单位重要的人力资源。因此,录用决策一旦作出,就应该马上通知被录用者。在录用通知书中,应该讲清楚什么时候报到,在什么地点报到,应该事先准备好哪些携带材料。在通知中,应让被录用的人知道他们的到来对于组织提高生产率有很重要的意义。这对于被录用者是一个很好的吸引手段。对于所有被录用者,应该用相同的方法通知他们被录用了,不要有的人用电话通知,有的人用信函通知。公开和一致地对待所有被录用者,能够给人留下公司良好规范的印象。

实例： **录用通知单**

公司(印章)

尊敬的：______先生/女士　　　　年　　月　　日

<table>
<tr><td colspan="4">很荣幸地通知您已经通过本公司的所有面试考查并被录用。欢迎您加入我们的团队，希望您在今后的岗位上积极进取、努力工作，与公司的发展共同成长。请在以下规定日期前来公司确认报到。</td></tr>
<tr><td>报到日期</td><td>年　月　日
午　时　分</td><td>报到地点</td><td></td></tr>
<tr><td>合同待遇</td><td colspan="3">劳动合同起止日期：从____年____月____日起到____年____月____日止共____年____个月。其中试用期至____年____月____日共____个月。其中试用期工资为转正后工资的85%，并视后续的工作绩效逐步加薪。</td></tr>
<tr><td>请携带资料</td><td colspan="3">(1)照片6张(一年之内的1寸彩照)；
(2)体检合格证明(××××体检中心)
(3)身份证及户籍证明(原件提示，复印件递交)；
(4)最高学历毕业证书(同上)；
(5)所持与从事工作有关的资格证明书(同上)；
(6)原单位劳动关系解除/终止证明书，或(7)；
(7)待业证明(离职六个月以上者)；
(8)劳动手册(本市城镇户口者)，或(9)；
(9)外来人员就业培训合格证(外地大专学历以下者)；
(10)公积金、社保、养老关系转移单。</td></tr>
</table>

(2)回绝应聘者。在选择过程中任何一个阶段，求职者都可能被拒绝。如果初步面试表明求职者明显不符合要求的时候，对其影响的程度可能比较小。对大多数人来说，求职过程是个很不愉快的经历。大多数单位应认识到这一点，并努力使应聘者尽可能保持平静。用人单位一般会告诉应聘者一个期限，如果应聘者在此期限之内没有得到单位进一步通知的话，就表明未被单位录用。如果应聘者参加了单位招聘的全部过程，最终仍未被录用，最负责任的做法是与应聘者面谈，解释为何不被录用的原因。但考虑时间成本的限制，单位可以采取给未录用者发送未被录用通知书的做法。这样做的好处是，针对个人的信件通常会减少被拒绝的耻辱感及应聘者对单位产生否定情绪的机会。通过这种做法，绝大多数人都会接受未被选中的事实，并能理解单位对人负责的态度。

实例： **未被录用通知书**

<table>
<tr><td>
未被录用通知单

承蒙________先生/女士
对您前来应聘本公司____________一职，特此致谢。
兹因本公司需求员额有限，未能一并录用敬请察谅，如后若有机会，仍请惠予鼎助为盼。
此　致

公司(印章)
年　　月　　日
</td></tr>
</table>

3. 健康体检

体检一般委托正规医院或企业内部医院进行。体检的目的是确定应聘者的身体状况能否适合工作的要求，特别是能否满足工作对应聘者身体素质的特殊要求，还可以降低缺勤率和事故，发现员工可能不知道的传染病、职业病或其他严重疾病。体检一般放在做出录用决策之后进行，以便节约成本。如查出不适合工作的疾患，应与应聘者说明情况，取消其录取资格。但是注意，为了避免造成法律不允许的职业歧视，对某些项目的检查结果不能构成对应聘者的不录取理由，比如乙肝病毒携带者。

4. 签订劳动合同

根据《劳动法》和《劳动合同管理条例》规定，用人单位必须从员工入职时起与劳动者订立劳动合同。劳动合同可以约定试用期，但是试用期也必须包含在劳动合同的期限之内。签订劳动合同，有利于维护用人单位和被录用员工双方的合法权益。劳动合同是单位与员工的契约，也是建立劳动关系的依据，并成为当事人的行为准则。

单位正式录用员工后，还应向当地劳动人事行政主管部门办理申报鉴定手续，证明录用人员具有合法性，受到国家有关部门的承认，并且接受劳动人事部门的业务监督。单位根据政府监管部门的要求，向劳动行政主管部门报送与员工签订的劳动合同及员工登记表（内容包括：员工姓名、年龄、性别、民族、籍贯、文化程度、政治面貌、个人简历、主要社会关系、单位同意录用的意见等）。通过审核鉴定，在劳动合同和员工登记表上加盖主管部门鉴定印章，以示手续合法。劳动合同一式三份，用人单位、鉴定部门、员工本人各执一份；员工登记表一式二份，用人单位和鉴定部门各保存一份。

5. 新员工的培训

新员工的培训就是向新员工介绍其工作和组织环境，让员工了解单位的历史、现状、未来发展计划、他们所在部门的情况、组织的规章制度、工作的业务流程、工作的岗位职责、组织文化、组织绩效评价制度和奖惩制度，以及让新员工熟悉他们的同事，关键是要让新员工明确组织对他们的期望。此外，还应让新员工了解到在遇到困难和问题时，应通过什么渠道去解决。

(1)上岗前的集中培训。上岗前的集中培训的目的是要解决一些共同的问题，让新员工尽快了解企业的基本情况。一般采用集中上课、观看录像、现场参观的形式。

(2)上岗后的分散训练。上岗后的分散训练的目的是让新员工尽快掌握所担任工作的相关技能，是对新员工进行所在部门的基本状况，以及对具体工作的作业流程、岗位职责和权限、与其他部门及相关人员的联系等方面的教育。主要是采用实际操作的培训方式。

二、员工信息管理

（一）员工信息管理系统的构建

随着人力资源管理在现代企业管理中的地位和作用的不断提高，人力资源管理的业务范围也突破了原来简单的薪资发放和人事档案管理范畴，开始更多地关注组织机构设置、职业生涯管理、岗位体系设计、职业生涯规划、人力资源规划、人力资源流动的体系设计和薪酬管理、绩效考核等战略规划工作。一旦建立一个如此庞大和复杂的人力资源系统，人力资源管理者需要有一种一致和连续的方式来运行和维护这个体系。如何正确地掌握各种人力资源信息资料，根据企业的发展战略制定恰当的人力资源发展战略，成为企业单位领导班子必须解决的难题。

对于大中型企业集团来说，由于机构庞大、地域辽阔、人员众多、情况复杂，集团公司的人力资源管理困难重重。人才如何储备和选拔，人力资源如何培训和开发，员工业绩如何考核，人员工资福利如何确定等，都是集团的人力资源管理部门必须面对的问题。因此，建立一个有效的人力资源管理信息系统，将会大大减轻劳动强度，提高工作效率。

一般来说，一套典型的员工信息管理系统，从功能结构上来讲应当分为三个层面：基础数据层、业务处理层和决策支持层。

1. 基础数据层

基础数据层包含的是变动很小的静态数据，主要有两大类：一类是员工个人信息数据，又称为员工信息管理，它是任何人力资源系统必备的功能，包含员工个人基本信息、员工工作分配的信息、家庭和社会联系、合同档案信息、员工各种证件和证书信息等；另一类是单位数据，如组织结构、岗位设置、工资级别、管理制度等。基础数据在 HR 系统初始化的时候要用到，是整个系统正常运行的基础。

2. 业务处理层

业务处理层是指对应于人力资源管理具体业务流程的系统功能，这些功能将在日常管理工作中不断产生与积累新数据，如薪资数据、绩效考核数据、培训数据、考勤休假数据等。这些数据将成为企业掌握人力资源状况、提高人力资源管理水平以及提供决策支持的主要数据来源。

3. 决策支持层

决策支持层建立在基础数据与大量业务数据组成的人力资源数据库基础之上，通过对数据的统计和分析，就能快速获取所需信息，如工资状况、员工考核情况等。这不仅能提高人力资源的管理效率，而且便于单位高层从总体上把握人力资源状况。

(二)员工信息管理的作用

员工信息管理是指记述和保存员工个人信息、在社会活动中的经历和德才表现等方面信息的管理。

员工信息以员工个人为单元，是个人经历、思想品德、业务能力等情况的真实记录，客观地反映了一个员工的真实情况。当单位按照一定的原则与方法，对员工信息进行加工整理，并由各单位的人力资源部门设专人统一保管时，就构成了员工信息管理。当然，这些信息应当是单位在了解员工、使用员工的过程当中形成，并经过有关部门或单位认可的。否则，员工信息管理也就失去了它的效用。

员工信息管理具有如下的作用：

(1)员工信息管理是单位全方位考察员工的必要手段，是人力资源管理活动中必不可少的工具之一。

(2)员工信息管理为单位处理员工的有关问题提供了依据和凭证。

(3)员工信息管理为单位制定人力资源管理等政策，以及为人才学、心理学等学科的研究提供了原始资料。

(三)员工信息管理的内容

员工信息管理包含的内容，单位可根据自身的需求，按不同的类别与标准进行界定。

一般来说，员工信息管理的内容主要包括：

1. 反映员工历史状况的信息

反映员工历史状况的信息包括履历材料，自传材料，鉴定材料，政治历史问题的审查、甄别和复查材料,参加党团组织的材料等。

2.反映员工现状的信息

反映员工现状的信息包括目前的个人状况信息,以及与工作相关的信息,如职务、职称、教育状况、工作变动、工资变动、任免晋升、考核资料等;奖励和模范先进事迹材料;处分、取消处分和甄别复查材料等。

3.反映员工个性与潜能的信息

反映员工个性与潜能的信息包括兴趣、特长、爱好等信息。实际上单位可根据工作的需要和单位人员管理的情况,建立有效、实用的人员信息资料。值得强调的是员工信息内容项目繁多,但应做到规定的内容都收集在员工信息中,并且要统一信息管理的要求和规格规范,做到信息管理制度化、科学化。

(四)新聘员工信息的收集

对于单位新招聘的员工而言,所有信息都需要收集,尤其是在招聘过程和进入单位初期的内容,一般来说新招聘员工信息包括以下几个部分:

1.新员工的历史材料

新员工的历史材料具体包括新员工在进入本单位之前的工作经历与表现。

2.新员工的招聘材料

新员工的招聘材料即在招聘此新员工时所发生的相关记录,包括:

(1)求职申请表(招聘登记表)。

(2)新员工求职时提供的简历。

(3)新员工的笔试、面试材料。

(4)在选拔时对新员工进行的评价,录用的理由。

(5)录用通知以及相关材料。

3.新员工进入单位后的材料

新员工进入单位后的材料即新员工在进入单位后所发生的相关记录,包括:

(1)试用期的工作表现。

(2)工作业绩考核结果。

(3)所在部门对其表现的反馈信息。

4.新员工个人资料

新员工个人资料具体包括:

(1)新员工的个人简介(姓名、性别、个人特长、受教育程度、专业技能等)。

(2)现任岗位名称。

(3)薪资及相关收入。

(4)职业生涯规划。

(五)员工信息管理的一般步骤和方法

1.员工信息的收集

员工信息资料的收集是由人力资源部门通过各种渠道,将有关人员历史上形成和近期形成的人事材料收集而成,人力资源部门尤其注重对新员工信息资料的收集。

2. 员工信息的整理

员工信息的整理就是按照一定的规则、方法和程序，对收集到的单位员工的信息资料进行鉴别、归类、排列、登记、技术处理，使之系统化、规范化、条理化。员工信息的整理既包括对新招聘员工信息资料的整理，也包括对原有员工信息资料的整理，主要表现在鉴别、分类、编排、登记等环节，使其达到“完整、真实、精确、适用”的要求。

3. 员工信息的保管

员工信息的保管主要包括员工信息的编号、存放；员工信息的接收、转移及登记；员工信息的检查和保密工作等。为了更好地保管员工信息，员工信息必须集中在人力资源部等相关部门，任何人不得私自保存他人的信息资料，同时还要建立相应的保管制度，如材料的归档制度、检查与核对制度、传递制度、保卫保密制度、统计制度等。这些保管制度对人工信息资料的管理给出严格的、科学合理的界定，避免信息泄漏或丢失造成不良后果。

三、人员招聘评估

招聘评估是招聘过程中必不可少的一个环节。招聘评估通过成本与效益核算能够使招聘人员清楚知道费用的支出情况，区分哪些是应支出项目，哪些是不应支出项目，这有利于降低今后招聘的费用，有利于为组织节省开支。招聘评估通过对录用员工的绩效、实际能力、工作潜力的评估即通过对录用员工质量的评估，检验招聘工作成果与方法的有效性，有利于招聘方法的改进。

(一)成本效益评估

招聘成本效益评估是指对招聘中的费用进行调查、核实，并对照预算进行评价的过程。招聘成本效益评估是鉴定招聘效率的一个重要指标。

1. 招聘成本

招聘成本分为招聘总成本与招聘单位成本。招聘总成本即是人力资源的获取成本，它由两个部分组成。一部分是直接成本，包括：招聘费用、选拔费用、录用员工的家庭安置费和工作安置费，其他费用如招聘人员差旅费、应聘人员招待费等。另一部分是间接费用，包括：内部提升费用、工作流动费用。招聘单位成本是招聘总成本与录用人数之比。如果招聘实际费用少，录用人数多，意味着招聘单位成本低；反之，则意味着招聘单位成本高。

2. 成本效用评估

成本效用评估是对招聘成本所产生的效果进行的分析。它主要包括：招聘总成本效用分析、招聘成本效用分析、人员选拔成本效用分析和人员录用成本效用分析等。

计算的方法是：

(1)总成本效用＝录用人数/招聘总成本

(2)招聘成本效用＝应聘人数/招聘期间的费用

(3)选拔成本效用＝被选中人数/选拔期间的费用

(4)人员录用效用＝正式录用的人数/录用期间的费用

3. 招聘效益成本比

它既是一项经济评价指标，同时也是对招聘工作的有效性进行考核的一项指标。招聘收益相对于成本越高，说明招聘工作越有效。

招聘收益成本比＝所有新员工为组织创造的总价值/招聘总成本

（二）数量与质量评估

1. 数量评估

录用员工数量的评估是对招聘工作有效性检验的一个重要方面。通过数量评估，分析在数量上满足或不满足需求的原因，有利于找出各个招聘环节上的薄弱之处，改进招聘工作；同时，通过录用人员数量与招聘计划数量的比较，为人力资源规划的修订提供了依据。而录用员工质量的评估是对员工的工作绩效行为、实际能力、工作潜力的评估，它是对招聘工作成果与方法的有效性检验的另一个重要方面。质量评估既有利于招聘方法的改进，又对员工培训、绩效评估提供了必要的信息。录用人员评估主要从录用比、招聘完成比和应聘比三个方面进行。其计算公式为：

(1)录用比＝(录用人数/应聘人数)×100%

(2)招聘完成比＝(录用人数/计划招聘人数)×100%

(3)应聘比＝(应聘人数/计划招聘人数)×100%

录用比表示应聘人员相对单位要求的适合性，该比例越大从一定程度上说明单位的岗位描述及招聘广告的内容很恰当，但有时也可能是应聘人数较少造成的结果。招聘完成比表示招聘任务完成的程度，当该比值大于等于100%时，说明在数量上完成或超额完成了招聘任务。应聘比则说明招募的效果，该比例越大，则说明招聘信息发布的效果越好。

2. 质量评估

录用人员的质量评估实际上是对录用人员在人员选拔过程中对其能力、潜力、素质等进行的各种测试与考核的延续，也可根据招聘的要求和工作分析中得出的结论，对录用人员进行等级排列来确定其质量，其方法与绩效考核方法类似。当然，录用比和应聘比这两个数据也在一定程度上反映了录用人员的质量。

（三）信度与效度评估

信度与效度评估是对招聘过程中所使用的方法的正确性与有效性进行的检验，这无疑会提高招聘工作的质量。信度和效度是对测试方法的基本要求，只有信度和效度达到一定水平的测试，其结果才适于录用决策的依据，否则将误导招聘人员，影响其作出正确的决策。

1. 信度评估

信度主要是指测试结果的可靠性和一致性。可靠性指重复测试还是能够得出同样的结论，它要么不产生错误，要么产生同样的错误。通常信度可分为稳定系数、等值系数、内在一致性系数。

(1)稳定系数是指同一种测试方法对一组应聘者在两个不同时间进行测试的结果的一致性。一致性可以用两次结果之间的相关系数来测定。

(2)等值系数是指对同一应聘者使用两种对等的、内容相当的测试方法，其结果之间的一致性。

(3)内在一致性系数是指把同一(组)应聘者进行的同一测试分为若干部分加以考察，各部分所得结果之间的一致性。这可用各部分结果之间的相关系数来判断。

此外，还有评分者信度，这是指不同评分者对同样对象进行评定时的一致性。比如，如果许多人在面试中使用一种工具给一个求职者打分，他们都给候选人相同或相近的分数，则这种工具具有较高的评分者信度。

2.效度评估

效度,即有效性和精确性,是指实际测得应聘者的有关特征与预想要测量特征的符合程度。一个测试必须能测出它想要测出的功能才算有效。效度主要有三种:预测效度、内容效度、同侧效度。

(1)预测效度用来预测将来行为的有效性。在人员选拔过程中,预测效度是考虑选拔方法是否有效的一个常用的指标。我们可以把应聘者在选拔中得到的分数与他们被录用后的绩效分数相比较,两者的相关性越大,这说明所选的测试方法、选拔方法越有效。

(2)内容效度,即测试方法能真正测出想测内容的程度。考虑内容效度时,主要考虑所用的方法是否与想测试的特性有关,如招聘打字员,测试其打字速度和正确性、手眼协调性和手指灵活度的操作测试的内容效度是较高的。内容效度多用于知识测试与实际操作测试,而不适用于对能力和潜力的测试。

(3)同侧效度是指对现在员工实施某种测试,然后将测试结果与员工的实际工作绩效考核得分进行比较,如两者的相关系数很高,则说明此测试效度就很高。这种测试效度的特点是省时,可以尽快检验某测试方法的效度,但若将其应用到人员选拔测试时,难免会受到其他因素的干扰而无法准确地预测应聘者未来的工作潜力。

实例:招聘总结报告

(一)招聘计划

根据2008年1月5日第二次董事会决议,向社会公开招聘负责国际贸易的副总经理1名,生产部技术经理1名,销售部客服经理2名。

由人力资源开发管理部经理在分管副总经理的直接领导下具体负责。

招聘测试工作全权委托复旦管理咨询公司人力资源服务部实施。

(二)招聘进程

2月1日,在《城市商报》和人才新干线招聘网站上发布招聘广告。

2月15日~2月28日,收集简历,筛除明显不符合要求的应聘者。

3月1日~3月10日,初选笔试面试,淘汰不符合条件的应聘者。

3月11日~3月25日,招聘测试(体格检查、心理测试和情景模拟)。

3月21日~3月25日,复试面试,最终录用决策。

3月31日之前与录用者进行电话/邮件确认,寄发录用通知书。

4月25日之前,新员工报到。

(三)招聘结果

(1)副总经理应聘者38人,初选笔试面试15人,参加测试5人,送企业复试候选人2名,最终录用0人。未录用原因:能力与实际岗位要求有偏差。

(2)生产部技术经理应聘者23人,初选笔试面试15人,参加测试8人,送企业复试候选人3名,最终录用1人。完成招聘指标。

(3)销售部客服经理应聘者55人,初选笔试面试28人,参加测试10人,送企业复试候选人4名,最终录用1人。未录用原因:薪资成本因素考虑计划临时变更。

(四)招聘经费

(1)招聘预算共5万元。

(2)招聘广告费1.8万元。

(3)招聘测试费 1.6 万元。

(4)体格检查费 1200 元。

(5)招待费 5600 元(包括应聘者午餐费)。

(6)杂费材料费 3200 元。

合计:招聘总支出 44000 元。最终录用 2 人,单位招聘成本达 2.2 万元/人。

(五)招聘评定

(1)主要成绩。这次由于委托专业机构进行科学测试,录用的两位人员素质都十分令人满意,同时测试结果指出了副总经理应聘者中无合适人选,最后没有录用,拟委托猎头公司继续招聘。

另外由于公平竞争,许多落选者都声称受到了一次锻炼,对树立良好的企业形象起到了促进作用。

(2)主要不足之处。由于招聘广告的设计还有些问题,副总经理的应聘人数虽然比较多,但是应聘者大部分明显不符合招聘要求,所以各阶段淘汰率高,致使副总经理最终未有录用。

另外,本次单位招聘成本偏大。从实际效果来看,报纸广告的效果不佳,以后可以取消报纸招聘广告,并加大面试淘汰率,减少测试人数,可大幅降低招聘成本。

人力资源管理部经理　　(签名)

2008 年 5 月 12 日

第五节　人员的合理配置

一、人员配置原则

人员配置是企业为了实现生产经营目标,采用科学的方法,根据岗得其人、人得其位、适才适用的原则,实现人力资源与其他物力、财力资源的有效结合而进行的一系列管理活动的总称。

在现代企业管理中,人力资源配置是企业人力资源管理过程中的一个非常重要的环节。人力资源配置不在于一个企业拥有多少学历高、职称高的人员,关键在于人力资源的搭配要合理。只有将企业人员的知识结构、年龄结构、专业结构合理地搭配,并与企业的生产经营特点相适应,才能提高企业人力资源的整体配置效率,充分发挥企业整体协同优势,从而保证企业生产经营活动的正常进行,以实现企业的既定目标。

在人力资源合理配置时应考虑以下原理:

(一)要素有用原理

人力资源配置过程中,我们首先要遵循一个宗旨,即任何要素(人员)都是有用的,换言之,没有无用之人,只有没有用好之人,而配置的根本目的是为所有人员找到和创造其发挥作用的条件。

这一原理说明,对于那些没有用好之人,其问题之一是没有深入全面地识别员工,发现他们的可用之处。这是因为人的素质往往表现为矛盾的特征,或者呈现非常复杂的双向性,优点和缺点共生,失误往往掩盖着成功的因素,这为我们发现人才,识别人才,任用人才,用其所长,增加了许多困难。因此,正确地识别员工是合理配置人员的前提。其问题之二是没有为员工发展创造有利的条件。只有条件和环境适当,员工的能力才能得到充分发挥。比如,企业推行双向选择、公开招聘、竞争上岗等新的人事政策，为许多人才提供了适合其发展的工作环境和条件，为许多人走上更高一级的岗位提供了机会。

过去企业经常强调伯乐式的领导者对企业员工识别和配置的关键作用。但企业现在更强调创造良好的政策环境，建立“动态赛马”的用人机制，让更多的员工能够在这一机制下脱颖而出，化被动为主动，从根本上摆脱单纯依赖“伯乐”的局面。可见，识才、育才、用才是管理者的主要职责。

（二）能位对应原理

人与人之间不仅存在能力特点的不同，而且在能力水平上也是不同的。具有不同能力特点和水平的人，应安排在要求相应特点和水平的职位上，并赋予该职位应有的权力和责任，使个人能力水平和岗位要求相适应。

人力资源管理的根本任务是合理配置使用人力资源，提高人力资源投入产出比率。要合理使用人力资源，就要对人力资源的构成和特点有详细的了解。人力资源是由一个个的劳动者的劳动能力组成的，而各个劳动者的劳动能力由于受到身体状况、受教育程度、实践经验等因素的影响而各不相同，形成个体差异。

就个体能力而言，这种差异包括两个方面。一是能力性质、特点的差异，即能力的特殊性。个人能力的特殊性，形成了他的专长、特长，即他能干什么，最适合干什么。二是能力水平的差异，不同的人，能力才干是不同的，有的高些有的低些。世界上不存在两个能力水平完全相等的人。承认人与人之间能力水平上的差异，目的是在人力资源的利用上坚持能级层次原则，大才大用，小才小用，各尽所能，人尽其才。

一个单位或组织的工作，一般可分为四个层级，即决策层、管理层、执行层、操作层。决策层工作属于全局性工作，决策的正确与否，关系到事业的成败。因此，决策层的能级最高。管理层工作是将决策层的决策付诸实施的一整套计划、监督、协调和控制的过程，管理层的能级是仅次于决策层的比较高的能级。执行层工作是将管理层拟定的方针、方案、计划、措施等变成具体工作标准、工作定额、工作方法，以及各种督促、检查手段的实施过程，执行层的能级比管理层低。操作层工作就是通过实际操作来完成执行层制定的工作标准、工作定额，并接受各种监督检查。它是一个单位或组织中能级最低的层次。一个单位或组织中的工作，大都包括这样四个层次，应该由配备具有相应能力等级的人来承担。只用这样，才能形成合理的能位对应，大大提高工作效率，顺利完成任务。

（三）互补增值原理

这个原理强调人各有所长也各有所短，以己之长补他人之短，从而使每个人的长处得到充分发挥，避免短处对工作的影响，通过个体之间取长补短而形成整体优势，实现组织目标的最优化。这是因为，当个体与个体之间、个体与群体之间具有相辅相成作用的时候，互补产生的合力要比单个人的能力简单相加而形成的合力大得多，群体的整体的功能就会正向放大；反之，整体功能就会反向缩小，个体优势的发挥也受到人为的限制。因此，按照现代人力资源管理的要求，一个整体内部各个成员之间应该是密切配合的互补关系，互补的一组人必须有共同的理想、事业和追求，而互补增值原理最重要的是“增值”。

（四）动态适应原理

动态适应原理指的是人与事的不适应是绝对的，适应是相对的，从不适应到适应是在运动中实现的，随着事物的发展，适应又会变为不适应，只有不断调整人与事的关系才能达到重新适应，这正是动态适应原理的体现。

从组织内部来看，劳动者个体与工作岗位的适应不是绝对的和固定的，无论是岗位对人的能力要求提高了，还是随着人能力的提高要求变动岗位，都要求我们及时地了解人与岗位的适应程度，从而进行调整，以达到人适其位、位得其人。

（五）弹性冗余原理

弹性冗余原理要求在人与事的配置过程中，既要达到工作的满负荷，又要符合劳动者的心理生理要求，不能超越身心的极限，保证对人、对事的安排留有一定余地，既带给劳动者一定的压力和紧迫感，又要保障所有员工的身心健康。

它要求我们既要避免工作量不饱满的状况，也要避免过度劳累的现象发生，因此体力劳动的强度要适度，不能超过劳动者所能承受的范围；脑力劳动也要适度，以使劳动者保持旺盛的精力；劳动时间要适度，以保持劳动者身体健康和心理健康；工作目标的管理也要适度，既不能太高，也不能太低。总之，根据具体情况的不同，如工种、类别、行业的不同，以及环境、气候的不同，弹性冗余的程度也应有所不同。

二、人员的空间配置

（一）企业劳动分工的概念

劳动分工是在科学分解生产过程的基础上所实现的劳动专业化，使许多劳动者从事着不同的、但又相互联系的工作。劳动分工有三个主要层次，即一般分工、特殊分工和个别分工。

一般分工是按社会生产的大类划分的，如农业、工业、建筑业、交通运输、商业等。特殊分工是一般分工的再分解，即将上述各大部门分解成许多行业，如农业可分为种植业、林业、畜牧业、渔业；工业可分为冶金业、化工业、机械业等。一般分工和特殊分工是社会内部的分工，简称社会分工；个别分工是企业范围内的分工，它是每个企业内部各部门以及各个生产者之间的分工。个别分工是把生产、服务过程分解为若干局部的劳动，各局部的劳动既相互联系，又各自独立，具有专门的职能，企业的劳动分工，正是建立在社会分工基础上的个体分工。

（二）企业劳动分工的作用

劳动分工对促进企业生产发展，提高劳动效率具有极其重要的作用。具体表现为：

(1)劳动分工一般表现为工作简化和专门化。劳动分工有利于劳动者较快地提高熟练程度，不断积累经验，完善操作方法，提高劳动效率。

(2)劳动分工能不断地改革劳动工具，使劳动工具专门化。由于劳动分工，劳动者可以长期从事一种工作。为了提高效率，他们必然会寻找或设计制造出适应这种工作的专门工具。这样，通用工具就慢慢被专用工具所替代，同时，由于专用工具从通用工具中逐步分化出来，又促进劳动的进一步分工。

(3)有利于配备工人，发挥每个劳动者的专长。每个劳动者的劳动能力和特长客观上存在差异。劳动分工形成的具有不同特点的局部劳动，可以为每个劳动者提供与本人的劳动能力和特长相适应的工作。

(4)劳动分工大大扩展了劳动空间，使产品生产过程有更多的劳动者同时参与，因而有利于缩短产品的生产周期，加快生产进度。

(5)劳动分工可以防止因劳动者经常转换工作岗位而造成的工时浪费。

(三)企业劳动分工的形式

企业内部劳动分工,一般有以下几种形式:

1. 职能分工

企业全体员工按所执行的职能分工,一般分为工人、学徒、工程技术人员、管理人员、服务人员及其他人员。这是企业劳动组织中最基本的分工,它是研究企业人员结构,合理配备各类人员的基础。

2. 专业(工种)分工

它是职能分工下面第二个层次的分工。专业或工种分工是根据企业各类人员的工作性质的特点所进行的分工,例如,工程技术人员及管理人员可以按专业特点分为设计人员、工艺人员、计划人员、财会人员、统计人员等。生产工人按他们从事的生产工艺的性质及使用的工艺装备特点进行分工,如机械制造业的工种有造型工、冶炼工、锻工、车工等。这类分工对有计划地培训人员非常重要,同时也是研究每类人员构成的基础。

3. 技术分工

技术分工是指每一专业和工种内部按业务能力和技术水平高低进行的分工。例如,技术人员分为技术员、助理工程师、工程师和高级工程师。每个专业和工种的级别,应该规定相应的业务能力和技术水平规范。进行这种技术分工,有利于发挥员工的技术业务专长,鼓励员工不断提高自己的技术水平。企业应使各个技术等级的人员保持合理的比例,注意提高员工队伍的素质,以适应企业不断提高生产经营水平的需要。

(四)员工配置的基本方法

员工配置的基本方法主要有三种:以人员为标准进行配置、以岗位为标准进行配置和以双向选择为标准进行配置。

假设在一次招聘中分别测定众多求职者,并把他们安排到多种不同性质的岗位上去。岗位与人之间相互匹配的过程,既包括了对人员的选择,也包括对人员进行合理的安置,适用于同时招聘多人。比如有10位应聘者,应聘5个岗位,分别对他们进行测试后,表4-5列出了应聘者的综合测试得分。

表4-5　10位应聘者在5种岗位上的综合测试得分

岗位＼应聘者	A	B	C	D	E	F	G	H	I	J
1	4.5	3.5	2.0	2.0	1.5	1.5	4.0	2.5	2.0	2.0
2	3.5	3.0	3.5	2.5	3.0	2.0	2.5	3.0	2.5	2.5
3	4.0	2.0	4.0	3.0	0.5	2.5	3.0	3.5	1.0	2.5
4	3.0	2.0	2.5	1.5	2.0	2.0	3.5	2.0	0.5	1.5
5	3.5	3.5	2.5	1.0	2.0	2.0	1.5	1.5	1.0	3.0

假设岗位测试的要求最低分为3.0分以上,首先淘汰分数全部不达最低要求标准的人员,就是F和I先排除出局,然后在剩余8人中选出5个人来担当不同的岗位,由于企业录用决策依据不同,录用结果亦有不同。

1. **以人员为标准进行配置**

以人员为标准进行配置即从人的角度，按每人得分最高的一项给其安排岗位。这样做可能出现同时多人在同一岗位上得分最高，结果只能选择一个员工，从而将其他优秀人才被拒之门外的现象。另外，如果应聘者的最高分都没出现在某一岗位，该岗位就可能出现空缺。

具体做法是，在每一位测试者中标出得分最高的岗位，如表 4-6，再从该岗位中选择得分最高者。其结果应当是 A(4.5)从事岗位 1，E(3.0)从事岗位 2，C(4.0)从事岗位 3，B(3.5)从事岗位 5，岗位 4 的应聘者得分都不是其最高分，所以出现空缺。应聘者 D，G，H，J 四人将被淘汰。

表 4-6　以人员为标准的配置结果

岗位＼应聘者	A	B	C	D	E	F	G	H	I	J
1	4.5	3.5	2.0	2.0	1.5		4.0	2.5		2.0
2	3.0	3.0	3.5	2.5	3.0		2.5	3.0		2.5
3	3.5	2.0	4.0	3.0	0.5		3.0	3.5		2.5
4	2.5	2.0	2.5	1.5	2.0		3.5	2.0		1.5
5	3.5	3.5	2.5	1.0	2.0		1.5	1.5		3.0

2. **以岗位为标准进行配置**

导入以岗位需求作为标准的配置方法，即从岗位的角度出发，每个岗位都挑选最好的人来做，但这样做可能会导致一个人被好几个岗位选中。尽管这样做的组织功效最高，但只有在岗位有空缺的前提下才能实现，因此常常是很不完善的。

具体的做法是，从每个岗位中选取得分最高的应聘者，如图表 4-7。如果一个人同时被几个岗位选中，则优先匹配得分最高的岗位。结果是 A(4.5)从事岗位 1，C 在岗位 2 和岗位 3 的得分都是最高，优先匹配岗位 3(4.0)，G(3.5)从事岗位 4，B(3.5)从事岗位 5。D，E，H，J 四人将被淘汰。岗位 2 将出现空缺。

表 4-7　以岗位为标准的配置结果

岗位＼应聘者	A	B	C	D	E	F	G	H	I	J
1	4.5	3.5	2.0	2.0	1.5		4.0	2.5		2.0
2	3.0	3.0	3.5	2.5	3.0		2.5	3.0		2.5
3	3.5	2.0	4.0	3.0	0.5		3.0	3.5		2.5
4	2.5	2.0	2.5	1.5	2.0		3.5	2.0		1.5
5	3.5	3.5	2.5	1.0	2.0		1.5	1.5		3.0

3. **以双向选择为标准进行配置**

由于单纯地以人员标准或者单纯以岗位为标准进行配置，均有欠缺，因此，可采用双向选择的方法进行统筹配置，兼顾人员和岗位的匹配，即在岗位和应聘者两者之间进行必要调整，以满足各个岗位人员配置的要求。采用双向选择的配置方法，对岗位而言，有可能本岗位上没有安排得分最高的员工；而对员工而言，有可能没有被安排到其得分最高的岗位上工作。但该方法综合平衡了岗位和人员两个方面的因素，既现实又可行，能从总体上满足岗位人员配置的要求，是最优化配置的方法。

具体的做法是，将每个人和每个岗位的最高得分从行列中都选择出来，如表 4－8，综合平衡的结果是 A(4.5)从事岗位 1，B(3.5)从事岗位 5，C(4.0)从事岗位 3，E(3.0)从事岗位 2。G(3.5)从事岗位 4。D，H，J 三人被淘汰。岗位不出现空缺。

表 4－8　以双向选择为标准的配置结果

岗位 \ 应聘者	A	B	C	D	E	F	G	H	I	J
1	4.5	3.5	2.0	2.0	1.5		4.0	2.5		2.0
2	3.0	3.0	3.5	2.5	3.0		2.5	3.0		2.5
3	3.5	2.0	4.0	3.0	0.5		3.0	3.5		2.5
4	2.5	2.0	2.5	1.5	2.0		3.5	2.0		1.5
5	3.5	3.5	2.5	1.0	2.0		1.5	1.5		3.0

三、人员的时间配置

（一）工作时间组织的内容

对于企业来说，工作时间组织的主要任务是建立工作班制，组织好工作轮班，以及合理安排工时制度。企业里的工作班制有单班制和多班制两种。单班制是指每天只有一个班工作、上班时间固定不变，一般叫做常日班。多班制是指有两班和两班以上的员工轮流上班工作。工作轮班是指实行多班制生产条件下，组织各班人员按规定的时间间隔和班次顺序轮流进行生产活动的一种劳动组织形式，它体现了劳动者在时间上的分工协作关系。

实行单班制还是多班制，主要取决于企业生产工艺的特点和生产任务的饱满程度。工艺过程不能间断进行的，例如发电、化工、石油、冶金等行业的主要生产过程，都是连续生产，必须实行多班制。工艺过程可以间断进行的，例如机械制造、纺织等行业的工作班制，要根据企业的生产任务、经济效益和其他有关的生产条件而定。一般来说，实行单班制不利于厂房、机器设备的充分利用，但员工生活起居比较有规律，有利于员工的身体健康，劳动组织工作也比较简单。多班制有利于充分利用机器设备，缩短生产周期，合理使用劳动力，但需要组织工作轮班，工作时间不固定，组织工作较为复杂。

（二）工作轮班组织应注意的问题

为了组织好多班制生产，除了要解决轮休、倒班方法之外，还应注意以下几个问题：

1. 工作轮班的组织，应从生产的具体情况出发，以便充分利用工时和节约人力

在一个企业里，并非各类工人都需实行统一的轮班制度。比如，在电子装配企业中，流水线的装配操作工需要三班连续工作，但最终检验和包装工人也可组织两班制甚至单班制。再如，车间的检修工人，除在系统停车大修和主要设备发生故障时需要实行多班制，通常只需要实行单班制。

2. **要平衡各个轮班人员的配备**

应注意各班人员数量保持大致相等，避免相差过多。在业务素质、技术力量的配备上，也要注意平衡，防止把骨干力量都集中在一个班上，各班人员配备后，应尽量保持相对固定，避免调动频繁，以利于加强班组管理和工人之间的联系。

3. **建立和健全交接班制度**

在交接班时，对于交接设备的完整、清洁、润滑和安全，机器的使用运转情况，工装模具完好状况，产品的质量和数量，材料及在制品的完成程度以及生产过程中存在的问题等，都要按规定的手续交接清楚。这样不仅可以明确各班工人的责任，并且能够加强各班之间的协作。

4. **适当组织上下班工人交叉上班**

为了交替的两个班的工作保持密切衔接不出现中断，上一班工人做好结束整理工作，下一班工人做好接班的准备工作，可以把各班工人上下班的起止时间，进行适当的交叉；或者下一班工人中的部分工人，提前上班，先做好生产准备工作。这可以使前后两班的工作密切衔接，减少不必要的工时损失。

5. **工作轮班制对人的生理、心理会产生一定的影响，特别是夜班对人的影响最大**

科学家和社会学家的研究表明，倒班使员工的生物钟发生极大混乱。当工人在短时间内频繁地改变上班时间时，他们的睡眠周期就不能适应。倒班特别是经常上夜班的工人由于身心受到危害，会造成许多工业事故，例如美国三厘岛核电站和前苏联切尔诺贝利核电站出现的核泄漏事故，大多发生在后半夜。

为了解决夜班疲劳、工人心理生理不适应和工作效率下降的问题，一般可采用以下办法：

(1)适当增加夜班前后的休息时间。

(2)缩短上夜班的次数，例如采取四班三交替的倒班办法。

(三)工作轮班的组织形式

工作轮班的组织形式很多，按照工人分班的班组数，可以分为两班制、三班制和四班制；按照每个班轮换上几种不同时间段的回数，可以分为二交替和三交替，也称二运转和三运转。组合起来就形成各种轮班形式，如表4-9所示。企业通常采用的有两班二交替(两班二运转)、三班三交替或四班三交替。

表4-9 工作轮班的组织形式

班制数 / 交替回数	两班制	三班制	四班制
二交替	两班二交替	三班二交替	四班二交替
三交替	——	三班三交替	四班三交替

1. **两班二交替**

两班制只有一种形式，就是两班二交替。每天分早中两班组织生产，工人不用上夜班。这有利于身体健康，也便于机器设备的维修保养和做好生产前的准备工作。工人倒班也比较简单，每隔一周轮换一下班次即可。两班二交替还有一个好处，就是应对变化相当灵活，特别有利于那些以订单引导生产的、生产任务不稳定的公司。当生产任务不饱满时，可以增加两班的交叉重叠时间，以缩短设备的运转时间；而当生产任务紧张时，可以延长每班的工作时间，延长可以极限到每班 12 小时，即 24 小时设备连续运转。当然，应以保障工人的身心健康是前提，不能使工人长期加班。

2. 三班二交替

三班二交替，与两班二交替类似，也是早中班交替，但是因为有三个班组的工人轮换，所以生产设备是没有休息日的。三班二交替的标准设置是，每班工人上 4 天休息 2 天一个轮换。以一周 7 天 40 个小时的法定工作时间为基准计算，每个班的标准工作时间是(40/4)×(6/7)＝8.57 小时，也就是 8 小时 35 分钟。一般单位将半小时作为交接班重叠时间，另外 8 小时作为单独一个班的工作时间。

表 4－10　三班二交替轮班形式

日期	1	2	3	4	5	6	7	8	9	10	……
甲班	早班	早班	早班	早班	休息	休息	中班	中班	中班	中班	……
乙班	中班	中班	休息	休息	早班	早班	早班	早班	休息	休息	……
丙班	休息	休息	中班	中班	中班	中班	休息	休息	早班	早班	……

3. 三班三交替

这是传统的交替勤务形式之一。每天分早、中、晚三班组织生产，每班标准工作时间为 8 个小时，一周连续上班 5 天休息 2 天，轮换下个班次。公休日如果安排生产，就作为加班处理。

三班三交替按照倒班的方式可以分为正倒班和反倒班。正倒班是甲、乙、丙三班工人都按照早→中→晚→早的顺序轮换；反倒班的次序则相反，甲、乙、丙三班工人都按照晚→中→早→晚的顺序轮换。

表 4－11　三班三交替轮班形式

日期 班组	正倒班							反倒班		
	上 5	休 2	上 5	休 2	上 5	休 2	……	上 5	休 2	……
甲班	早班		中班		夜班		早班	夜班		中班
乙班	中班		夜班		早班		中班	早班		夜班
丙班	夜班		早班		中班		夜班	中班		早班

4. 四班二交替

四班二交替的特殊性在于，二个交替班次是白班和夜班，每个班上两天休息两天，共 4 天为一个周期，再轮班进入下个周期。每班标准工作时间是(40/2)×(4/7)＝11.4 小时。如果每班规定上班时间是 12 小时，每一个月需要另外安排一天作为休息天。

表 4－12　四班二交替轮班形式

日期	1	2	3	4	5	6	7	8	9	10	……
甲班	白班	白班	休息	休息	夜班	夜班	休息	休息	白班	白班	……
乙班	休息	休息	白班	白班	休息	休息	夜班	夜班	休息	休息	……
丙班	夜班	夜班	休息	休息	白班	白班	休息	休息	夜班	夜班	……
丁班	休息	休息	夜班	夜班	休息	休息	白班	白班	休息	休息	……

四班二交替除了上述的上二休二的形式之外，也可以安排上一休一、上三休三等形式。原则是上班的天数与休息的天数对等为一个交替周期。

5. **四班三交替**

这也是一种传统的交替勤务形式。三个交替班次是早班、中班和夜班，一般是每个班上两天早班，接着上两天中班，再接着上两天夜班，然后休息两天，总共8天为一个周期，再轮班进入下个周期。每班标准工作时间是(40/6)×(8/7)＝7.6小时。同样，如果每班规定上班时间是8小时，则每个月中工人有一天应安排休息或作为加班处理。

表4－13　四班三交替轮班形式

日期	1	2	3	4	5	6	7	8	9	10	……
甲班	早班	早班	中班	中班	夜班	夜班	休息	休息	早班	早班	……
乙班	中班	中班	夜班	夜班	休息	休息	早班	早班	中班	中班	……
丙班	夜班	夜班	休息	休息	早班	早班	中班	中班	夜班	夜班	……
丁班	休息	休息	早班	早班	中班	中班	夜班	夜班	休息	休息	……

值得注意的是，四班三交替的轮班制的特点是倒班之间没有休息日间隔，所以只能采用正倒班的方式，否则如果是反倒班，将出现员工只有8小时休息又要上班的情形。

除了上述早、中、夜每两天倒班休息两天，8天为一周期的形式之外，也可以安排每一天倒班休息一天，4天为一周期；或者早、中、夜每三天倒班休息三天，12天为一周期等形式。

本章思考题

一、简答题

1. 什么是人员招聘与配置？请分析说明内部招聘与外部招聘的优点和不足。
2. 员工招聘有哪些渠道？简述员工招聘各种渠道的特点。
3. 编制公司简介和发布招聘广告各应注意哪些因素？
4. 对应聘者的初步筛选应用哪些方法？各种方法有什么特点？
5. 简述笔试和面试的基本步骤。
6. 简述招聘测试常用哪些方法。
7. 简述员工录用决策的原则，办理员工录用的具体程序和步骤。
8. 员工信息管理包含哪些内容？怎样建立和管理员工信息？
9. 简述劳动分工的内容和原则。
10. 简述员工配置的原则和方法。

二、案例分析题

欧莱雅的战略性人才选拔

起源于法国巴黎的欧莱雅(Oreale)是1907年由Eugene Schueller创立的。现在，欧莱雅集团是《财富》全球500强之一和《财富》“全球50家最受赞赏公司”之一，也是世界上最大的化妆品公司。2008年，欧莱雅集团的全球销售额达175亿欧元。欧莱雅集团在全球拥有63000多名员工及互为补充的26个国际知名品牌，产品销售遍及世界130多个国家和地区。

欧莱雅在1996年底正式进入中国大陆市场，于1997年2月在上海建立中国分公司总部，又相继在北京、广州等重要城市设立办事处。2004 年年初，欧莱雅继收购小护士之后，又闪电般地虎口夺食，从宝洁手中“抢”走知名化妆品牌——羽西，震惊了整个化妆品业界。尽管欧莱雅集团此前公布的 2009 年全球财报显示“净利润下降 3.2%”，而其在中国市场却交了一份不错的成绩单。数据显示，2009 年欧莱雅中国内地市场销售额为 81.8 亿元，同比增长 17.6%。

欧莱雅显然是有备而来，因为它在企业管理，特别是人才管理上有一套成熟而有效的管理方法。它的战略性人才招聘的策略更是为人所称道。正是因为它的战略性的招聘，使自己的品牌得到了不断的提升，更是聚集了大量的优秀人才。

欧莱雅(中国)总裁盖保罗表示“对欧莱雅来说，人才储备和培养是一项长期的可持续发展的战略任务，因此我们不会因为短期的社会经济问题而发生改变”。确实从 1909 到 2009，欧莱雅走过的百年历程中，其人才管理之道非常与众不同。100 年中，这家企业只经历过 5 任首席执行官。员工的平均在职年限达到 14 年。欧莱雅(中国)虽然进入内地只有 10 多年时间，可超过 10 年工龄的员工却非常普遍。为什么一家公司能有如此高的员工忠诚度？他们又是如何育人用人的？在当前经济危机下，欧莱雅的经验显然值得认真学习。

(一)思路：人力资源的提前开发

企业人力资源开发常规的方法是，把某一个员工招进公司，从那一刻起开始给他职业培训，为他设计职业发展道路等等。显然，欧莱雅的思路不同，它提出了“提前进行人力资源开发”的思路。欧莱雅认为，创造与人才接触的机会，才是人力资源发展的第一步。

自然，欧莱雅首先想到的是大学，因为大学是欧莱雅未来人才的基地。“提前进行人力资源开发”的第一步就是，要让大学生们在大二、大三的时候就开始了解欧莱雅，了解欧莱雅的企业文化、价值观、市场策略，了解欧莱雅的产品和管理。

在欧莱雅拒绝封闭式的思维，欢迎开放性的多向性思维，强调突破思维框架并开创新的想法。为了招聘更多优秀人才，他们实施了创造性的招聘方式：不限专业、不设笔试、面试中不涉及行业专业知识，而更关注求职者的个性特点。为有针对性地吸引合适的人才，欧莱雅创造性地设计了“校园市场策划大赛”、“校园创意设计大赛”、“全球在线商业策略竞赛”、“创新实验大赛”和源自中国的“工业大赛”等五大校园赛事。比如，请大学生做一套环保化妆的方案，获奖者分别有 10000 元，5000 元和 2000 元的奖励。除了高额奖金以外，冠军每人可获得在欧莱雅 6 个月的实习期。

欧莱雅的校园活动现在已经是欧莱雅人力资源战略的一个重要部分。校园活动只是为吸引人才做的热身运动罢了。欧莱雅希望这些大学生在将来入职的那一刻就能起飞。加快他们迈向成功的步伐，也可减少企业后期培训的投入。欧莱雅认为，这样的人力资源开发是相对稳定的。

(二)操作：打造品牌赛事

“全球在线商业策略竞赛”于 2000 年起，由欧莱雅和《商业周刊》及欧洲著名职业培训软件开发公司 Strat X 联合举办。目前，“全球在线商业策略竞赛”已经成为世界上唯一一项向全球所有大学生包括 MBA 学生开放的商业模拟竞赛。

竞赛模拟新经济环境下国际化妆品市场的现状，结合商业竞争的各主要要素，让每一位渴望成为未来企业家的大学生有机会在虚拟但又近乎现实的网络空间里，通过运用他们的专业知识和技能，管理和运行一个企业，并根据竞争状况对本公司的主要产品在研发、预算、生产、定价、销售、品牌定位和广告投入等方面做出全方位的战略性决策。这项赛事主要考察各参赛队伍对公司运作、战略制定与实施、市场开拓和培育、财务数值分析,及市场变化的综合分析和随机应变能力。

整个竞赛过程全部在线进行,入围的队伍被划分成几个赛区,参加前5轮淘汰赛后,成绩靠前的队伍将进入半决赛,这些队伍将提交一份完整的商业计划书并进行第6轮比赛,由此产生全球各赛区的区冠军队伍。

最终,各区冠军队伍将受邀到欧莱雅公司的巴黎总部进行最后的总决赛,届时他们将向主要由欧莱雅总部高层管理人员组成的评审团"推销"自己的虚拟公司,由此产生两个组的全球总冠军。全球总冠军队伍将获得在世界任何一地免费一周游的机会,目的地由获奖者自行确定。各区冠军队伍则有机会进行3天的巴黎之旅。

通过竞赛选拔人才的方式并不新鲜,但像欧莱雅这样能把一场商业竞赛做得如此有趣的并不多。

(三)效果:一箭双雕

欧莱雅全球在线商业策略竞赛的前期设计、后期的在线管理以及从全球各地飞向巴黎的冠军们的费用是巨大的,这些费用都由欧莱雅总部统一支出。但天下没有白吃的午餐,通过商业策略大赛,欧莱雅其实是一箭双雕,收获的不仅是知名品牌形象的树立,而且开辟了一条全球人才战略选拔储备的新思路。

"商业策略大赛"给欧莱雅提供了一个与全球各地学生交流的绝佳机会,欧莱雅因此得以与这个年轻和富有活力的群体保持联系,了解他们的期望。欧莱雅还因此发现了人才,通过运用这种国际化的招聘工具,吸引来自全球的精英。

欧莱雅认为,在全球范围内招收最好的人才,是欧莱雅公司的生命和活力之源。经过几年的比赛,"全球在线商业策略竞赛"已成为检测参赛学生战略性思考能力的一项重要而有效的工具,招聘经理也因此有机会近距离地观察参赛选手的表现。与此同时,欧莱雅"全球在线商业策略竞赛"也体现了作为一家大型跨国公司所倡导的全球化经营与团队精神等商业理念。

欧莱雅明确表示,也许他们不能仅仅通过一次比赛就决定是否录用一位参赛者,但比赛确实为他们与潜在的雇员之间建立了一座互相发现、增进了解的桥梁。

欧莱雅对优秀的选手很感兴趣,比赛结束后,欧莱雅会主动和他们联系,共同探讨他们在欧莱雅可能的职业发展机会。但欧莱雅并没有硬性的数量指标。通过几轮比赛后,人力资源部门就能对选手的表现有一个大致的了解。欧莱雅一般都会给在商业策略竞赛取得优异成绩的学生优先面试机会。

当然,欧莱雅通过商业策略大赛招募的人也不局限于在当年竞赛中表现出色的学生。欧莱雅人力资源部保留了所有曾经参加竞赛学生的资料,一旦有人来欧莱雅应聘,公司发现他曾经在往年的比赛中有出色表现,这对公司与人才的沟通来说显然是一个好的开始。

目前国内流行的各类人才选拔的方法还以传统的笔试、面试为主,而案例分析、in-tray test、商业模拟等"仿真练习"的方式较少。欧莱雅则是领先一步,通过全球在线商业策略竞赛的方式,在仿真的商业环境中来测试应聘人员的全面战略管理能力,让企业有机会近距离地观察参赛选手的表现,判断其在未来工作中的潜力。

全球在线商业策略竞赛的作法也为中国企业吸引人才提供了启发。首先,应该积极开辟吸引人才的渠道。对于人才引进的渠道应进行细分,并针对不同的候选人群体设计不同的策略。其次,引进新的人才选拔方法。中国企业应从对学历、技能和经验的审核,发展到有针对性地测评本企业需要的特定素质。最后,培育雇主品牌。中国企业应在毕业生、求职者和潜在的候选人中树立良好雇主形象,为未来的人才争夺战建立优势。

请回答以下问题:

(1)欧莱雅的战略性人才选拔采用了什么样的活动方法?

(2)欧莱雅通过这种人才选拔方法获得了什么样的效果?

(3)请你谈谈欧莱雅的这种招聘选拔方式是否适合其他企业,为什么?

课后实训

(一)实训目的

理解员工招聘与人力资源管理里其他模块的关系,掌握员工招聘的流程,制定合理的招聘程序,科学组织面试并提供评估结果等。

(二)实训内容和步骤

1.教师讲授实验内容与要求,并进行分组,每组以6~8人为宜(以下内容都在组内完成)

2.先由用人部门提出招聘需求申请表

3.用人单位提出招聘岗位的工作职责和任职资格,并撰写招聘广告

4.人力资源部和用人部门各出一人担任面试官,其他人员担任应聘者

5.面试官拟定招聘计划和面试问题以及相关表格

6.应聘者填写求职申请表,递交给用人单位

7.面试官对应聘者进行面试,并做面试记录

8.面试结果汇总,讨论决定录用人选,通知应聘者

9.对招聘过程进行总结和评估

10.教师对实训过程进行评价

第五章 员工培训管理

学习要点

1. 了解员工培训的概念及培训目的、作用和原则。
2. 掌握培训需求分析的方法，设计培训规划及完成教学设计。
3. 能够熟练掌握、使用一定的培训方法完成培训任务。
4. 了解评估程序，掌握培训评估方法。
5. 熟悉职业生涯的基本概念，掌握职业生涯规划的基本步骤。

案例导入

培训是德国企业发展的不竭动力

美国、日本、德国的企业管理模式是世界公认的三大企业管理模式，而德国的企业管理模式则是近年来受到世界企业界广泛推崇和学习的，就连美国的企业界也普遍认为，德国的企业管理比美国更富有活力和更有效，其中关键之一就是完善的员工培训管理。

德国是世界上进行职业培训教育最好的国家之一，其法律规定的有三项：一是带职到高等学校学习，二是企业内部进修，三是由劳动总署组织并付费的专项职业技能培训。第三项主要是针对失业人员。在德国，要想找到一份工作，除了必备的文凭外，没有经过3年专业职业教育是不可能的，即便是一个传统经营农业生产的家庭，如果其子女没有经过专业农业训练教育，也不可能继承家业来从事农业生产。除了成年人在上岗前必须经过专业培训外，就是对口学校毕业出来的高中学生，一旦被企业录为学徒，首先也必须进行3年的双轨制教育培训：每周3天半到4天在企业学习实际操作技巧，1天到2天去职业学校学习理论知识，这3年的培训费用和学徒工资全部由企业负担。例如，德国的大型客货车生产厂家慢营车辆股份公司是一个有100多年历史的老企业，2009年年营业收入180多亿欧元。其成功的重要因素之一就是把各级各层人员的培训当作系统工程来抓。培训部经理麦希先生说，该公司1988年以前，80%的领导人是由外面培训的，或者是招聘来的，到了20世纪末和21世纪初，公司改变策略，加强了内部培训力度，而现在90%左右是经由公司自己培训出来的。

案例给我们的直接启示是：培训是德国企业发展的不竭动力。由于现今时代正处于知识爆炸和科技高速发展阶段，社会环境以及市场不断发生的变化，使每个人的知识和技能都在快速老化，而一个企业要使自己的员工不断去适应新形势的发展要求，提高企业员工素质尤为重要。要不断地提高企业的经营管理效益，使自己的企业能在国内激烈的市场竞争中始终保持人力资源优势和永远立于不败之地，就必须十分重视对本企业员工的培训和人力资源的开发，这是关系到企业生存和发展的一项根本性的战略任务。

第一节 员工培训概述

一、员工培训的内涵及分类

(一)员工培训的内涵

员工培训是指企业为开展业务及培育人才的需要,采用各种方式对员工进行有目的、有计划的培养和训练的管理活动,其目标是使员工不断地更新知识,开拓提升,改进员工的动机、态度和行为,是企业员工适应新要求,更好地胜任现职工作或担负更高级别职务的重要手段,也是促进组织效率提高和组织目标实现的关键途径,培训的出发点和归宿是"企业的生存与发展"。

(二)员工培训的分类

1.岗前培训

(1)新员工到职培训,主要内容为:①公司简介、员工手册、企业人事管理规章的讲解;②企业文化知识的培训;③请所在部门进行业务技能、工作要求、工作程序、工作职责等的培训与说明。

(2)调职员工岗前培训。培训内容主要是工作要求、工作程序、工作职责、业务技能等。

2.在职培训

在职培训的目的主要在于提高员工的工作效率,以更好地协调公司的运作及发展。培训的内容和方式均由部门决定。

主要可以采用:解释工作程序、给员工演示工作过程等步骤。

3.专题培训

专题培训是指公司根据发展需要或者部门根据岗位需要,组织部分或全部员工进行某一主题的培训工作。

4.员工业余自学

员工业余自学是指员工利用业余时间参加的自费学历教育、自费进修或培训、自费参加职业资格或技术等级考试及培训。对于员工业余学习的费用,凡是所学内容与企业相关的,企业一般都给予一定比例的报销。

二、员工培训的目的

(一)适应企业内外部环境的发展变化

企业的发展是内外因共同起作用的结果。一方面,企业要充分利用外部环境所给予的各种机会和条件,抓住时机;另一方面,企业也要通过改革内部组织去适应外部环境的变化。企业是一个不断与外界相交互、相适应的系统。这种适应并不是静态的机械的适应,而是动态的积极的适应,即所谓的系统权变。作为企业主体的人也应当是权变的,即企业必须不断培训员工,才能使他们跟上时代,适应技术及经济发展的需要。外因通过内因起作用,企业的生存和发展应落实到如何提高员工素质、调动员工的积极性和发挥员工的创造力上。

(二)满足员工自我成长的需要

员工希望学习新的知识技能,希望接受具有挑战性的任务,希望晋升,这些都离不开培训。因此,通过培训可以增强员工的满足感,而且对受训者期望越高,受训者的表现就越佳;反之,受训者的表现就越差。这种自我实现诺言现象被称为皮格马列翁效应。

相关链接

皮格马列翁效应与罗森塔尔试验

传说古希腊塞浦路斯岛有一位年轻的王子,名叫皮格马列翁,他酷爱艺术,通过自己的努力,终于雕塑了一尊女神像。对于自己的得意之作,他爱不释手,整天含情脉脉地注视着她。天长地久,女神终于奇迹般地复活了,并乐意做他的妻子。这个故事蕴含着一个非常深刻的哲理:期待是一种力量,这种期待的力量就被心理学家称为“皮格马列翁效应”。

20 世纪 20 年代,美国心理学家罗森塔尔曾做过一个实验。他在一所学校用随机抽样的方式抽取样本,组成一个实验班和一个对比班。他对实验班的学生各方面的条件进行充分的肯定,对他们赋予殷切的期望,而对对比班学生不做任何鼓励。在实验终结测试中,实验班的学生的测试结果远远高于对比班。此所谓“罗森塔尔效应”,亦称“皮格马列翁效应”。罗森塔尔在研究后得出这样一个结论:由于研究者暗示教师实验班的学生将是成功者,因此教师在平时的教育活动中也常给学生这些暗示,给予这些学生更多的关注和鼓励,这会满足他们期待的需要,从而也更有利于他们的发展。可见,动力来自期待。

(三)提升技能,促进工作绩效提高

员工通过培训,可以提升工作技能,在工作中减少失误,在生产中减少工伤事故,降低因失误而造成的损失。同时,员工经培训后,随着技能的提高,可减少废品、次品,减少消耗和浪费,提高工作质量和工作效率,提高企业效益。

(四)增强企业认同感,提高企业竞争力

员工通过培训,不仅仅能提高知识和技能,而且能使具有不同价值观、信念,不同工作作风及习惯的人,按照时代及企业经营要求进行文化养成,以便形成统一、和谐的工作集体,使劳动生产率得到提高,工作及生活质量得到改善,进而提高企业竞争力。

三、员工培训的作用

(一)补偿企业经营机能

员工培训具有支持企业经营机能的补偿作用。企业内“文化育人”的目的是为了实现企业经营战略。只有恰当地利用人力资源,才能取得更高的劳动生产率,而技能培训对人力发展极为重要。因此,员工培训与企业经营战略密切配合,则能补偿企业经营机能的某些不足。

(二)保持企业竞争力

高素质的企业员工队伍是企业最重要的竞争因素。通过培训,可以提高员工的知识水平,提高员工的首创精神和创新能力,同时也可以提高员工的工作热情和合作精神。建立良好的工作环境和工作氛围,可以提高员工的工作满足感和成就感,从而提高员工队伍的整体素质,增强企业竞争力。

(三)降低员工流失率、提高生产力

培训能增强员工对企业的归属感和主人翁责任感。就企业而言,对员工培训得越充分,对员工越具有吸引力,就越能发挥人力资源的高增值性,从而为企业创造更多的效益。培训不仅提高了员工的技能,而且提高了员工对自身价值的认识,使员工对工作目标有了更好的理解,也使员工更愿意继续留在公司工作。

四、员工培训的原则

为了保证培训与开发的方向不偏离组织预定的目标和企业制定的基本原则,并以此为指导。具体包括以下几个方面:

(一)战略与激励原则

企业必须将员工的培训与开发放在战略的高度来认识,许多企业将培训看成是只见投入不见产出的“赔本”买卖,往往只重视当前利益,安排“闲人”去参加培训,而真正需要培训的人员却因为工作任务繁重而抽不出身。结果就出现了所学知识不会或根本不用的“培训专业户”,使培训真正变成了只见投入不见产出的“赔本”买卖。而现实是真正学习的人才会学习,这种学习愿望称之为动机。一般而言,动机多来自于需要,所以在培训过程中可用多种激励方法,使受训者在学习过程中因需要的满足而产生学习意愿,因此,企业必须树立战略观念,以激励作为手段,根据企业发展目标及战略制定培训规划并实施培训。

(二)理论联系实际,学以致用原则

员工培训应当有明确的针对性,从实际工作的需要出发,与岗位特点紧密结合,与培训对象的年龄、知识结构、能力结构、思想状况紧密结合,目的在于通过培训让员工掌握必要的技能以完成规定的工作,最终为提高企业的经济效益服务。

(三)知识技能培训与企业文化培训兼顾的原则

培训与开发的内容,除了文化知识、专业知识、专业技能的培训外,还应包括理想、信念、价值观、道德观等方面的培训内容、而后者又要与企业目标、企业文化、企业制度、企业的优良传统等结合起来,使员工在各方面都能够符合企业的要求。

(四)全员培训与重点提高相结合的原则

全员培训就是有计划、有步骤地对在职的所有员工进行培训,这是提高全体员工素质的必经之路。为了提高培训投入的回报率,必须有重点地对企业兴衰有着重大影响的管理和技术骨干,特别是中高层管理人员、有培养前途的梯队人员,有计划地进行培训与开发。

(五)培训效果的反馈与强化原则

培训效果的反馈指的是在培训后对员工进行检验,其作用在于巩固员工学习的技能、及时纠正错误和偏差,反馈的信息越及时、准确,培训的效果就越好。强化则是指由于反馈而对接受培训人员进行的奖励或惩罚。其目的一方面是为了奖励接受培训并取得绩效的人员,另一方面是为了加强其他员工的培训意识,使培训效果得到进一步强化。

五、企业员工培训发展趋势

人力资源的重要性被越来越多的企业所认识,许多企业都提出了“以人为本”的科学理念。

在企业人力资源开发中，对培训战略地位的认识也得到了不断强化，从而引发了人力资源发展与培训理论研究的变革，表现在观念形态与实际行为上就呈现出了一些新的趋势，概括起来，主要包括以下几种：

（一）培训观念的改变与培训经费的增长

企业从经营管理到科技创新，对"人"的投入的增加如今已经比过去发生了质的飞跃。人力资源作为一种经济资源也是投资的产物。所以把人力资源作为一种投资并使之得到优先发展，在当今世界已成为大多数国家政府和企业的共识。

（二）培训形式与培训手段多样化

如今企业在培训的方式方法上，越来越本着学以致用、讲究实效、按需施教的原则，并呈现出多样化发展的趋势。而科学技术对教育培训的影响也越来越大，尤其是计算机在培训教学中的各个环节都发挥了重要作用，比如资源管理、模拟教学等。

（三）员工学习的持续化

企业由"生产型企业"向"学习型企业"转化，把培训和教育作为企业不断获得效益的源泉。"学习型企业"崇尚知识和技能，倡导理性思维和合作精神，鼓励员工通过持续素质的提高确保其不断发展。

（四）培训社会化

现代企业的许多要素如管理、经营、销售乃至文化理念都有许多相通之处，这为培训的社会化创造了基本条件，同时，现代社会的分工和信息交流的畅通，使得培训能以社会化的形式出现并已形成趋势，通过培训产品的组合来满足各方面的需求还可以节省培训成本。

（五）注重培养企业文化

一些企业除了对员工的知识和技能进行培训外，还通过一定的形式和内容使培训向企业文化、团队精神等方向发展，将培养归属感及忠诚度放在首要地位。为追求效益的最佳化和成本的合理化，许多企业将企业员工的培训向各个领域渗透，其内涵已远远超过培训本身，使企业行为进入更深层次的领域。

第二节　培训制度的建立与推行

一、企业培训制度概述

企业培训的具体制度和政策是企业员工培训健康发展的根本保证，是企业在开展培训工作时要求人们共同遵守并按一定程序实施的规定、规则和规范。企业培训制度的根本作用在于为培训活动提供一种制度性框架和依据，促使培训沿着法制化、规范化轨道运行。

（一）企业培训制度的内涵

培训制度，即能够直接影响与作用于培训系统及其活动的各种法律、规章、制度及政策的总和。它主要包括培训的法律和规章、培训的具体制度和政策两个方面。

企业培训涉及两个培训主体——企业和员工，这两个培训主体参与培训的目的存在一定的差别。在一定的制度条件下，这种差别将导致培训无法达到目的或效果很差。因此，要想提高培训的效率，就必须建立一套完整的培训制度，通过制度来明确双方的权利和义务、权力和责任，理顺双方的利益关系，使双方的目标和利益尽量相容。企业培训的成功有赖于培训制度的完善与规范，而培训制度的内容必须服从或服务于企业的整体发展战略，最终目的是实现企业的发展目标。

（二）企业培训制度的构成

在企业员工培训与开发的管理活动中，各类企业根据自己实践经验和具体情况，制定一系列的员工培训管理制度，一般来说，包括培训服务制度、入职培训制度、培训激励制度、培训考核评估制度、培训奖惩制度和培训风险管理制度等六种基本制度。

除上述各种制度之外，还有培训实施管理制度、培训档案管理制度、培训资金管理制度等，从而给予培训活动自上而下、全方位的制度支持。

企业的培训制度制定以后，并非是一成不变的。培训制度在贯彻、落实过程中会遇到一些问题，因此需要对制度做出适时修改，只有这样，培训制度才能逐步完善，为企业的培训工作发挥必要的作用。

二、起草与修订培训制度的要求

根据企业外部环境和内部条件发生的变化，应当及时提出制度的修订方案。起草或修订企业员工的培训制度时，应体现以下几方面的要求：

（一）培训制度的战略性

培训本身要从战略的角度考虑，要以战略的眼光去组织企业培训，不能只局限于某一个培训项目或某一项培训需求。因此，制定和修订培训制度时也要从战略角度出发，使培训和开发活动走向制度化和规范化。

（二）培训制度的长期性

培训是一项人力资本投资活动，要正确认识人力资本投资与人才开发的长期性和持久性。要用“以人为本”的指导思想和管理理念制定培训制度，保证制度的稳定性和连贯性。

（三）培训制度的适用性

培训适度是开展日常培训工作的指导方针，因此，培训制度应有明确、具体的内容或条款，充分体现管理与实施的需要。这些内容或条款针对培训过程中的某一方面做出了明确的规定，保证在具体实施过程中出现问题时可以照章办理。

起草培训制度草案或对某项具体培训制度进行修订时，不但要坚持以上三条原则，还应当深入实际进行调查研究，及时掌握真实全面的信息，才能“对症下药”，切实保证企业培训制度的科学性和可行性。

三、企业培训制度的基本内容

在起草某一项具体的培训制度时，应当注意其结构和内容的完整性和一致性，一项具有良好的适应性、实用性和可行性的培训制度至少应包括以下几方面的基本内容：

（1）制定企业员工培训制度的依据。

（2）实施企业员工培训的目的或宗旨。

(3)企业员工培训制度的实施办法。

(4)企业培训制度的核准与施行。

(5)企业培训制度的解释与修订权限的规定。

四、培训制度的推行与完善

培训制度的贯彻推行要贯穿于培训体系的各个环节之中，使员工培训在实施过程中都要有章可守、有法可依。并且在执行各种规章制度的同时，从多个角度监督检查培训制度的落实情况。

任何制度的制定都不可能是一步到位的，要通过实际的运行才能得到检验。培训制度在贯彻实施过程中会遇到一系列新的问题，需要组织力量，深入实际，进行调查，全面掌握真实的信息，对制度的某些条款做出适当的调整，只有这做才能保障培训制度的科学性、完整性和可行性。具体如图所示：

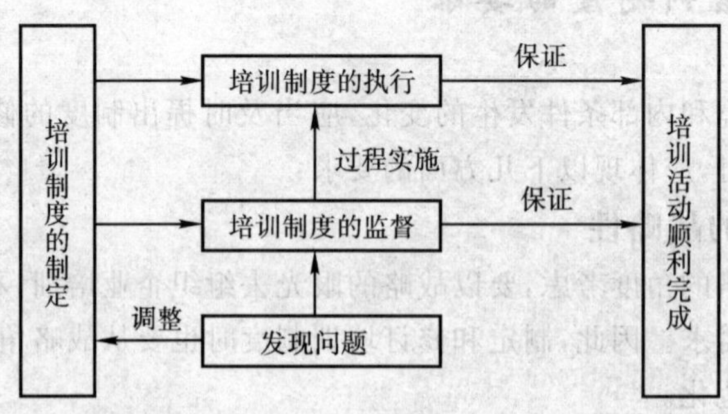

图 5-1　培训制度的推行与完善的步骤

第三节　培训需求分析

在企业战略的指导下，建立科学合理的培训流程并灵活运用是高效进行企业培训的重要保证，一般来讲，企业的具体培训要经过培训需求分析，制定实施计划，具体实施、评估、总结和改进等流程。

一、培训需求分析

培训需求分析就是采用科学的方法弄清谁最需要培训、为什么要培训、培训什么等问题，并进行深入探索研究的过程。

二、培训需求分析的作用

培训需求分析具有很强的指导性，是确定培训目标、设计培训计划、有效地实施培训的前提，是现代培训活动的首要环节，是进行培训评估的基础，它的具体作用如下：

（一）有利于找出差距，确立培训目标

进行培训需求分析时，首先应确认培训对象的实际状况同理想状况之间的差距，明确培训的目标和方向。差距的确认一般包括三个环节：一是明确培训对象目前的知识、技能和能力水平；二是分析培训对象理想的知识、技能和能力标准或模型；三是对培训对象的理想和现实的知识、技能和能力水平进行对比分析。

（二）有利于找出解决问题的方法

解决需求差距的方法有很多，可以用培训的方法，也可以用与培训无关的方法，如人员变动、工资增长、新员工吸收等，或者是这几种方法的综合。

（三）有利于进行前瞻性预测分析

企业的发展过程是一个动态的、不断变化的过程，培训计划必须进行相应的调整。而培训需求分析是培训计划的前提，因此必须做好前瞻性和预测性分析，迅速把握变革，为制定完善的培训计划做准备。

（四）有利于进行培训成本的预算

当进行培训需求分析并找到了解决问题的方法后，培训管理人员就能够把成本因素引入到培训需求分析中去，预算培训成本。

（五）有利于促进企业各方达成共识

通过培训需求分析收集了制定培训计划、选择培训方式的大量信息，为确定培训的对象、目标、内容、方式提供了依据，促进企业各方达成共识，有利于培训计划的制定和实施。

三、培训需求分析的内容

企业的培训需求是由各个方面原因引起的，进行培训需求分析并收集到相关的资料后，就要从不同层次、不同方面、不同时期对培训需求进行分析。

（一）培训需求的层次分析

需求分析一般从三个层次上进行：战略层次、组织层次、员工个人层次，如图 5－2 所示：

1.战略层次分析

战略层次分析一般由人力资源部发起，需要企业执行层或咨询小组的密切配合。企业战略决定着培训目标，如果企业战略不明确，那么培训采用的标准就难以确定，培训工作就失去了指导方向和评估标准。因此，人力资源部必须弄清楚企业战略目标方可在此基础上作出一份可行的培训规划。

2.组织层次分析

组织层次分析主要分析的是企业的目标、资源、环境等因素，准确找出企业存在的问题，并确定培训是否是解决问题的最佳途径。组织层次的分析应首先将企业的长期目标和短期目标作为一个整体来考察，同时考察那些可能对企业目标发生影响的因素。

3.员工个人层次分析

员工个人层次分析主要是确定员工目前的实际工作绩效与企业的员工绩效标准对员工技能的要求之间是否存在差距，为将来培训效果和新一轮培训需求的评估提供依据。

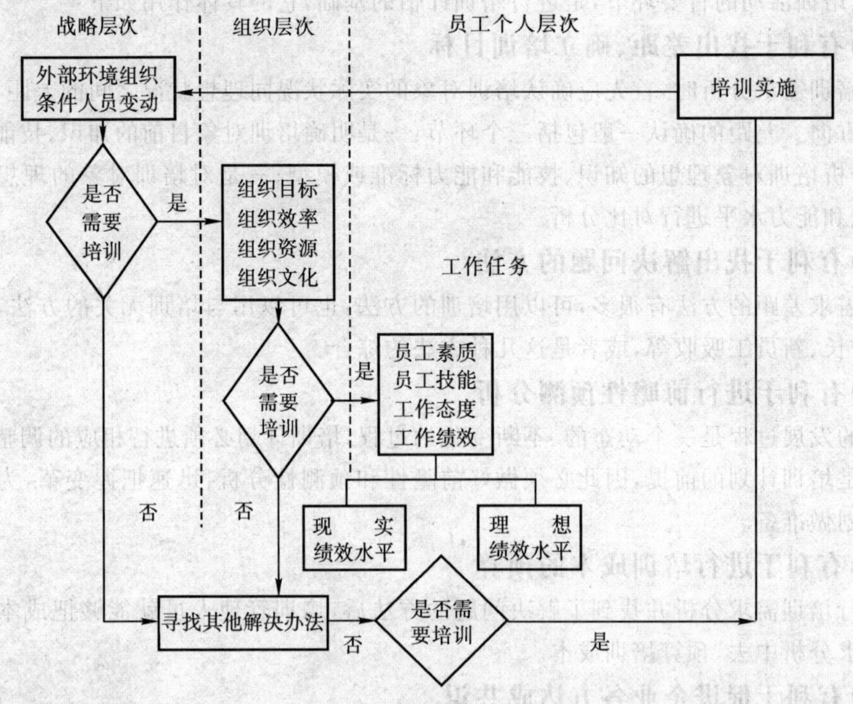

图5-2 培训需求层次分析

(二)培训需求的对象分析

1.新员工培训需求分析

新员工由于对企业文化、企业制度不了解而不能融入企业，或是由于对企业工作岗位的不熟悉而不能很好地胜任新工作，此时就需要对新员工进行培训。对于新员工的培训需求分析，特别是对于从事低层次工作的新员工的培训需求分析，通常使用任务分析法来确定其在工作中需要的各种技能。

2.在职员工培训需求分析

在职员工培训需求是指由于新技术在生产过程中的应用，在职员工的技能不能满足工作需要等方面的原因而产生的培训需求，通常采用绩效分析法评估在职员工的培训需求。

(三)培训需求的阶段分析

1.目前培训需求分析

目前培训需求是指针对企业目前存在的问题和不足而提出的培训要求，目前培训需求分析主要分析企业现阶段的生产经营目标、生产经营目标的实现状况、未能实现的生产任务、企业运行中存在的问题等方面。

2.未来培训需求分析

未来培训需求是为满足企业未来发展过程中的需要而提出的培训要求，未来培训需求分析主要采用前瞻性培训需求分析方法，预测企业未来工作变化、员工调动情况、新工作岗位对员工应具备的知识水平和能力的要求。

四、培训需求分析的实施程序

(一)做好培训前期的工作

培训活动开展之前,培训者就要有意识地收集有关员工的各种资料。这样不仅能在培训需求调查时很方便地调用,而且能够随时监控企业员工培训需求的变动情况,以便在恰当的时候向高层领导者请示开展培训。培训前期工作主要包括:①建立员工背景档案;②同各部门人员保持密切联系;③向主管领导反映情况;④准备培训需求调查。

(二)制定培训需求调查计划

培训需求调查计划应包括以下几项内容:①培训需求调查工作的行动计划;②确定培训需求调查工作的目标;③选择合适的培训需求调查方法;④确定培训需求调查的内容。

(三)实施培训需求调查工作

在制定了培训需求调查计划以后,就要按计划规定的步骤依次开展工作。开展培训需求调查主要包括以下步骤:

(1)提出培训需求动议或愿望。

(2)调查、申报、汇总需求动议。

(3)分析培训需求。分析培训需求需要关注以下问题:①受训员工的现状;②受训员工存在的问题;③受训员工的期望和真实想法。

(4)汇总培训需求意见,确认培训需求。

(四)分析与输出培训需求结果

分析与输出培训需求结果主要包括:①对培训需求调查信息进行分类、整理;②对培训需求进行分析、总结;③撰写培训需求分析报告。

五、撰写员工培训需求分析报告

撰写员工培训要求分析报告的目的在于:对各部门申报、汇总上来的建议、培训需求的结果做出解释并提供分析结论,以最终确定是否需要培训及培训什么。需求分析结果是确定培训目标、设计培训课程计划的依据和前提。需求分析报告可为培训部门提供关于培训的有关情况、评估结论及其建议。培训需求分析报告包括以下主要内容:①需求分析实施的背景,即产生培训需求的原因或培训动议;②开展需求分析的目的和性质;③概述需求分析实施的方法和过程;④阐明分析结果;⑤解释、评论分析结果和提供参考意见;⑥附录,包括收集和分析资料的图表、问卷、部分原始资料等;⑦报告提要。

撰写报告时,在内容上要注意主次有别、详略得当,使报告成为有机联系的整体。为此,在撰写前应当认真草拟写作提纲,按照一定的主题及顺序安排内容。

六、培训需求信息的收集方法

培训需求信息的收集方法有很多种,在实际工作中培训管理人员通常使用一种以上的方法，因为采用不同的方法，在研究目标员工和他们的工作时，分析的准确程度会显著提高。常用的收集培训需求信息的方法有：

（一）面谈法

面谈法是指培训组织者为了了解培训对象在哪些方面需要培训，就培训对象对于工作或对于自己的未来抱有什么样的态度，或者说是否有什么具体的计划，并且由此而产生相关的工作技能、知识、态度或观念等方面的需求而进行的面谈方法。面谈法是一种非常有效的需求分析方法。培训者和培训对象面对面进行交流，可以充分了解相关方面的信息，有利于培训双方相互了解，建立信任关系，从而使培训工作得到员工的支持，而且会谈中通过培训者的引导提问，能使培训对象更深刻地认识到工作中存在的问题和自己的不足，激发其学习的动力和参加培训的热情。但是面谈法也有自身的缺点：培训方和受训方对各问题的探讨需要较长的时间，这在一定程度上可能会影响员工的工作，而且会占用培训者大量的时间，而且面谈对培训者的面谈技巧要求很高。

面谈法有个人面谈法和集体会谈法两种具体操作方法。个人面谈法是指分别和每一个培训对象进行一对一的交流，可以采用正式或非正式的方式进行。集体会谈法是以集体会议的方式，培训者和培训对象在会议室集体参加讨论，但会议中不宜涉及有关人员的缺点和隐私问题。无论是哪一种方式的面谈，培训者在面谈之前都要进行面谈内容的详细准备，并在面谈中加以引导。面谈中一般应包括以下一些问题：

(1)你对组织现状了解多少？你认为目前组织存在的问题主要有哪些？谈谈你对这些问题的看法？

(2)你对自己以后的发展有什么计划？你目前的工作对你有些什么要求？你认为自己在工作过程中的表现有哪些不足之处？你觉得这些不足是由什么导致的？你希望我们在哪些方面给予你帮助？

（二）重点团队分析法

重点团队分析法是指培训者在培训对象中选出一批熟悉问题的员工作为代表参加讨论，以调查培训需求信息。重点小组成员的选取要符合两个条件：一是他们的意见能代表所有培训对象的培训需求，一般是从每个部门、每个层次中选取数个代表参加；二是选取的成员要熟悉需求调查中讨论的问题，他们一般在其岗位中有比较丰富的经历，对岗位各方面的要求、其他员工的工作情况都比较了解，通常由8～12人组成一个小组，其中有1～2名协调员，一人组织讨论，另一人负责记录。

这种需求调查方法是面谈法的改进，优点在于花费的时间和费用比面谈法要少得多，而且各类培训对象代表会聚一堂，各抒己见，可以发挥出头脑风暴法的作用，各种观点意见在小组中经过充分讨论以后，得到的培训需求信息更有价值，且易激发出小组中各成员对企业培训的使命感和责任感。但其局限性在于对协调员和讨论组织者要求高，由于一些主客观方面的原因，可能会导致小组讨论时大家不会说出自己的真实想法，不敢反映本部门的真实情况，某些问题的讨论可能会流于形式。

重点团队分析法在实际操作中可按照以下几个步骤进行：

(1)培训对象分类。培训对象的培训需求在一定程度上有共性，可以依据这种共性将其分为几类，要求各类培训对象的培训需求有类似性。代表成员的选取确定了培训对象的类别以后，就要在各类培训对象中选出数个成员，最好选取那些工作经历较丰富、同时又不是部门的直接领导人的这类员工参加。

(2)安排会议时间及会议讨论内容。要根据所有选中小组成员的情况，安排妥当的时间进行小组会议，尽量避免影响小组成员的工作。

(3)培训需求结果的整理。会议之后，要对会议记录进行整理，对有争论的问题进行讨论。

(三)工作任务分析法

工作任务分析法是以工作说明书、工作规范或工作任务分析记录表作为确定员工达到要求所必须掌握的知识、技能、态度的依据，将其和员工平时工作中的表现进行对比，以判定员工要完成工作任务的差距所在。工作任务分析法是一种非常正规的培训需求调查方法，它通过岗位资料分析和员工现状对比得出员工的素质差距，结论可信度高。但这种培训需求调查方法需要花费的时间和费用较多，一般只是在非常重要的一些培训项目中才会运用。

(1)工作任务分析记录表的设计。工作任务分析记录表通常包括主要任务和子任务、各项工作的执行频率、绩效标准、执行工作任务的环境、所需的技能和知识，以及学习技能的场所等，具体工作可以根据本身要求进行相应的修改。

(2)工作盘点法。工作盘点法是一种比较有名的工作方法，它列出了员工需要从事的各项活动内容、各项工作的重要性，以及执行时需要花费的时间。因此，这些信息可以帮助负责培训的人员安排各项培训活动的先后次序。

(四)观察法

观察法是指培训者亲自到员工身边了解员工的具体情况，通过与员工一起工作，观察员工的工作技能、工作态度，了解其在工作中遇到的困难，搜集培训需求信息的方法。观察法是最原始、最基本的需求调查工具之一，它比较适合生产作业和服务性工作人员，而对于技术人员和销售人员则不太适应。这种方法的优点在于培训者与培训对象亲密接触，对他们的工作有直接的了解。但需要很长的时间，观察的结果也易受培训者对工作熟悉程度、主观偏见的影响等。

(五)问卷法调查

问卷调查法是指培训部门首先将一系列的问题编制成问卷，发放给培训对象填写之后再收回进行分析的方法。调查问卷发放简单，可节省培训组织者和培训对象双方的时间，同时成本也较低，又可针对许多人实施，所得资料来源广泛。但由于调查结果是间接取得的，无法断定其真实性，而且问卷设计、分析工作难度较大。

在进行调查问卷设计时，我们应注意以下问题：

(1)语言简洁、问题清楚明了，不会产生歧义。

(2)问卷尽量采用匿名方式；多采用客观问题方式，易于填写。

(3)主观问题要有足够空间填写意见。

表 5-1 是一份培训需求调查表的大概样式，读者可作为参考。

表 5-1 培训需求调查表

为了公司和员工个人长远发展的需要，计划近期对部分员工提供培训，请您根据实际情况配合完成此项调查，这对您将非常有益，谨此感谢您的配合。

工作岗位：			在岗时间：		
目前职务：			在职时间：		
年龄：	性别：		健康状况：		
调查项目	优	良	中	低	差
当前工作表现					
非常需要的培训					
工作技能熟练程度					
……					

1. 当前您工作中最大的问题是什么？

2. 你觉得这些不足是由什么原因导致的？为了弥补不足，当前您最需要的培训是什么？

3. 您对未来个人发展有什么计划？

……

备注：

时间：　　　　　　　　　　　地点：

七、培训需求分析模型

(一)循环评估模型

实际工作中有两种培训者，即积极的和消极的。积极的培训者通过培训循环评估方法搜集和跟踪组织的业务、人事变动以及政策和程序的变化等，及时预测和掌握组织的培训需求，掌握受训者的规律；而消极的培训者坐等业务上门或只是做简单、临时的需求分析。循环培训评估模型旨在对员工培训需求提供一个连续的反馈，以用来周而复始地估计培训的需要。在每个环节中，都需要从组织整体层面、作业层面和员工个人层面进行分析。

(二)全面性任务分析模型

全面性任务分析模型是指通过对组织及其成员进行全面、系统的调查，以确定理想状况与现有状况之间的差距，从而进一步决定是否需要培训和培训内容的一种方法。其核心是通过对一项工作或一类工作所包含的全部可能的任务和所有可能的知识和技能进行分析，形成任务目录和技能目录，以此作为制定培训策略的依据。

(三)绩效差距分析模型

这种模型策略与全面性任务分析模型相似，但绩效差距分析方法是一种重点分析方法。

绩效差距分析方法一般有如下环节:①发现问题阶段;②预先分析阶段;③需求分析阶段。

(四)前瞻性培训需求分析模型

当代技术发展非常迅速,企业要保持技术优势,就必须展望企业的未来,不断领先技术发展,跟踪技术前沿,对于高科技企业尤为如此。这样,对知识型员工的前瞻性培训就非常必要。在很多情况下,即使员工目前的工作绩效是令人满意的,也同样需要培训,同时随着企业经营环境的变化、战略目标的调整、企业生命周期的推进以及员工在组织中个人成长的需要、适应未来变化的需要也会产生培训需求。

第四节 企业培训的实施与管理

一、培训计划的制定

(一)培训计划的主要内容构成

培训计划是企业培训组织管理的实施规程,要使培训计划顺利实施,培训计划就必须具备以下内容:

1. 目的

目的即从企业整体的宏观管理上对培训计划要解决的问题或者要达到的目标进行表述。

2. 原则

原则即制定和实施计划的规则。

3. 培训需求

培训需求即在企业运营和管理过程中,什么地方和现实需要存在差距、需要弥补之处。

4. 培训的目的或目标

培训的目的或目标即培训计划中的培训项目需要达到一个什么样的培训目的、目标或结果。

5. 培训对象

培训对象即培训项目是对什么人或者什么岗位的任职人员进行的,这些人员的学历、经验、技能状况如何。

6. 培训内容

培训内容即每个培训项目的内容是什么。

7. 培训时间

培训时间包括三个方面的内容:首先,培训计划的执行或者有效期;其次,培训计划中每一个培训项目的实施时间或者培训时间;再次,培训计划中每一个培训项目的培训周期或者课时。

8. 培训地点

培训地点包括两个方面内容:一是每个培训项目的实施地点;二是实施每个培训项目时的集合地点或者召集地点。

9. 培训形式和方式

培训形式和方式即培训计划中的每个培训项目所采用的培训形式和培训方式。如:是外派培训还是内部组织培训;是外聘教师培训还是内部人员担任培训技师;是半脱产培训、脱产培训还是业余培训等。

10. 培训教师

培训计划中每个培训项目的培训教师由谁来担任，是内聘还是外聘。

11. 培训组织人

培训组织人包括两个方面的人员：培训计划的执行人或者实施人；培训计划中每一个培训项目的执行人或者责任人。

12. 考评方式

每一个培训项目实施后，对受训人员的考评方式，分为笔试、面试、操作三种方式。笔试又分为开卷和闭卷，笔试和面试的试题类型又分为开放式试题或者封闭式试题。

13. 计划变更或者调整方式

主要指计划变更或者调整的程序及权限范围。

14. 培训费用预算

培训费用预算分两个部分：一部分是整体计划的执行费用；另一部分是每一个培训项目的执行或者实施费用。

15. 签发人

本培训计划的审批人或者签发人。

培训计划可以像上面介绍的那样，制定得较为详细；也可以只制定一个原则和培训方向，在每个培训项目实施前再制定详细的实施计划。

(二)培训方法的选择

培训方法的选择要和培训内容紧密相关，不同的培训内容适用于不同的培训方法。不同培训方法有不同特点，在实际工作中，应根据公司的培训目的、培训内容以及培训对象，选择适当的培训方法。

1. 直接传授型培训法

直接传授型培训法适用于知识类培训，主要包括讲授法、专题讲座法和研讨法等。

2. 实践型培训法

实践型培训法简称实践法，主要适用于掌握技能为目的的培训。

实践型培训法是通过让学员在实际工作岗位或真实的工作环境中，亲自操作、体验，以掌握工作所需的知识、技能的培训方法，在员工培训中应用最为普遍。这种方法将培训内容和实际工作直接相结合，具有很强的实用性，是员工培训的有效手段，适用于从事具体岗位所应具备的能力、技能和管理实务类培训。

实践法的常用方式如下：

(1)工作指导法。工作指导法又称教练法、实习法，是指由一位有经验的工人或直接主管人员在工作岗位上对受训者进行培训的方法。指导教练的任务是教受训者如何做及提出如何做好的建议，并对受训者进行激励。

这种方法并不一定要有详细、完整的教学计划，但应注意培训的要点：一是关键工作环节的要求；二是做好工作的原则和要求；三是要避免、防止的问题和错误。

(2)工作轮换法。工作轮换法是指让受训者在预定时期内变换工作岗位，扩大受训者对整个企业各环节工作的了解，使其获得不同岗位工作经验的培训方法。

(3)特别任务法。特别任务法是指企业通过为某些员工分派特别任务对其进行培训的方法,此法常用于管理培训。其具体形式如下:①委员会或初级董事会。这是为有发展前途的中层管理人员而提供,培养分析全公司范围问题的能力,提高决策能力的培训方法。②行动学习。这是让受训者将全部时间用于分析、解决其他部门而非本部门问题的一种课题研究法。

(4)个别指导法。个别指导法和我国以前的"师傅带徒弟"或"学徒工制度"相类似。目前我国仍有很多企业在实行这种"传帮带"式培训方式,主要是通过资历较深的员工的指导,使新员工能够迅速掌握岗位技能。

3. 参与型培训法

参与型培训法是调动培训对象积极性,让其在培训者与培训对象双方的互动中学习的方法。这类方法的主要特征是每个培训对象积极参与培训活动,从亲身参与中获得知识、技能,掌握正确的行为方法,开拓思维,转变观念。其主要形式有自学、案例研究法、头脑风暴法、模拟培训法、敏感性训练法和管理者训练法。

4. 态度型培训法

态度型培训法主要针对行为调整和心理训练,具体包括角色扮演法和拓展训练等。

5. 科技时代的培训方式

随着现代社会信息技术的发展,大量的信息技术被引进到培训领域。在这种情况下,新兴的培训方式不断涌现,如网上培训、虚拟培训等培训方式在很多公司受到欢迎。

(1)网上培训。网上培训,又称为基于网络的培训,是指通过企业的内部网或因特网对学员进行培训的方式。它是将现代网络技术应用于人力资源开发领域而创造出来的培训方法,它以其无可比拟的优越性而受到越来越多企业的青睐。

(2)虚拟培训。虚拟培训是指利用虚拟现实技术生成实时的、具有三维信息的人工虚拟环境,学员通过运用某些设备接受和响应环境的各种感官刺激而进入其中,并可根据需要通过多种交互设备来驾驭环境、操作工具和操作对象,从而达到提高培训对象各种技能或学习知识的目的。

6. 其他方法

除了上面的培训方法之外,还有函授、业余进修,开展读书活动,参观访问等方法,这些方法是通过参加者的自身努力、自我约束能够完成的,公司只起鼓励、支持和引导作用。

(三)制定培训计划的步骤和方法

制定培训计划是个复杂的过程。可将它分为九大步骤,培训者可根据自己的需要来确定各个步骤的先后顺序,也可决定是否跨过或重复其中一个或几个步骤。

1. 培训需求分析

培训需求分析的目的在于提高工作者的绩效,这就需要一种机制来决定员工现有绩效是否需要提高,以及在哪些方面和何种程度上来提高。在培训规划设计过程中,这种机制就是需求分析。

2. 工作说明

要想判断某一培训规划应包括什么、不包括什么,就需要有一种机制来说明培训与什么有关或与什么无关。在培训规划设计中,这种机制就是工作说明。

3. 任务分析

由于各类工作岗位的任务内容不同,因而对培训的要求也就不同。有些工作任务可能要求培训提供专业知识方面的支持,有些工作任务可能要求培训提供解决某种问题的方法,因此，要想为某项工作任务选择切实可行的培训方法，就需要采用特定的方式，对岗位工作任务的培训需求进行分析。

4. 排序

学习顺序非常重要。在某项学习活动进行之前，进行另一项学习可能非常费劲，有时甚至根本不可能。而如果将某项学习活动安排在前，那么其后的学习活动可能会非常顺利。每项工作中都有很多技能需要学习，该如何确定科学的学习次序呢？在培训规划设计中，完成此项任务的机制就是排序。

5. 陈述目标

目标是对培训结果或由培训带来的岗位工作结果的规定。为了使培训达到预定的目标，就需要对培训目标作清楚明白的说明。在培训规划设计中，这种机制就是陈述目标。

6. 设计测验

培训最终要对培训的结果进行评估。因此，它必须提供可靠的和有效的测评工具。这些工具必须能精确地显示受训者在经过培训后有多少进步，因而，在陈述目标之后，设计者要设计测验。

7. 制定培训策略

制定培训策略就是根据培训面临的问题环境，来选择、制定相应的措施。

8. 设计培训内容

培训策略必须转化成具体的培训内容和培训程序，才能被执行和运用。在培训规划设计中，这种转化就是设计培训内容。

9. 实验

按照上述步骤设计的培训规划，从理论上讲可能尽善尽美。但是，它是否考虑了不该考虑的因素而没有考虑该考虑的因素？它是否能在实践中起到预期的作用？为了回答这些问题，需要将培训规划进行实验，然后根据实验结果对比进行改善。这个培训规划最后的一个机制，就是实验。

(四)培训计划的经费预算

进行培训计划的经费预算，需分析以下因素和指标：

(1)确定培训经费的来源，是由企业承担，还是企业与员工共同承担。

(2)确定培训经费的分配与使用。

(3)进行培训成本—收益计算。

(4)制定培训预算计划。

(5)培训费用的控制及成本降低。

二、培训的组织与实施

一个完善的培训计划在拟定阶段，必然会涉及许多在实施中将要发生的事情，包括：学员、培训师的选择，培训时间、场地的安排，教材、讲义的准备，培训经费的落实，培训评估方法的选择等。所以，培训计划能否成功实施，除了有一个完善的培训计划外，培训师的素质、培训人员的学习成效及环境、时间等相关因素的配合都不可忽视。

培训课程的实施是指把课程计划付诸实践的过程，它是达到预期课程目标的基本途径。

课程设计得再好，如在实践中得不到实施，也没有什么意义。课程实施是整个课程设计过程中的一个实质性阶段。

（一）前期准备工作

在新的培训项目即将实施之前做好各方面的准备工作，是培训成功实施的关键。准备工作主要包括以下几个方面：

1. 确认并通知参加培训的学员

如果先前的培训计划已有培训对象，在培训实施前必须先进行一次审核，看是否有变化，须考虑的相关因素如下：学员的工作内容、工作经验与资历、工作意愿、工作绩效、公司政策、所属主管的态度等。

2. 确认培训后勤准备

确认培训场地和设备须考虑如下的相关因素：培训性质、交通情况、培训设施与设备、行政服务、座位安排、费用（场地、餐费）等。

3. 确认培训时间

确认培训时间须考虑如下的相关因素：能配合员工的工作状况、合适的培训时间长度（原则上白天 8 个小时，晚上 3 个小时为宜）、符合培训内容、教学方法的运用、时间控制。

4. 相关资料的准备

相关资料的准备主要包括：课程资料编制、设备检查、活动资料准备、座位或签到表印制、结业证书等。

5. 确认理想的培训师

尽可能与培训师事先见面，在授课前说明培训目的、内容。确认培训师须考虑如下的相关因素：符合培训目标、培训师的专业性、培训师的配合性、培训师的讲课报酬是否在培训经费预算内。

（二）培训实施阶段

1. 课前工作

（1）准备茶水、播放音乐。

（2）学员报到，要求在签到表上签名。

（3）引导学员入座。

（4）课程及讲师介绍。

（5）学员心态引导、宣布课堂纪律。

2. 培训开始的介绍工作

做完准备工作以后，课程就要进入具体的实施阶段。无论什么培训课程，开始实施以后要做的第一件事都是介绍，具体内容包括：

（1）培训主题。

（2）培训者的自我介绍。

（3）后勤安排和管理规则介绍。

（4）培训课程的简要介绍。

（5）培训目标和日程安排的介绍。

（6）“破冰”活动，即打破人与人之间相互怀疑的状态，帮助人们放松心态并变得乐于交往，以促进团队融合的活动。

(7)学员自我介绍。

3.培训器材的维护、保管

对培训的设施、设备要懂得爱护,小心使用,不能粗暴,对设备要定期除尘,不要把食物、饮料放在设备附近等。

(三)知识或技能的传授

传授新知识或技能的方法有很多,通常包括由培训者讲授、通过教学媒体传授、有组织的讨论、非正式的讨论,以及提问和解答等。培训过程应注意:

(1)注意观察讲课教师的表现、学员的课堂反应,及时与教师沟通、协调。

(2)协助上课、休息时间的控制。

(3)做好上课记录(录音)、摄影、录像等工作。

(四)对学习进行回顾和评估

做任何一件事情都要有始有终,培训也是一样。但培训者通常很重视开始和整个培训过程,而忽略了结束部分。其实回顾和评估具有承上启下的作用,它既高度概括培训的中心内容,又要提示学员注意将所培训的内容应用到今后的工作中去。

(五)培训后的工作

培训后的主要工作有向培训师致谢,作问卷调查,颁发结业证书,清理、检查设备,进行培训效果评估等。

三、培训计划实施的控制

培训计划实施的控制主要包括:

(1)收集培训相关资料。

(2)比较目标与现状之间的差距。

(3)对培训计划进行检讨,发现偏差。

(4)纠正培训计划的偏差。

(5)公布培训计划,跟进培训计划落实。

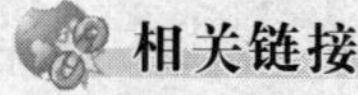
相关链接

成人学习的特点

成人与年轻学生相比,有着不同的学习风格,与年轻学生最大的不同是他们学习动机与学习互动性上的不同,制定培训计划时要注意成人学习的特点:

(1)成人学习者需要尊重,不喜欢别人告诉自己该干什么。

(2)成人学习者自强自立,经常会进行自学,有进行自我指导的需求。

(3)成人学习者需要知道为什么而学,讲究实用,希望学习有用的东西,不想学无用的东西。

(4)成人学习者积累了很多阅历,可以为学习带来更多与工作相关的经验。

(5)成人学习者多肩负多重责任,反对浪费时间,总带来一定问题参与学习。

(6)成人学习者是受到内部和外部激励而学习的。

第五节 培训效果的评估

培训效果的评估是一个运用科学的理论、方法和程序，从培训项目中收集数据并将其与整个组织的需求和目标联系起来以确定培训项目的价值和质量的过程。建立培训评估体系的目的既是检验培训的最终效果，同时也是规范培训相关人员行为的重要途径。培训评估常用的方法有：笔试测验法、操作测验法、观察法、提问法(面试法)、案例测验法等。

一、常见的评价培训效果信息的种类

根据对培训对象、目标等的考评要求，常见的评价培训效果的信息种类有：培训的及时性、培训目的设定合理与否、培训内容设置、教材选用与编辑、教师选定、培训时间选定、培训场地选定、受训群体选择、培训形式选择、培训组织与管理等方面的信息。

二、培训效果信息收集的渠道

培训效果信息的收集，也可以说是培训效果的追踪。为了达到培训的目的，应对培训结果进行考评、确认，否则就会失去培训的意义。从信息的种类分析来看，要了解或采集上述信息，不外乎这样几个渠道：生产管理或计划部门、受训人员、受训人员所在岗位的管理部门和主管领导，以及培训教师等。

三、培训效果评估的指标

(一)认知成果

认知成果可用来衡量受训者对培训项目中强调的原理、事实、技术、程序或过程的熟悉程度。认知成果在用于衡量受训者从培训中学到了什么时，一般应用笔试来评估认知结果。

(二)技能成果

技能成果用来评估技术或运动技能以及行为方式的水平，它包括技能的获得与学习(技能学习)及技能在工作中的应用(技能转换)两个方面。可通过观察在工作抽样(如模拟器)中的绩效来评估受训者掌握技能的水平。技能转换通常是用观察法来判断的。

(三)情感成果

情感成果包括态度和动机在内的成果。评估情感成果的重要途径是了解受训者对培训项目的反应。反应是受训者对培训项目的感性认识，包括对设施、培训教师和培训内容的感觉。这类信息通常是在课程结束时收集的。这类反应有助于明确受训者的哪些想法是有助于或会阻碍学习，虽然反馈能提供有用的信息，但他们通常与学习和培训转换的关系不大。

评估还需要收集其他一些情感因素，包括对多样化的忍耐力、学习动机、安全态度和顾客服务定位。情感成果可通过调查来进行衡量。

(四)绩效成果

绩效成果用来决策公司为培训计划所支付的费用。绩效成果包括由于员工流动率或事故发生率的下降导致的成本降低、产量的提高及产品质量或顾客服务水平的改善。

(五)投资回报率

投资回报率是指培训的货币收益和培训成本的比较。培训成本包括直接成本和间接成本,收益指公司从培训中获得的价值。

四、培训效果信息的收集方法

不同培训评估的信息收集渠道和收集方法是不同的,培训评估的内容与培训评估信息收集渠道存在对应关系,一般包含以下几种:①通过资料收集信息;②通过观察收集信息;③通过访问收集信息;④通过培训调查收集信息;⑤具体可通过调查评估表等形式收集。

五、培训效果信息的整理与分析

培训评估需要的信息来自于不同的渠道,信息的形式多种多样,因此有必要对收集到的信息进行分类,并根据不同的评估内容进行信息归档,同时要制作一些表格对信息进行统计,并绘制直方图、分布曲线图等将信息趋势和分布状况形象地表达出来,使培训信息的分析报告清楚、直观、简洁、明了。

六、培训效果的跟踪与监控

为了保证培训取得预期的效果,必须对培训进行全程监控和评估。对培训进行全程监控,可以保证培训活动按照规划进行,保证及时解决培训过程中出现的问题,还能将各种影响培训效果的因素记录下来,以便在以后的培训中加以改进。一般包括:

(一)培训前对培训效果的跟踪与反馈

对受训者进行培训前的状况摸底,了解受训者在与自己的实际工作高度相关方面的知识、技能和能力水平,目的是为了与培训后的状况进行比较以测定培训的效果。

(二)培训中对培训效果的跟踪与反馈

主要从以下几个方面进行:

(1)受训者与培训内容的相关性。培训要取得预期的效果,就必须保证培训内容与受训者实际需求的合理衔接,即把培训提供给那些真正需要这些培训的人员。

(2)受训者对培训项目的认知程度。为了高度调动受训者的参与意识,培训的组织者就应该采取某些得当的措施,向受训者宣传此次培训活动的内容、进程、方式,让受训者对培训有一定的了解,并相应调整自己的态度和行为。此时要监测受训者对培训的参与热情和持久性,表现为受训者在培训过程中的出勤率和教学合作态度等方面。

(3)监控培训内容。对培训内容进行监控,及时发现实际提供的培训内容与规划的培训内容之间的差异,保证实际提供的培训与计划高度一致,一般情况下,应该保证培训按照计划进行，除非有充分的理由证明调整和改变的必要性。

(4)监控培训的进度和中间效果。监控培训进度是保证培训项目在时间进度和资源投入进度方面与计划保持一致，监控中间效果是评估受训者在不同培训阶段的提高和进步幅度，及时发现受训者取得的进步和计划预期的差异并采取补救措施。

(5)培训环境的把握。在具体培训实施过程中，需要及时分析受训者的实际工作环境的变化，调整培训的实施环境，以保证培训适应新环境下的新需求。

(6)评估培训机构和培训人员，其中培训人员包括培训的管理人员和培训教师，评估主要是为了保证培训机构和培训人员有能力做好培训。

(三)培训效果评估

培训效果评估是指在培训结束后评估培训发挥了多大效果，培训使企业和受训者发生了多大程度的改变。效果评估是培训评估的重点，主要包含以下内容：评估受训者究竟学习或掌握了哪些东西、工作究竟发生了多大的改进，即受训者是否把在培训中学到的知识技能有效地运用到工作中去；企业的经营绩效又发生了多大的改进。

(四)培训效率评估

通过培训效率评估，可以与以前的培训效率进行纵向对比，与不同企业之间的培训效率进行横向对比，与企业实际达到的效率和应该达到的效率进行基准对比，从而找出差距，制定改进措施，进一步提高培训质量。

七、培训效果监控情况总结

培训效果监控情况总结是对培训基本情况的阐述，主要包括的内容有：简要阐明培训目的、介绍培训对象和培训内容、简要介绍培训方法和对本次培训的综合分析与评估及其结论和建议，另外还有附件等。

第六节 员工职业生涯管理与规划

一、员工职业生涯管理与规划的概念

(一)职业生涯管理

职业生涯管理分为个人的职业生涯管理和组织的职业生涯管理。个人的职业生涯管理是以实现个人发展的成就最大化为目的，通过对个人兴趣、能力和个人发展目标的有效管理实现个人的发展愿望。组织的职业生涯管理是组织人力资源管理的主要内容之一，是组织将个人发展和企业目标相结合，对决定员工职业生涯的主客观因素进行分析、测定和总结，并通过设计、规划、执行、评估和反馈，使每位员工职业生涯目标与组织发展战略目标相一致的过程。

(二)员工职业生涯规划

员工职业生涯规划是指个人和组织相结合，在对一个人职业生涯的主客观条件进行测定、分析、总结、研究的基础上，对自己的兴趣、爱好、能力、特长、经历及不足等各方面进行综合分析与权衡，结合时代特点，根据自己的职业倾向，确定其最佳的职业奋斗目标，并为实现这一目标做出行之有效的安排。

根据职业生涯规划的期限一般划分为短期规划、中期规划和长期规划:短期规划为三年以内的规划,主要是确定近期目标,规划近期要完成的任务;中期目标一般为三至五年,在近期目标的基础上设计中期目标;长期目标其规划时间是五至十年,主要设定长远目标。

二、主要职业生涯管理理论简介

国内外一些著名的管理学专家对职业生涯的发展过程进行过长期研究,发现并总结出了许多关于职业生涯发展的理论和规律,在这些理论和规律中比较有影响的主要有以下几种:

(一)萨柏的职业生涯发展理论

萨柏是美国一位有代表性的职业学家,他把人的职业发展划分为五个大的阶段:①成长阶段:从0~14岁,经历对职业从好奇、幻想到兴趣,到有意识培养职业能力的逐步成长过程;②探索阶段:从15~24岁,择业、初就业,综合认识和考虑自己的兴趣、能力与职业社会价值、就业机会,开始进行择业尝试,初步进入劳动力市场,或者进行专门的职业培训,选定工作领域,开始从事某种职业;③建立阶段:从25~44岁,为建立稳定职业阶段,对初就业选定的职业不满意,再选择、变换职业工作,变换次数各人不等,也可能满意初选职业而无变换,并最终职业确定,开始致力于稳定工作;④维持阶段:在45~64岁这一长时间内,劳动者一般达到常言所说的"功成名就"情景,已不再考虑变换职业工作,只力求维持已取得的成就和社会地位;⑤衰退阶段:人达到65岁以上,其健康状况和工作能力逐步衰退,即将退出工作,结束职业生涯。

(二)帕金森的职业—人匹配理论

这是用于职业选择、职业指导的经典性理论,最早由美国波士顿大学教授帕金森提出。帕金森的理论内涵即是在清楚认识、了解个人的主观条件和社会职业岗位需求条件基础上,将主客观条件与社会职业岗位(对自己有一定可能性的)相对照、相匹配,最后选择一个与个人匹配相当的职业。职业—人匹配,分为两种类型:①因素匹配,例如所需专门技术和专业知识的职业与掌握该种特殊技能和专业知识的择业者相匹配;或者脏、累、苦劳动条件很差的职业,需要吃苦耐劳、体格健壮的劳动者与之匹配。②特性匹配,例如具有敏感、易动感情、不守常规、个性强、理想主义等人格特性的人,宜于从事审美性、自我情感表达的艺术创作类型的职业。帕金森的职业—人匹配论这一经典性原则,至今仍然正确、有效,并影响着职业管理学、职业心理学的发展。

(三)格林豪斯的职业生涯发展理论

格林豪斯研究人生不同年龄段职业发展的主要任务,并以此将职业生涯划分为如下五个阶段:

(1)职业准备:典型年龄段为0~18岁,主要任务是发展职业想象力,对职业进行评估和选择,接受必需的职业教育。

(2)进入组织:18~25岁为进入组织阶段,主要任务是在一个理想的组织中获得一份工作,在获取足量信息的基础上,尽量选择一种合适的、较为满意的职业。

(3)职业生涯初期:处于此期的典型年龄段为25~40岁,主要任务是学习职业技术,提高工作能力;了解和学习组织纪律和规范,逐步适应职业工作,适应和融入组织;为未来的职业成功做好准备,是该期的主要任务。

(4)职业生涯中期:40～55 岁是职业生涯中期,主要任务是需要对早期职业生涯重新评估,强化或改变自己的职业理想;选定职业,努力工作,有所成就。

(5)职业生涯后期:从 55 岁直至退休是职业生涯后期,主要任务是继续保持已有职业成就,维护尊严,准备引退。

(四)施恩的职业锚理论

"职业锚"是由美国 E. H. 施恩教授提出的,所谓职业锚就是指当一个人不得不做出选择的时候,无论如何都不会放弃的职业中的那种至关重要的东西或价值观,即人们选择和发展自己的职业时所围绕的中心。

经过近 30 多年的发展,职业锚已经成为职业发展、职业设计的必选工具。国外许多大公司均将职业锚作为员工职业发展、职业生涯规划的主要参考点。自 1992 年以后,麻省理工管理学院将职业锚拓展为八种锚位:技术/职能型、管理型、自主/独立型、安全/稳定型、创业型、服务型、挑战型、生活型。

三、员工个人职业生涯规划的基本步骤

每个人都渴望成功,但并非都能如愿。了解自己、有自己坚定的奋斗目标并按照情况的变化及时调整自己的计划,才有可能实现成功的愿望,这就需要进行职业生涯的自我规划。职业生涯规划的步骤是:

(一)自我评估

自我评估包括对自己的兴趣、特长、性格的了解,也包括对自己的学识、技能、智商、情商的测试,以及对自己思维方式、思维方法、道德水准的评价等。自我评估的目的是认识自己、了解自己,从而对自己所适合的职业和职业生涯目标做出合理的抉择。

(二)职业生涯机会的评估

职业生涯机会的评估,主要是评估周边各种环境因素对自己职业生涯发展的影响。在制定个人的职业生涯规划时,要充分了解所处环境的特点、掌握职业环境的发展变化情况、明确自己在这个环境中的地位以及环境对自己提出的要求和创造的条件等。只有对环境因素充分了解和把握,才能做到在复杂的环境中避害趋利,使职业生涯规划具有实际意义。环境因素评估主要包括:组织环境、政治环境、社会环境、经济环境。

(三)确定职业发展目标

俗话说:"志不立,天下无可成之事。"立志是人生的起跑点,反映着一个人的理想、胸怀、情趣和价值观。在准确地对自己和环境做出了评估之后,我们可以确定适合自己、有实现可能的职业发展目标。在确定职业发展目标时要注意自己性格、兴趣、特长与选定职业的匹配,更重要的是考察自己所处的内外环境与职业目标是否相适应,不能妄自菲薄,也不能好高骛远。合理、可行的职业生涯目标的确立决定了职业发展中的行为和结果,是进行职业生涯规划的关键因素。

(四)选择职业生涯发展路线

在职业目标确定后,向哪一路线发展,是走技术路线、还是管理路线,是走技术+管理即技

术管理路线，还是先走技术路线，再走管理路线等，此时要做出选择。由于发展路线不同，对职业发展的要求也不同。因此，在职业生涯规划中，必须对发展路线做出抉择，以便及时调整自己的学习、工作以及各种行动措施沿着预定的方向前进。

（五）制定职业生涯行动计划与措施

在确定了职业生涯的终极目标并选定职业发展的路线后，行动便成了关键的环节。这里所指的行动，是指落实目标的具体措施，主要包括工作、培训、教育、轮岗等方面的措施。对应自己行动计划可将职业目标进行分解，即分解为短期目标、中期目标和长期目标：其中短期目标可分为日目标、周目标、月目标、年目标；中期目标一般为三至五年；长期目标为五至十年。分解后的目标要有利于跟踪检查，同时可以根据环境变化制定和调整短期行动计划，并针对具体计划目标采取有效措施。职业生涯中的措施主要指为达成既定目标，在提高工作效率、学习知识、掌握技能、开发潜能等方面选用的方法。行动计划要对应相应的措施，层层分解、具体落实，细致的计划与措施便于进行定时检查和及时调整。

（六）评估与回馈

影响职业生涯规划的因素很多，有的变化因素是可以预测的，而有的变化因素是难以预测的。在此状态下，要使职业生涯规划行之有效，就必须不断地对职业生涯规划执行情况进行评估。首先，要对年度目标的执行情况进行总结，确定哪些目标已按计划完成，哪些目标未完成。然后，对未完成目标进行分析，找出未完成原因及发展障碍，制定相应解决障碍的对策及方法。最后，依据评估结果对下年的计划进行修订与完善。如果有必要，也可考虑对职业目标和路线进行修正，但一定要谨慎考虑。

员工职业生涯管理与规划的打造和实施将给员工和企业带来十分积极的影响。员工职业生涯规划会为员工明确发展途径，其方向明确、风险小、有保障。对企业而言，为员工打造健全的内部成长机制实际上是有效地开发了企业内部的人力资源，为未来的发展培训和储备了各类人才，使具有不同能力素质、不同职业兴趣的员工都可以找到适合自己的上升路径，最终促成公司稳定、持续和高速地成长。

本章思考题

一、简答题

1. 如何进行培训需求信息的收集与整理？可选用哪些方法和工具？
2. 简述培训需求分析的基本工作程序。
3. 如何运用绩效差距模型进行培训需求分析？
4. 简述培训规划的主要内容。
5. 简述制定员工培训计划的步骤和方法。
6. 简述培训课程的实施与管理工作的三个阶段。
7. 简述评估培训效果的信息种类及评估指标。
8. 简述培训效果跟踪与监控的程序和方法。
9. 简述如何根据培训的目的进行培训课程的实施与管理。
10. 简述培训制度的内容及各项培训管理制度起草的要求和方法。
11. 简述员工个人职业生涯规划的基本步骤。

二、案例分析题

RB制造公司是一家位于华中某省的皮鞋制造公司，拥有近400名员工。大约在一年前，公司因产品有过多的缺陷而失去了两个较大的客户。RB公司领导研究了这个问题之后，一致认为公司在基本工程技术方面还是很可靠的，问题出在生产线上的工人、质量检查员以及管理部门的疏忽大意，缺乏质量管理意识，于是公司决定通过开设一套质量管理课程来解决这个问题。

质量管理课程的授课时间被安排在工作时间之后，每周五晚上7:00—9:00，历时10周，公司不付给来听课员工额外的薪水，员工可以自愿听课，但是公司的主管表示：如果一名员工积极地参加培训，那么这个事实将被记录到他的个人档案里，以后在涉及加薪或提职时，公司将予以考虑。

课程由质量监控部门的李工程师主讲。主要包括各种讲座，有时还会放映有关质量管理的录像片，并进行一些专题讲座，内容包括质量管理的必要性、影响质量的客观条件、质量检验标准、检查的程序和方法、抽样检查以及程序控制等。公司所有对此感兴趣的员工，包括监管人员，都可以去听课。

课程刚开始时，听课人数平均为60人左右。在课程快要结束时，听课人数已经下降到30人左右。而且课程是安排在周五的晚上，所以听课的人员都显得心不在焉，有一部分离家远的人员课听到一半就提前回家了。

在总结这一课程培训的时候，人力资源部经理评论说："李工程师的课讲得不错，内容充实，知识系统，而且他很幽默，使得培训引人入胜。听课人数的减少并不是他的过错。"

请回答以下问题：

(1)您认为这次培训在组织和管理上有哪些不合理的地方？

(2)如果您是RB公司的人力资源部经理，您会怎样安排这个培训项目？

课后实训

请以小组为单位，选择一家企业或学校的某一个系部，设计一份收集培训需求信息的问卷进行培训需求信息收集，对收集到的培训需求信息进行整理和分析并提出培训实施建议。

第六章 员工绩效管理

学习要点

1. 掌握绩效的概念、作用和特征，以及绩效管理的一般步骤。
2. 掌握绩效计划的内容和制定原则。
3. 掌握绩效监控与绩效辅导的内容以及绩效辅导的步骤。
4. 熟悉绩效考核方法。
5. 了解进行绩效反馈面谈的知识。
6. 根据评估结果，选择适合的绩效改进方法。
7. 掌握绩效结果的应用。

案例导入

EB公司是一家从事电脑、数码产品及其相关配件销售的企业。公司下辖8个分店，共有员工200余人。由于不同产品的顾客群不同，如电脑主要销售给企事业单位，而数码产品主要面向个人客户，因此公司目前尚没有建立起相应的考核体系。

EB公司的总经理刘益看到了一个某著名跨国公司绩效考核的成功案例：按照员工的业绩和潜力，将员工分成A、B、C三类，三类的比例符合正态分布，被评为C类的员工，如果工作无法进步，公司将给予不同程度的惩罚。刘益觉得这个方法好，决定在公司内部实施这种绩效考核管理办法。

根据总经理的指示，人力资源部制定了绩效考核方案并报总经理审批。方案采用了强制分布法将分店的员工分为A类(优秀)、B类(一般)、C类(较差)3个等级，其中A类和C类各占20%，B类占60%。同时，公司的工资结构也变成了“基本工资+浮动工资”的形式，如表6-1所示。

表6-1 EB公司员工的新旧工资对比表

员工原来的工资	员工现在的工资		
	类别	基本工资	浮动工资
1800元	A	1600元	400元
	B	1600元	200元
	C	1600元	0元

公司把员工的基本工资下调了200元，变为1600元，同时增加了浮动工资，在月度考核后，绩效优秀的A类员工除可以拿到基本工资之外，还可以拿到浮动工资400元；B类员工也可以拿到200元的浮动工资；而绩效差的C类员工，其浮动工资就要被全部扣除。

绩效考核与薪酬制度经总经理审批后颁布实施了。但是，员工们对新的绩效考核和薪酬制度并不认同。

被考核为C类的员工认为，这只是变着法子克扣员工的工资，然后再加到少部分人的头上，这样公司所发的工资总额并没有变动，而自己的收入却减少了。

C类员工有怨言，不足为奇。而拿到了超额工资的A类员工也觉得不自在，因为他们多拿的钱，就是和他们在同一个店中的C类员工被扣的那部分工资，同事之间总是低头不见抬头见，钱拿得多也不好意思。

各分店店长在实施新的绩效考核的过程中，也会感受到来自员工的压力，因为谁被评为C类员工，谁就会有意见，会严重影响分店的内部关系，而他们认为店内的团结与和谐才是最重要的。

有的店长认为自己的员工都是合格的，很难分出三六九等，而公司的制度又必须执行，没有办法，只能抽签决定；还有的分店干脆采取“轮流坐庄”的方式，这个月你拿的钱多，下个月你就少拿些……

这样一来，公司的绩效考核和薪酬体系就失去相应的作用，员工的不满也会日益加剧。

第一节 绩效管理概述

一、绩效管理概述

绩效是指具有一定素质的员工在职位职责的要求下，实现的工作结果和在此过程中表现出的行为。绩效是对工作行为及工作结果的一种反映，也是员工内在素质和潜能的一种体现。

绩效评价是指评定和估计员工个人工作绩效的过程和方法，是员工绩效形成的不可或缺的因素。

绩效管理是管理者与员工通过持续开放的沟通，就组织目标和目标实现方式达成共识的过程，也是促进员工做出有利于组织的行为、达成组织目标、取得卓越绩效的管理实践。绩效管理的主要目的是建立客观、简洁的绩效优化体系，实现组织与个人绩效的紧密融合。绩效优化体系可以保留、激励员工，持续地培养和发展员工，依据组织需要调整人员配置，从而提升企业的核心竞争力。

绩效评价与绩效管理这两个概念既有联系又存在区别。绩效评价是绩效管理过程中非常重要和关键的一个环节。一是只有通过绩效评价这个环节，才能将客观的绩效水平转变形成完整的绩效信息，为改进个人和组织绩效提供管理决策依据；二是绩效管理的关键决策都围绕绩效评价展开，包括评价什么内容、多长时间评价一次、谁来评价、怎么进行评价、评价结果如何应用，这项决策贯穿绩效管理过程的不同环节，但都是围绕绩效评价进行的；三是绩效环节技术性非常强，需要专门人员进行系统设计，更需要在管理实践中把握。

两者的区别体现在目的和过程两个方面。首先在目的上，一些组织并不满足于单纯的绩效评价信息在管理决策中的应用。除了单纯的评价目的之外，这些组织通过绩效管理系统帮助员工管理他们的绩效，提高他们的工作能力，改进他们的工作绩效，从而实现组织的战略目标。其次在过程上，绩效评价从属于绩效管理过程，它是由绩效计划、监控、评价和反馈构成的绩效管理全过程的一个环节。

综上所述，绩效管理不仅仅是绩效评价，绩效评价只是绩效管理的一件工具。绩效管理离不开绩效评价，并且绩效评价也应该与绩效管理的其他方面紧密联系。因此，必须将绩效评价纳入绩效管理制度之中，才能够对绩效进行有效的监控和管理，从而实现绩效管理的目标。

绩效管理是一个完整的系统，主要包括制定绩效计划、绩效监控、绩效评价、绩效反馈与改进四个步骤。

二、绩效管理的作用

（一）绩效管理在组织管理中的作用

1. 有助于组织内部的沟通

当员工认识到绩效管理是一种帮助辅导的过程而不是被迫考核的过程时，他们会更加积极地配合和坦诚相待。当组织的氛围被这种理解所包围时，管理者与员工的关系才能更加友善，组织内部的沟通将会更加顺畅。

2. 有助于管理者成本的节约

绩效管理可以使员工明确自己的工作目标、完成工作目标的方式和完成程度。通过绩效管理，员工有了比较大的工作权限和自我决策的权限，这样就可以避免管理者重复向员工叙述工作内容、规定工作期限，从而减少管理者的成本。

3. 有助于促进员工的自我发展

通过绩效管理，员工明确了自己的工作目标、了解了达到工作目标可能获得的报酬、建立了与主管人员不断沟通的机制，这都有助于员工不断地审视自己，学习新的知识和技能以获得更好的发展。

4. 有助于建立和谐的组织文化

绩效管理的核心在于沟通，通过不断的沟通，可以减少上下级的摩擦和冲突，营造友好、开放的工作氛围，这对建立和谐的组织文化至关重要。

5. 是实现组织战略的重要手段

绩效管理的出发点是绩效计划，而绩效计划正是基于组织的发展战略的。这就是说，通过绩效管理，组织的发展战略可以得到很好的贯彻和执行。目前，绩效管理已经越来越成为战略管理中不可缺少的工具和手段。

（二）绩效管理在人力资源管理中的作用

绩效管理是人力资源管理的基础工作之一。做好绩效管理，不仅可以提升组织的绩效水平，还可以推动其他人力资源管理环节的有效实施。

1. 它为其他人力资源管理环节的有效实施提供依据

(1)绩效管理为薪酬的发放提供依据。绩效是决定薪酬的重要因素之一，将薪酬与绩效挂钩越来越成为人力资源管理的趋势。根据薪酬体系和职位性质的不同，薪酬的成分和比例也有所不同。通常来说，薪酬中变化的部分主要由绩效决定，如绩效工资、奖金等，而薪酬中比较稳定的部分主要由职位的价值决定。

(2)为人员的配置和甄选提供依据。通过绩效管理实践，组织可以概括各个职位的有效行为，逐步总结出满足组织文化和职位需求的人员特征。将这些内容纳入组织的人员配置和甄选体系,可以帮助组织更好地实现人岗匹配的目标。

(3)帮助组织更有效地实行员工开发。绩效管理的主要目的之一就是了解员工在工作中的优势与不足,进而帮助他们提高和改进绩效。结合绩效考核的结果,主管人员可以帮助员工有的放矢地制定培训计划。这些活动可以促进组织有效地进行员工能力开发,从而实现组织与个人的共同发展。

2. 它可以用来评估人员招聘、员工培训等计划的执行效果

通过绩效管理,组织可以考察前期人员招聘和培训的实际效果。比如,企业的新员工是否能够满足企业的需要,参加培训的员工是否将培训内容应用到了实际工作中,培训对于员工绩效的提升是否有显著影响,这些问题都可通过绩效管理过程加以回答。客观评价了这些计划的实施情况会为未来的员工招聘和培训奠定良好的基础。

三、有效的绩效管理的特征

有效的绩效管理应当具备以下五个特征。

1. 敏感性

有效的绩效管理体系可以明确地区分高效率员工和低效率员工。如果评价的目的是进行人员配置调整,那么绩效管理体系应当能区分员工之间的工作差别;如果评价的目的是员工的发展,那么绩效管理体系应当能反映员工在不同阶段的工作差别。

2. 可靠性

有效的绩效管理体系能够做到不同的评价者对同一个员工做出的评价基本相同。

3. 准确性

绩效管理的准确性是指应该把工作标准和组织目标联系起来确定极小的差别。为了实现绩效管理体系的准确性,组织必须对工作分析、工作标准、绩效考核体系进行周期性的调整和修改。

4. 可接受性

绩效管理的可接受性是指组织上下对于绩效工作的共同支持才能促成绩效管理的成功。

5. 实用性

绩效管理的实用性是指绩效管理体系的建立和维护成本要小于绩效管理体系带来的收益。

一般来说,只要绩效管理体系满足准确性、敏感性和可靠性就可以认为它是有效的。

四、绩效管理有效实施的影响因素

(一)观念

管理者对绩效管理的认识是影响绩效考核效果的重要因素。如果管理者能够深刻理解绩效管理的最终目的,更具前瞻性地看待问题,并在绩效管理的过程中有效地运用最新的绩效管理理念,便可推动绩效管理的有效实施。

(二)高层领导支持

绩效管理是组织整体战略管理的一个重要手段,迫切需要得到高层领导的支持。高层管理

者如果积极推动绩效管理的实施，给予员工必要的支持，会使绩效管理水平得到有效的提升。

（三）人力资源部门的尽职程度

人力资源部门在整个绩效管理的过程中扮演着组织协调者和推动者的角色。如果人力资源部门能够对绩效管理全力投入，加强对绩效管理的宣传、组织必要的绩效管理培训、完善绩效考核的流程，就可为绩效管理的有效实施提供有力保证。

（四）各层员工对绩效管理的态度

员工对绩效管理的态度直接影响绩效管理的实施效果。如果员工认识到绩效管理的最终目的是帮助他们改进绩效而不是单纯的奖罚，绩效管理系统就能发挥功效。反之，如果员工认为绩效管理仅仅是填写各种表格应付上级或对绩效管理存在严重的抵触情绪，那么绩效管理就很难落到实处。

（五）绩效管理与组织战略的相关性

个人绩效、部门绩效应当与组织的战略目标具有一致性。只有这样才能保证在个人绩效和部门绩效实现的同时，组织战略也能够得到有效的执行。这就提示管理者，在制定各部门目标时，不能仅仅考虑到部门的利益，也要考虑组织整体的利益。

（六）绩效目标的设定

一个好的绩效目标要满足具体、可衡量、可实现、与工作相关等要求。只有这样，组织目标和部门目标才能得到有效的执行，绩效考核的结果才能够公正、客观、具有说服力。

（七）绩效指标的设置

每个绩效指标对于组织和员工而言，都是战略与文化的引导、是工作的方向，因此清晰明确、重点突出的指标非常重要。好的绩效指标可以使绩效考核重点突出，与组织战略目标精确匹配，便于绩效管理的实施。

（八）绩效系统的实效性

绩效管理系统不是一成不变的，它需要根据组织内部、外部的变化进行调整。当组织的战略目标、经营计划发生改变时，绩效系统也应该进行动态的变化，保证其不会偏离组织战略发展的主航道，对员工造成错误的引导。

第二节　绩效计划

一、绩效计划的概念

绩效计划是绩效管理的第一个环节，也是绩效管理过程的起点。作为绩效管理系统闭合循环中的第一个环节，绩效计划是在新绩效周期开始时，管理者和员工经过一起讨论，就员工在新的绩效周期将要做什么、为什么做、需要做到什么程度、何时应做完、员工的决策权限等问题进行识别、理解并达成绩效目标协议。也就是说，绩效计划是管理者和员工就工作目标达成一致意见，形成契约的过程。它是整个绩效管理过程的起点，但并不是说绩效计划一经订立就不可改变。环境总是在不断地发生变化，在计划实施的过程中往往需要根据实际情况不断地调整绩效计划。

绩效计划是实现高水平工作绩效的必要条件。从具体的表现形式看，绩效计划是用于指导员工行为的一份计划书。通过制定这样一份计划，员工可以了解本绩效周期的工作安排和目标，以及将会遇到的障碍和可能的解决方法。作为绩效管理系统的一个环节，绩效计划的过程更加强调通过互动式的沟通手段使管理者与员工在如何实现预期绩效的问题上达成共识。同时，在绩效计划环节，应当根据计划的内容，明确评价指标和评价周期两个关键决策，为下一步绩效监控、绩效评价和绩效反馈提供信息，以利于绩效管理目标的实现。

二、绩效计划目标的种类

绩效计划目标可以分成两类：绩效目标和发展目标。绩效目标来源于组织目标、部门目标和个人目标，主要用于描述员工应执行职位的职责和应完成的量化产出指标。一般来说，具有一定挑战性的目标有利于员工的发展。发展目标是指支持员工实现绩效目标、促进员工自身发展的能力标准，主要强调与组织目标相一致的价值观、能力和核心行为。

三、绩效计划的内容

在绩效开始执行前，管理者需要和员工针对员工的工作目标达成一致的合同。在绩效合同中，应包括以下几个方面内容：员工在该绩效周期内的工作目标以及各工作目标的权重；完成目标的结果；结果的衡量方式和判别标准；员工工作结果信息的获取方式；员工在完成工作中的权限范围；员工完成工作需要利用的资源；员工在达到目标的过程中可能遇到的困难和障碍以及管理者能够提供的帮助和支持；管理者与员工进行沟通的方式。

在达成绩效合同的过程中，员工和管理者有必要进行真诚高效的双向沟通。管理者要向员工阐明组织的目标和部门的目标、管理者的期望、员工的工作标准和完成期限、员工的工作范围和工作权限、员工开展工作所需要的资源。不但管理者需要表达观点，员工也需要积极参与到沟通的过程中，他们应当向主管人员表达自己对工作目标的看法、工作中可能会遇到的障碍以及组织需要给予的帮助和支持。

四、绩效计划的制定原则

(1)价值驱动原则，即绩效计划的制定要与组织追求的提升、组织价值的宗旨相一致。

(2)战略相关性原则，即绩效计划中的工作目标应与组织战略目标密切相关。

(3)系统化原则，即绩效计划应当与战略计划、财务计划、经营计划、人力资源计划等密切结合、相互匹配、配套使用。

(4)职位特色原则，即绩效计划的内容、形式、指标的设定要充分考虑到不同职位的特点。

(5)突出重点原则，即在设定绩效指标时，要注意突出重点，选择那些与组织目标和本职位职责关联程度较大的指标，这样可以引导员工将注意力集中在最关键的绩效目标和发展目标上。

(6)可测量性原则，即绩效计划中设定的绩效指标或工作标准必须是可以清晰测量的，工作完成的好坏可以根据具体、确切的标准来衡量。

(7)全员参与原则，即人力资源部门、主管人员、员工都应当积极参与到绩效计划制定的过程中。

五、绩效计划的制定步骤

在绩效管理系统中，需要对绩效计划的步骤和方式作出明确的规定，围绕组织的战略制定绩效计划，并确保制定的计划引导员工沿着实现组织战略目标的方向前进。

（一）准备阶段

绩效管理的一项主要任务就是明确企业和企业员工的目标，因此让员工了解企业前进的方向是非常重要的。只有员工对企业的目标和实现目标的途径有了清晰的认识之后，他才可能调节自己的方向和行动，以适应企业的要求，个人的目标才有可能与企业目标结合起来。所以，先要让员工了解“大目标”，即企业的战略、企业近几年的发展目标、企业的年度计划及其所在部门的战略、经营目标和经营计划等。除了这些大的目标外，员工还要了解与他个人相关的一些信息，比如他所在职位的工作分析和前一绩效周期的情况反馈。此外，动员和教育员工是绩效管理成功的一个必要条件，是让员工了解绩效管理的重要手段，也是绩效管理系统正常运转的一个前提。

（二）沟通阶段

绩效计划过程中的沟通阶段，是绩效计划的关键。在正式沟通前，管理者首先应当为员工界定他的关键业务绩效领域。关键业务绩效领域是指员工为了实现部门目标和完成工作目标所必须关注的主要方面。在界定了关键业务领域之后，管理者就会要求员工初步制定一个目标及方案。在正式沟通阶段，绩效计划会议是最主要的方式。在会议上，管理者和员工主要通过对环境的界定和能力的分析，确定有效的目标，制定绩效计划，并就自愿分配、权限、协调等可能遇到的困难进行讨论。召开这种会议首先要注意创造一个良好的环境和氛围，尽可能减少环境和气氛带来的压力，同时减少来自外界的干扰，要避免任何可能的中断。上级与下级进行绩效计划沟通时的一个重要原则就是多问少讲，采用引导的方法，让员工自己为自己设立目标，而不是告诉他要做什么。

（三）制定计划阶段

在经过周密的准备，并且与员工进行了多次沟通之后，绩效计划就初步形成了，但仍然需要审定绩效计划的工作是否已成功完成。当绩效计划结束时，我们应该看到如下结果：

（1）员工的工作目标与企业的总体目标紧密相连，并且员工清楚地知道自己的工作目标与组织的整体目标之间的关系。

（2）员工的工作职责和描述已经对以前的组织环境进行了修改，可以反映本绩效周期内主要的工作内容。

（3）管理者和员工对主要工作任务、各项工作任务的重要程度、完成任务的标准、员工在完成任务过程中享有的权限都已经达成了共识。

（4）管理者和员工都十分清楚在完成工作目标的过程中可能遇到的困难和障碍，并且明确管理者所能提供的支持和帮助。

（5）形成了一个经过双方协商讨论的文档，该文档中包括员工的工作目标、实现工作目标的主要工作结果、衡量工作结果的指标和标准、各项工作所占的权重，并且管理者和员工双方要在该文档上签字。

第三节 绩效监控与辅导

绩效监控是绩效管理的第二个环节，是连续绩效计划和绩效评价的中间环节，也是耗时最长的一个环节。在整个绩效周期内，管理者采取恰当的领导风格，积极指导下属工作，与下属进行持续的绩效沟通，预防或解决绩效周期内可能发生的各种问题，以期达到更好地完成绩效计划的目标，这就是绩效监控。绩效监控为任务的分配者和执行者提供了一个定期交流的机会，使双方有机会讨论各自有何期待以及这些期待目前的实现状况。

一、绩效监控

绩效监控作为连接绩效计划和绩效评价的中间环节，对绩效计划的实施和绩效的公正评价有着极其重要的作用。它要求管理者与员工进行持续不断的绩效沟通，同时这一阶段也是管理者记录员工关键事件的主要时刻。在绩效监控阶段，管理者主要承担两项任务：一是通过持续不断的沟通对员工的工作给予支持，并修正工作任务与目标之间的偏差；二是记录工作过程中的关键事件或绩效数据，为绩效评价提供信息。

绩效监控始终关注员工工作绩效，旨在通过提高个体绩效水平来改进部门和组织的绩效。一个优秀的管理者必须善于通过绩效监控，采用恰当的领导方式，进行持续有效的沟通，指导下属的工作，提高其绩效水平。因此，对管理者而言，其管理水平和对下属的辅导水平，往往构成对其绩效进行评价的一个重要方面。

二、绩效辅导

绩效辅导就是在绩效监控过程中，管理者根据绩效计划，采取恰当的领导风格，对下属进行持续的指导，确保员工工作不偏离组织战略目标，并提高其绩效周期内的绩效水平以及长期胜任素质的过程。要想成为一名合格的指导者，并不一定需要成为该领域的专家。对员工进行指导关注的基本问题是帮助员工学会发展自己，通过监控员工的工作过程，发现员工存在的问题，及时对员工进行指导，培养其工作中所需的技巧和能力。优秀的指导者或管理者应该在以下三个层次上发挥作用：

(1)与员工建立一对一的密切联系，向他们提供反馈，帮助他们制定能“拓展”他们目标的任务，并在他们遇到困难时提供支持。

(2)营造一种鼓励员工承担风险、勇于创新的氛围，使他们能够从过去的经验中学习。这包括让员工反思他们的经历并从中获得经验，从别人身上学习，不断进行自我挑战，并寻找学习新知识的机会。

(3)为员工提供学习机会，使他们有机会与不同的人一起工作。把他们与能够帮助其发展的人联系在一起，为他们提供新的挑战性的工作，以及接触某些人或情境的机遇，而这些人或情境是员工自己很难接触到的。

(一)绩效辅导的内容

典型的绩效辅导活动通常包括以下两方面内容。

1. 绩效现状

通过绩效监控环节，主管人员已经能够了解员工的绩效执行情况。但是在绩效辅导之前，主管人员有必要与员工分享对于绩效现状的看法。从中，管理者能够向员工说明管理者眼中的绩效现状，员工也可以向管理者说明他对于绩效的看法。经过双方互动式的交流，使双方能够对绩效有更深层次、更客观的认识，并就绩效的现状达成一致。

2. 改进绩效的方法

双方就绩效问题达成一致后，就可以着手探讨改进绩效的方法。这种探讨应当是开放式的，管理者需要给员工更多的谈话机会，让他们自行找到解决绩效现状的方法。通常情况下，这种绩效辅导的效果是最好的。同时，管理者应当在辅导中给予员工更多的信任和支持，让员工感受到管理者不是在批评员工而是在帮助员工，从而打消他们的顾虑，畅所欲言。

(二)绩效辅导的步骤

一个正式的绩效辅导过程通常包括以下几个步骤。

1. 收集资料

在进行绩效辅导前，管理者应当全面地搜集关于员工的绩效资料，它们包括：员工的绩效计划书、职位说明书；绩效监控过程中搜集的绩效执行信息；绩效辅导提纲。

2. 定好基调

正式开始辅导活动前，管理者应当让员工了解绩效辅导的目的和主题，以免绩效辅导进行得太过仓促，达不到预期的效果。同时，管理者也应当就绩效辅导的时间和地点征询员工的意见，营造平等的沟通氛围。

3. 达成一致

进入正式话题后，管理者首先要就目前的绩效现状与员工进行沟通，从而保证对员工辅导是基于双方共同认可的绩效现状。在这个阶段，管理者应当给员工发表自己见解的机会，尽量避免单方面的压迫式地陈述现状。

4. 探索可能

双方就现状达成一致后，就可以继续讨论改进现状的方案了。在这个阶段，主管人员应该更多地引领员工思考，多提出一些开放式的问题，鼓励员工表达自己的观点。在充分理解员工的观点后，管理者便可以表达自己的想法。最终在互动式的探索中达到期望的结果。

5. 制定计划

如果双方认可了改进现状的方案，就应该制定方案实施的计划表，进一步明确行动的步骤、行动的时间表、要达成的阶段性成果和相应的资源支持。

6. 给予信心

在绩效辅导结束前，主管要表达对员工的鼓励和支持，给员工实施改进计划的信心。

三、绩效计划的调整

通常情况下，每个绩效周期对员工的绩效计划目标核定一次，没有特殊情况不作调整。如在绩效执行的过程中，发生组织业务发展计划变更、组织结构调整、市场环境变化、不可抗拒的事件等情况，需要调整计划时，员工可以向主管人员提出书面申请，由人力资源部组织有关职能部门重新审定，经高层批准后实施。

第四节 绩效评价

一、绩效评价的方法

(一)系统的绩效评价方法

系统的绩效评价方法包括目标管理法、平衡计分卡法、关键绩效指标法和标杆超越法。

1. 目标管理法(MBO)

目标管理体现了现代管理的哲学思想,是领导者与下属之间双向互动的过程。目标管理法是由员工与主管共同协商制定个人目标,个人的目标依据企业的战略目标及相应的部门目标而确定,并与它们尽可能一致。该方法用可观察、可测量的工作结果作为衡量员工工作绩效的标准,以制定的目标作为对员工考评的依据,从而使员工个人的努力目标与组织目标保持一致,减少管理者将精力放到与组织目标无关的工作上的可能性。

目标管理法的基本步骤是:

首先,战略目标设定。考评期内的目标设定首先是由组织的最高层领导开始的,由他们制定总体的战略规划,明确总体的发展方向,提出企业发展的中长期战略目标、短期的工作计划。

其次,组织规划目标。在总方向和总目标确定的情况下,分解目标,逐级传递,建立被考评者应该达到的目标,这些目标通常成为对被考评者进行评价的根据和标准。制定目标时,应注意目标的具体性和可观性,目标的数量不宜过多;目标应做到可量化、可测量,且长期与短期并存;目标由管理层和员工共同参与制定;设立目标的同时,还应制定达到目标的详细步骤和时间框架。

最后,实施控制。目标实施过程中,管理者应提供客观反馈,监控员工达到目标的进展程度,比较员工完成目标的程度与计划目标,根据完成程度指导员工,必要时修正目标。在一个考评周期结束后,留出专门的时间对目标进行回顾和分析。

目标管理法的评价标准直接反映员工的工作内容,结果易于观测,所以很少出现评价失误,也适合对员工提供建议,进行反馈和辅导。由于目标管理的过程是员工共同参与的过程,因此,员工工作积极性大为提高,责任心和事业心得以增强。但是,目标管理法没有在不同部门、不同员工之间设立统一目标,因此难以对员工和不同部门间的工作绩效作横向比较,不能为以后的晋升决策提供依据。

2. 平衡计分卡法(BSC)

平衡计分卡法是一种新型的战略性绩效管理工具和方法。它从组织的战略目标出发,从四个方面关注组织的绩效,即财务方面、顾客方面、内部流程方面和创新与学习方面。它的特点是更加全面反映组织的绩效:不仅包含财务指标来揭示组织的经营结果,还增加了组织长远发展所必备的客户指标、内部流程指标和学习与发展指标。其基本原理和流程如下:

(1)以组织的共同愿景与战略为内核,运用综合与平衡的哲学思想,依据组织结构,将公司的愿景与战略转化为下属各责任部门(如事业部)在财务、顾客、内部流程、创新与学习等四个方面的系列具体目标(即成功的因素),并设置相应的四张计分卡,其基本框架如图 6-1:

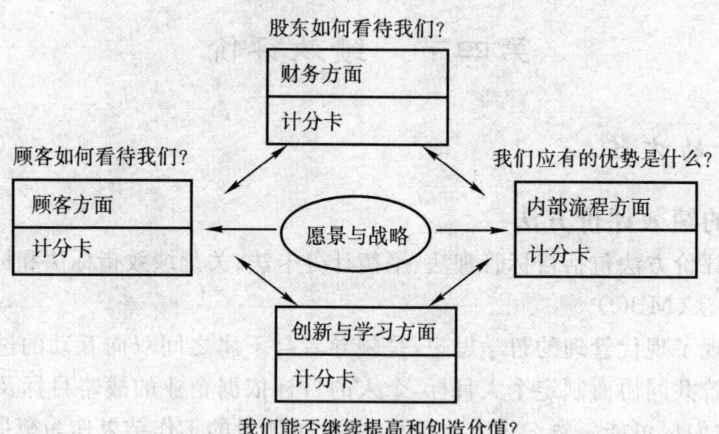

图 6-1 计分卡基本框架

(2)依据各责任部门分别在财务、顾客、内部流程、创新与学习等四种可计量可具体操作的目标,设置一一对应的绩效评价指标体系,这些指标不仅与公司战略目标高度相关,同时兼顾和平衡公司长期和短期目标、内部与外部利益,综合反映战略管理绩效的财务与非财务信息。

(3)由各主管部门与责任部门共同商定各项指标的具体评分规则。一般是将各项指标的预算值与实际值进行比较,对应不同范围的差异率,设定不同的评分值。以综合评分的形式,定期(通常是一个季度)考核各责任部门在财务、顾客、内部流程、创新与学习等四个方面的目标执行情况,及时反馈,适时调整战略偏差,或修正原定目标和评价指标,确保公司战略得以顺利与正确的实行。BSC 管理循环过程的框架见图 6-2。

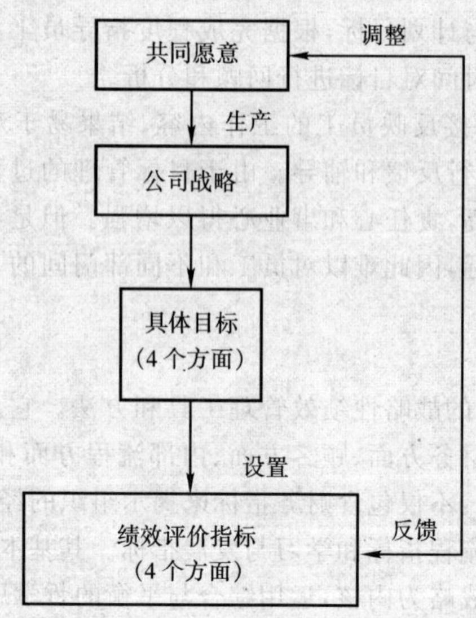

图 6-2 管理循环过程框架

3. **关键绩效指标法**

关键绩效指标法的目的是建立起一种机制，将组织的重大战略目标转化为各个层次的可量化或可行为化的指标和标准，以增强组织核心竞争力。其核心工作是建立起用于描述组织关键成功要素的关键绩效指标体系。

关键绩效指标法的核心是从众多的绩效考评指标体系中提取重要性和关键性指标，它不但是衡量企业战略实施效果的关键性指标，也是试图确立起一种新型的激励约束机制，力求将企业战略目标转化为组织内部全员、全面和全过程的动态活动，不断增强企业的核心竞争力，持续地提高企业的经济和社会效益，使关键绩效指标不仅成为一种检测的手段，更应该成为实施企业战略规划的重要工具。

目前常用的方法是鱼骨图分析法和九宫图分析法，这些方法可以帮助我们在实际工作中抓住主要问题，解决主要矛盾。

(1)鱼骨图分析法。首先，确定个人/部门业务重点，即确定哪些因素与公司业务相互影响。其次，确定业务标准，定义成功的关键要素，是满足业务重点所需的策略手段。再次，确定关键业绩指标，是判断一项业绩标准是否达到的实际因素。最后，依据公司级的 KPI 逐步分解到部门，由部门分解到各个职位，依次采用层层分解、互为支持的方法，确定各部门、各职位的关键业绩指标，并用定量或定性的指标确定下来。如图 6－3 所示：

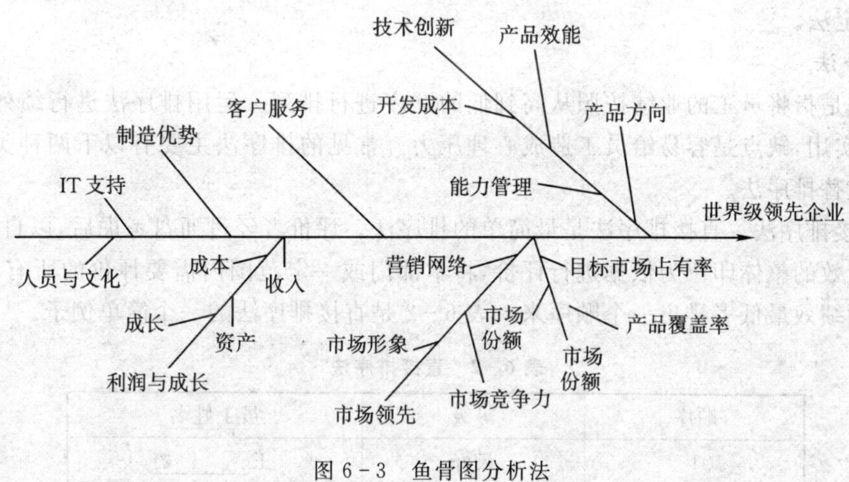

图 6－3 鱼骨图分析法

(2)九宫图分析法。在确认对各战略子目标的支持性业务流程后，需要进一步确定各业务流程在支持战略子目标达成的前提下流程本身的总目标，并运用九宫图的方式进一步确认流程总目标在不同纬度上的详细分解内容。通过九宫图的方式建立流程与工作职能之间的关联，从而在更微观的部门层面建立流程、职能与指标之间的关联，为企业总体战略目标和部门绩效指标建立联系。如图 6－4 所示：

流程总目标：低成本快速满足客户对产品质量和服务要求。		组织目标要求（客户满意度高）			
		产品性质指标合格品	服务质量满意率	工艺质量合格率	准时齐套发货率
		产品设计质量	工程服务质量	生产成本	产品交付质量
客户要求	质量	产品设计好	安装能力强	持量管理	发货准确
	价格低	引进成熟技术			
	服务好		提供安装服务		
	交货周期短			生产周期短	发货及时

图 6-4　九宫图分析法

4. **标杆超越法**

标杆超越法是选择同行业内的一流企业作为本企业比较、学习、借鉴的榜样，实现组织赶超一流企业、不断提升市场竞争力的目标。标杆超越法更有利于激励组织内部成员的潜力，也有利于促进经营者激励制度的完善。

（二）非系统的绩效评价方法

非系统的绩效评价方法包括排序法、配对比较法、强制分布法、关键事件法、不良事故评价法、行为锚定法。

1. **排序法**

排序法是指将员工的业绩按照从高到低的顺序进行排列。运用排序法进行绩效评价，优点是简单、实用，缺点是容易给员工造成心理压力。常见的排序法主要有以下两种类型：直接排序法和交替排序法。

（1）直接排序法。直接排序法是最简单的排序法。评价者经过通盘考虑后，以自己对评价对象工作绩效的整体印象为依据进行评价，将本部门或一定范围内需要评价的所有员工从绩效最高者到绩效最低者排出一个顺序来。表 6-2 是直接排序法的一个简单例子。

表 6-2　直接排序法

顺序	等级	员工姓名
1	最好	王______
2	较好	钱______
3	一般	赵______
4	较差	张______
5	最差	李______

（2）交替排序法。交替排序法是根据某些评价要素将员工从绩效最好的到绩效最差的进行排序，但是具体的操作方法与直接排序法略有不同：交替排序法是将要评价的所有人员的名单列出，并将不熟悉的评价对象划掉，评价者经过通盘考虑后，从余下的所有评价对象中选出最好的和最差的，然后再在剩下的员工中选出最好的和最差的，依次类推，直至将全部人员的顺序排定。交替排序法适用于评价一些无法用量化指标表达的工作质量和效率。在对众多评价对象拉开绩效档次的时候，这种方法是比较简单实用的，尤其在需要评价的人数不多时。表

6-3是适用交替排序法进行评价时所使用的评价表格。

表6-3 交替排序法

评价所依据的要素：＿＿＿＿＿＿

顺序	等级	员工姓名
1	最好	王＿＿＿＿
2	较好	钱＿＿＿＿
3	一般	赵＿＿＿＿
3	差	张＿＿＿＿
2	较差	李＿＿＿＿
1	最差	胡＿＿＿＿

2.配对比较法

配对比较法的基本做法是将每一个评价对象按照所有的评价要素与其他评价对象一一进行比较，根据比较结果排出名次。这种比较方式比排序法的简单排序方式更为科学、可靠。

例如，我们要对五名员工进行绩效评价。在运用配对比较法时，我们应先设计出如表6-4所示的表格，表明要评价的绩效要素并列出需要被评价的员工的名单。然后将所有员工根据表中表明的要素进行配对比较，将比较结果填入两个比较对象相交的单元格中，用“0”表示两者绩效水平一致，“＋”表示A栏上的人比B栏上的人绩效水平高，“－”的含义与“＋”的相反。最后，将A栏每一名员工得到的“＋”的次数纵向相加。得到的“＋”越多，该员工的绩效评价得分越高。

表6-4 配对比较法

评价要素：＿＿＿＿＿＿

B \ A	赵	钱	孙	李	王
赵	0	＋	＋	－	－
钱	－	0	－	－	－
孙	－	＋	0	＋	－
李	＋	＋	－	0	＋
王	＋	＋	＋	－	0

↑

评价结果：钱的评价等级最高。

一般来说，这种方法在人力资源管理中经常被用于对职位的评价。这时选取几个指标，比如职位的重要性、影响程序、风险等，分别对职位进行配对比较，依次评估出不同的职位对公司的价值，并以此作为确定该职位的薪酬依据。

3.强制分布法

强制分布法要求评价者将被评价者的绩效结果放入一个类似于正太分布的标准中。它将员工的绩效表现划分为多个等级，并确定每个等级的人数比例。这种方法排除了评价者主观因素对考核结果的影响。强制分步法就是按事先确定的比例，将评价对象分别分配在各个绩效等级上，比如可以以如下的比例原则来确定员工的绩效结果分布：绩效最好的，5%；绩效较好的，25%；绩效一般的，45%；绩效较差的，15%；绩效很差的，10%。

绩效评价不仅是为了在部门内部进行评价，还应反映出部门对组织绩效的贡献程度，因此，在确定部门员工的绩效等级分布比例时，应该充分考虑该部门的绩效情况。在使用强制分配法时，应根据部门业绩决定部门员工的绩效等级分布比例，而不是平均分配给每个部门相同的比例。比如，规定如表 6-5 所示的一种分数分布情况。

表 6-5　绩效评价分数比例分配表

部门绩效评价分数	部门内员工绩效评价分数				
	5	4	3	2	1
5	15	40	不限	不限	不限
4	10	35	不限	不限	不限
3	5	30	65	不限	不限
2	0	20	60	不限	不限
1	0	10	45	20	不限

当然，在多数情况下，这种比例要求规定的都是上限，而不一定要强制分配进每一个等级。比如表 5-8 中，当部门绩效得分为 3 分时，这时对应部门员工绩效评价得 3 分的不能超过 65%，这意味着可以少于 65%。另外，表中的“不限”表示可以有任意多的人员得此分数。

4. **关键事件法**

关键事件法要求评价者在绩效周期内，将发生在员工身上的关键事件都记录下来，作为绩效评价的事实依据。关键事件法要求评价者通过平时观察，及时记录员工的各种有效行为和无效行为，是一种最为常见的典型的描述法。

关键事件法的优势突出地体现在绩效反馈的环节中。评价者根据所记录的事实及各类评价标准进行绩效评价，最后把评价结果反馈给评价对象。由于关键事件法是以事实为依据，而不是以抽象的行为特征为依据的，评价者可以依据所记录的事实对评价对象说：某某先生，在“协作性”上，我给你的评价等级较低，这是因为在过去的三个月中，你至少有三次对同事或上级表现出不协作的态度。如果这位员工觉得事出有因，或误解了上司的意图，或有其他理由为其“不协作”作辩解，可能在与上司协商和沟通之后达成共识。

通用汽车公司一位一线领班对他的部下杰克的工作“协作性”的记录如下：

其一，有效行为。虽然今天没轮到杰克加班，但他还是主动留下加班到深夜，协助其他同事完成了一份计划书，使公司在第二天能顺利地与客户签订合同。

其二，无效行为。总经理今天来视察，杰克为了表现自己，当众指出了约翰和查理的错误，致使同事之间的关系紧张。

需要着重指出的是，关键事件法往往是对其他评价方法的补充。关键事件法在认定员工的良好表现和不良表现方面十分有效，而且有利于制定改善不良绩效的规划。

5. **行为锚定等级评价法**

行为锚定等级评价法是将每项工作的特定行为用一张等级表进行反映，该等级表将每项工作划分为各种行为级别(从最积极的行为到最消极的行为),评价时评价者只需将员工的行为对号入座即可。

其具体的工作步骤是:

第一,进行岗位分析,获取本岗位的关键事件,由其主管人员作出明确简洁的描述。

第二,建立绩效评价的等级,一般为 5～9 级,将关键事件归并为若干绩效指标,并给出确切定义。

第三,由另一组管理人员对关键事件作出重新分配,将它们归入最合适的绩效要素及指标中,确定关键事件的最终位置,并确定绩效考评指标体系。

第四,审核绩效考评指标等级划分的正确性,由第二组人员将绩效指标中包含的重要事件,由优到差、从高到低进行排列。

第五,建立行为锚定法的考评体系。行为锚定等级评价法设计和实施的费用高,比许多考评方法费时费力,但是它的优点还是比较明显的,主要有:①对员工绩效的考量更加精确。由于参与本方法设计的人员众多,对本岗位熟悉,专业技术性强,所以精确度更高。②绩效考评标准更加明确。评定量表上的等级尺度是与行为表现的具体文字描述是一一对应的,或者说通过行为表述锚定评定等级,使考评标准更加准确。③具有良好的反馈功能。评定量表上的行为描述可以为反馈提供更多必要的信息。④具有良好的连贯性和较高的信度。使用本方法是对被考评者使用同样的量表,对同一个对象进行不同时间段的考评,能够明显提高考评的连贯性和可靠性。⑤考评的维度清晰,各绩效要素的相对独立性强,有利于综合评价判断。图 6－5是使用行为锚定等级评价法时使用的表格。

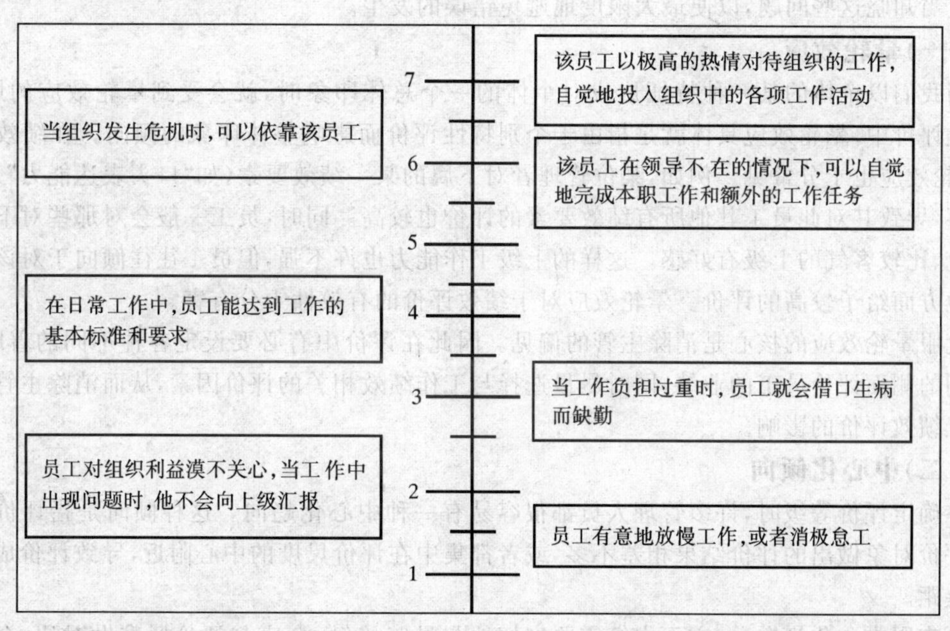

图 6－5　行为锚定等级评价法

(三)各种绩效评价方法的比较

排序法、配对比较法、强制分布法等考核方法主要是针对员工的整体绩效水平给出比较。

这几种方法成本低廉、评价尺度统一，但是它不能显示员工在某个具体领域的绩效问题，无法应用于绩效反馈面谈。

关键事件法设计成本很低，但是可执行性不高，主观上很难全面记录关键事件，对于关键事件的概念也无法完全统一。同时，不同职位的员工之间的绩效不具备可比性，因为对于不同职位来说，关键事件的内容和标准都不尽相同。

不良事故评估法可以帮助企业避免员工工作失误引起的巨大损失。但是，同关键事件法一样，它不能提供丰富的绩效反馈信息。

行为锚定法的可执行性很好、评价误差低，能够反映员工各个维度的绩效表现，非常适合于绩效反馈面谈；但是这种方法的设计成本很高、设计周期很长。

目标管理法、关键绩效指标法、平衡计分卡法都能提供一种组织绩效的系统化解决方案，对组织战略发展的支持程度高。如果指标设计合理，它们都能够为员工的绩效提供综合和具体的评价；但是它们的设计成本较高，需要耗费大量的人力、物力。

标杆超越法可以为组织提供明确的赶超目标，有利于激发组织的斗志，但是它容易使组织陷入模仿标杆的漩涡中失去自身的特色。另外，如果标杆的选取出现偏差，还有可能导致决策的失误。

二、绩效评价中容易出现的问题及应对方法

在绩效评价中，评价者的主观意识(某种偏见或错误)，可能会影响评价结果的公正性。评价者应当知晓这些问题，以便最大限度地避免错误的发生。

(一)晕轮效应

当我们以个体的某一种特征形成对个体的一个总体印象时，就会受到晕轮效应的影响。在绩效评价中，晕轮效应具体就是指由于个别特性评价而影响整体印象的倾向。在绩效评价中，晕轮效应也十分常见。例如，某位管理者对下属的某一绩效要素(如“口头表达能力”)的评价较高，导致其对此员工其他所有绩效要素的评价也较高。同时，员工一般会对那些对下属和颜悦色、比较客气的上级有好感。这样的上级工作能力也许不强，但员工往往倾向于对该上级的其他方面给予较高的评价。晕轮效应对于绩效评价的有效性十分有害。

克服晕轮效应的核心是消除主管的偏见。因此在评价中有必要设定各种不同的着眼点，从不同的侧面评价员工的业绩，同时尽量选择与工作绩效相关的评价因素，从而消除主管偏见对员工绩效评价的影响。

(二)中心化倾向

在确定评价等级时，许多管理人员都很容易有一种中心化趋向。这种倾向是指评价者对一组评价对象做出的评价结果相差不多，或者都集中在评价尺度的中心附近，导致评价成绩拉不开差距。

要克服中心化倾向，一方面主管需要密切地与员工接触、彻底与评价标准做对比，全面准确了解被评者的工作情况；另一方面可以采取强制分配法、排序法等非系统的绩效评价考核方法加以解决。

(三)过宽或过严倾向

这是指一些主管人员在绩效评价的过程中，有过分严厉或过分宽大评定员工的倾向。造

成这种问题的原因是主管人员采取了主观的评价标准,忽略了客观的评价标准。

克服这类问题,组织可以考虑选择适当的方法,建立评价者的自信心或举行角色互换培训;另外,还可以采用强制分配法消除评价误差。

(四)年资或职位倾向

年资或职位倾向指有些主管倾向于给予那些服务年资较久、担任职务较高的被评价者较高的分数。

出现这类问题,主要是由于管理者主观意识太强,克服的方法是通过各种方式使评价者建立起“对事不对人”的观念,引导评价者针对工作完成情况、工作职责进行评价。

(五)盲点效应

盲点效应指主管难于发现员工身上存在的与主管自身相似的缺点和不足。

克服这种效应的办法是将更多类型的考核主体纳入考核,化解主管评价结果对员工绩效的完全决定作用。

(六)刻板印象

刻板印象指个人对他人的看法,往往受到他人所属群体的影响。例如,有些主管可能错误地认为,男性的工作能力较女性容易受到肯定。

为了避免刻板印象,考核者在对员工进行评价时,应当注意从员工的工作行为出发,而不是员工的个人特征。

(七)首因效应

首因效应指人们在相互交往的过程中,往往根据最初的印象去判断一个人。评价者要尽量避免仅凭第一印象或开端的对话就形成对对方性格类型和形象的认识,因为一旦形成这样的观察视角,就很容易将对方的一切言行举止归入该类型,从而影响对被评价者的判断。

为了避免首因效应对考核的影响,管理者应当采取多角度的考核方式。

(八)近因效应

近因效应指最近或者最终的印象往往是最强烈的,可以冲淡之前产生的各种印象。评价者在绩效评价中,应尽量避免因为对近期的绩效和行为印象深刻,而以一种不够客观的眼光观察员工。

为了避免近因效应,可以考虑在进行绩效评价前,先由员工进行自我总结,以便使评价者能够全面回顾被考核人员在整个考核周期内的表现。

三、考核者的培训

主管人员难免会将自己的主观印象带入绩效评价中,这会使考核结果出现不同程度的偏差。解决这种偏差除了采取上文提到的方法外,还应该利用考核者培训的方式加以解决。

考核者培训应当让每一个考核者了解绩效评价的理论和技术,同时也要向考核者提出以前考核中存在的问题以及合理的解决方案。同时,为了增加考核者培训的有效性,还应增加以下内容:工作绩效的多角度性、客观记录所见事实的重要性、合格与不合格员工的具体事例。

为了增强培训计划的有效性,还要对培训的方式加以选择。可供选择的培训方式有:传统的授课模式、群体讨论会、专题研讨会等。

在培训和绩效评价结束后，管理者还应当对培训的效果加以评价，查看评价者是否将培训中获得的知识运用到了绩效评价中、哪种培训方式对提升绩效评价结果的客观性影响最显著。

第五节　绩效反馈面谈

在绩效评价之后进行的绩效反馈面谈是一种正式的绩效沟通。在许多企业中，绩效反馈面谈并没有得到足够的重视，他们往往将填写表格、计算评价结果视为绩效评价乃至绩效管理的全过程。实际上，如果缺少了将评价结果和管理者的期望传达给被管理者的环节，就无法实现绩效评价和绩效管理的最终目的。

一、绩效反馈面谈的目的及作用

绩效反馈面谈是管理者就上一绩效管理周期中员工的表现和绩效评价结果与员工进行正式面谈的过程。

（一）绩效反馈面谈的目的

1. 使员工认识到自己在本阶段工作中取得的进步和存在的缺点，了解主管对自己工作的看法，促进员工改善绩效

在一个绩效周期结束之前，员工需要了解他在整个绩效周期中的表现以及主管和其他人员对自己的看法，根据这些反馈信息，在下一个绩效周期中不断改进并提高自己的技能。当员工无从了解自身存在的问题时，他们就无法有效地纠正自己的行为。另外每个人都需要得到来自周围的人的认可，由此产生自我成就感，从而激励他取得更大的进步。此外，员工也需要就一些他们不理解的地方或自己的一些想法与主管进行交流，绩效反馈的过程实际上也为管理者和员工提供了这样一种交流的机会。

2. 对绩效评价的结果达成共识，分析原因，找出需要改进的方面

绩效评价往往包含许多主观判断的成分，即便是客观的评价指标，也存在对采集客观数据的手段是否认同的问题。由于评价者与评价对象的立场和角色不同，双方对于评价结果的认同必然需要一定的过程。

3. 制定绩效改进计划，共同协商确定下一个绩效管理周期的绩效目标和绩效计划

在管理者和员工就绩效结果和改进点达成共识之后，就要制定绩效改进计划，最终的绩效改进计划往往以书面的形式出现。在绩效改进计划中，双方可以共同确定需要解决的问题、解决的途径和步骤以及员工需要管理者提供的帮助等内容。

4. 为员工的职业规划和发展提供信息

员工的职业规划和发展是建立绩效管理体系的目的之一，因此在绩效反馈阶段，管理者应当鼓励员工讨论个人发展的需要，以便建立起有利于达成这些发展的目标。

（二）绩效反馈面谈的作用

有效的绩效反馈面谈对绩效管理的顺利实施起着以下重要的作用：

（1）它为评价者与被评价者提供了沟通的平台，使考核公开化。

（2）它能够使员工客观地了解自己工作中的不足，有利于改善绩效。

(3)绩效反馈可以通过主管人员和员工的真诚沟通,消除组织目标与个人目标之间的冲突,增强组织的竞争力。

二、绩效反馈面谈的操作流程

一个完整的绩效反馈面谈主要包括三个阶段:面谈准备阶段、面谈实施阶段和面谈评价阶段。

(一)面谈准备阶段

在面谈准备阶段,需要主管人员做好以下几项工作:

1.全面收集资料

主管人员在绩效反馈面谈前,需要准备好员工的绩效考核结果、了解其他员工对面谈对象的评价、年初的绩效指标、职位说明书,为全面分析员工的绩效奠定基础。

2.准备面谈提纲

面谈提纲不仅要简要列出面谈的内容,还要对面谈进行的方式进行规划。比如,面谈如何开场、如何引导员工表达自己的想法。

3.选择合适的时间和地点,并提前通知面谈对象

面谈的时机与面谈的内容同等重要,合适的时机能够有效提升面谈效果。

(二)面谈实施阶段

1.分析绩效差距的症结所在

在这个阶段,应确保如下问题的解决:员工知道自己应该做什么、员工知道怎么做、员工知道改变的意义、员工跨越了绩效改善的障碍。

2.协商解决方法

员工很难接受管理者单方制定的解决方案,这种不接受也许不会反映在面谈中,但是会反映到未来的工作过程中。因此,主管人员应当抱着开放的态度,与员工共同探讨绩效改进的方法。

3.绩效反馈面谈的原则与技巧

(1)建立彼此之间的信任。管理者要维护员工的自尊,小心避免挫伤员工的工作热情。

(2)开诚布公、坦诚沟通。绩效反馈面谈切忌含糊笼统,员工绩效现状的信息应该被具体、详细、客观的解释,仅仅表达管理者对员工工作业绩的不满是没有益处的。

(3)避免对立与冲突。在反馈面谈中,主管需要更高的涵养,给予员工足够的尊重。

(4)关注未来而不是过去。过分地讨论过去是一种时间的浪费,因为它很难对将来的绩效改进带来实质性的帮助。

(5)该结束时立即结束。出现紧急事务、严重分歧、严重超时等情况时,应当果断中止绩效反馈面谈。

(三)面谈评价阶段

面谈结束后,主管人员应当对面谈的效果进行评价,如面谈是否达到目的、是否对员工有了更深的了解、面谈如何改进等。

三、绩效反馈面谈的内容及注意事项

(一)绩效反馈面谈的内容

在面谈的实施阶段，主管人员要确保以下工作的完成：

1. 就绩效现状达成一致

员工与主管人员可能对绩效现状的认识不尽相同，这就要求主管人员在面谈的进行过程中，首先与员工交流关于绩效考核结果的看法，就绩效现状达成共识，为面谈的顺利进行奠定基础。

2. 探讨绩效中可改进之处，并确定行动计划

在绩效反馈面谈中，主管人员应当毫不吝啬地表达对员工绩效亮点的赞扬。但是面谈的重点应当放在不良业绩的诊断上。经过探讨，员工应当明确绩效改进的方向和需要提升的知识、技能，并了解提升的办法。

3. 商讨来年的工作目标

明确了改进的方向和方法，管理者就可以和员工着手商讨来年的工作计划和工作目标。

(二)绩效反馈面谈的注意事项

在绩效反馈面谈中，应注意以下几个环节。

(1)主管人员应当采取赞扬与建设性批评相结合的方式，在肯定员工表现的同时，指出其可改进之处，避免员工产生抵触情绪。

(2)把重点放在解决问题上。反馈面谈的最终目的是改进绩效，因此分析不良绩效产生的原因并探讨解决方案才是面谈的核心。

(3)鼓励员工积极参与到反馈过程中。主管人员应当与员工在一种相互尊重的氛围中共同解决绩效中存在的问题。由管理者一方主导的绩效面谈，很可能会导致绩效面谈的效率低下。

四、面谈中评价者的误区

不论主管人员如何小心注意上述事项，都很有可能走入以下几个误区。

(一)不适当发问

管理者在面谈中应当注意提问的技巧，尽量避免诱导发问、发问内容没有逻辑性、同时对两件以上的事情发问等情况的出现。因为这样的发问无法使管理者得到满意的答案。

(二)理解不足

在面谈中，员工有夸大、忽略、曲解观点的可能。因此，管理者要将对方的谈话加以归纳、回馈、质疑后再确定，以确保对问题的真正理解。

(三)期待预期结果

主管人员在发问和谈话的过程中，如果存在有强烈的预期心理，期待对方的某种回答，就会在无意识间曲解员工的观点。这需要在面谈中特别加以注意。

(四)自我中心和感情化的态度

当主管人员陷入自我感情或自我中心的想法时，就会失去面谈的客观性和公正性。人一

旦感情化，就会失去对事情的基本判断能力，忽略对方的心情，极端的情况是导致与员工的争吵。

（五）以对方为中心及同情的态度

主管人员过多地考虑对方的立场，以同情的角度给予过多的建议。但是过犹不及，过度的关怀可能会使对方产生厌烦情绪。

五、绩效面谈的技巧

（一）时间场所的选择

主管人员在确定面谈时间时，要尽量避开上下班、开会等让人分心的时候。在选择会谈的地点时，也要选择安静、轻松的会客厅。最好为员工营造一种轻松、平等的氛围，便于沟通的顺利进行。

（二）认真倾听

积极的倾听要求主管人员使用目光的接触和恰当的表情来表示对对方的讲话内容的理解。面谈中最忌讳主管人员喋喋不休，时常打断员工的谈话。

（三）鼓励员工多说话

面谈是一种双向的沟通，管理者在这个过程中应该让下属充分表达自己的观点，不应打压和压制。主管也可以多提一些开放性的问题，引发员工的思考以便获得更多的信息。

（四）以积极的方式结束对话

如果面谈实现了既定的目标，主管人员要尽量采用积极的令人振奋的方式结束面谈，要在结束面谈时给予员工必要的鼓励而非打击，因为绩效管理更关注的是未来的绩效而不是现在的绩效。

第六节 绩效改进

一、绩效改进的概念

与传统绩效管理理念不同，现代绩效管理的根本目的是不断提高员工的能力和持续改进员工工作绩效。正因如此，绩效改进过程才显得尤为重要。绩效改进是指通过找出组织或员工工作绩效中的差距，制定并实施有针对性的改进计划来提高员工绩效水平的过程。

二、绩效改进的程序

绩效改进是这样一个过程：首先，分析员工的绩效考核结果，找出员工绩效不佳的原因；然后，针对存在的问题制定合理的绩效改进计划。传统的绩效考核侧重于考核员工过去的工作绩效，而现代绩效管理则强调如何改进员工的绩效，使其未来有优异的表现，在员工个人取得发展的同时，推动企业的发展，实现企业的战略目标。绩效改进计划是针对员工的绩效表现和评价结果，着眼于改进其绩效而制定的一系列具体的行动计划，是绩效计划的有利补充，体现了绩效管理注重评价和发展的核心思想。绩效改进的主要过程如下：

（一）绩效诊断与分析

绩效诊断与分析是绩效改进过程的第一步，是绩效改进的基本环节。由于在每个绩效考核周期中需要改进的绩效内容都是不一样的，所以对组织而言，绩效的诊断与分析必不可少。

绩效的诊断与分析有两个关键步骤。第一步是发现问题，即发现组织的关键绩效问题和不良绩效员工。第二步是解决问题，即针对绩效诊断发现的问题，结合组织可利用的资源，大致确定绩效改进的方案和重点，为绩效改进方案的制定做好准备。

（二）组建绩效改进部门

如果条件允许，组织可根据绩效改进的实际需求设立专门的绩效改进部门。绩效改进部门是从传统的培训部门演变而来。部门名称的变化反映了部门使命的变化。绩效改进部门的使命不再是开发全体员工的技能、强化全体员工的知识，而是通过提供咨询、培训、分析和评价服务来确保个人与组织绩效的不断改进。

（三）选择绩效改进方法

绩效改进的方法主要有卓越绩效标准、六西格玛管理、ISO 质量管理体系和标杆超越。不同的方法从不同的角度揭示了绩效改进的方向：卓越绩效标准关注组织的管理理念；六西格玛管理关注组织业务流程的误差率；ISO 质量管理体系关注组织产品（或服务）的生产过程；标杆超越的关注点可以灵活多变。

不同的组织可根据自身的需要，选择适合的绩效改进方法。

1. 卓越绩效标准

卓越绩效标准通过描述卓越企业的管理信念和行为，改进组织的整体效率和能力。

美国的波多里奇卓越绩效标准就是基于上述目的设立起来的。它树立了一套相互关联的核心价值观，并通过这套核心价值观来描述高绩效企业的特征。这套价值观的核心概念包括领导的远见卓识、以顾客为导向追求卓越、组织的和个人的学习、尊重员工和合作伙伴、灵敏性、关注未来、管理创新、基于事实的管理、社会责任、重在结果及创新价值、系统观点。上述每个概念在该标准中都有详细的解释，这些解释揭示了高绩效组织所具有的信念和行为。

通过卓越绩效标准，组织可以分析出自身与卓越组织的差别，探索组织的最佳运作方法，提高组织的绩效水平。

2. 六西格玛管理

六西格玛管理通过减少企业业务流程中的偏差，使组织的绩效提升到更高的水平。它的核心理念是：在企业整个业务流程的所有环节上，都运用科学的方法提高效率、减少失误率，使整个流程达到最优状态，从而满足客户的要求。

六西格玛管理通过使用一系列的统计工具来分析企业业务流程。如果流程的输出结果不尽如人意，可以使用相关的统计工具分析影响流程的要素，进而改进流程，控制错误和废品的增加。

通过六西格玛管理，组织可以科学地提升业务流程的工作效率和工作质量。

3. ISO 质量管理体系

ISO 质量管理体系通过在企业内部制定、实施和改进质量管理体系，使组织生产的产品或服务提升到更高的水平，从而增强客户的满意度。

根据ISO9000标准，质量管理体系由四大板块组成，即管理职责、资源管理、产品实现以及测量、分析和改进。该体系的特点在于明确了管理层在质量管理中的职责；强调纠正和预防措施；强调不断的审核和监督。

4. 标杆超越

标杆超越是通过对比和分析业内外领先企业的经营方式，对本企业的产品或服务、业务流程、管理方式等关键因素进行改进，使组织成为同行业最佳的系统过程。企业标杆的设立可以比较灵活：组织可以将优秀企业的某一管理“片断”作为标杆，也可以将优秀企业整体作为标杆。

进行标杆超越的实质是组织的变革，通过学习同行业经验，改掉制约企业发展陋习、提升企业绩效。

(四)绩效改进实施管理

在绩效改进的实施过程中，需要注意如下问题：

(1)恰当选择绩效改进方案执行的时机。

(2)给予员工改善绩效的机会。

(3)绩效改进方案要以正式的文件传达下来。

(4)采取进一步行动前，要与人力资源顾问及组织的高层管理者进行充分的沟通。

(五)绩效改进效果评价

绩效改进方案实施之后，还要对绩效改进的结果进行评价，以确定绩效改进的程度。通常来说，可以从以下四个维度来评价绩效改进。

(1)反应，即员工、客户、供应商对改进效果的反映。

(2)学习或能力，即绩效改进实施后，员工能力素质的提升程度。

(3)转变，即改进活动对工作方式的影响。

(4)结果，即绩效改进所达成的结果与预期的对比。

第七节 绩效结果的应用

一、考核结果分析概述

绩效考核不是为考核而考核，对于组织而言，如何应用绩效考核的结果同样至关重要。

通过绩效考核，组织可以掌握员工的工作表现和工作贡献，工作表现取决于员工的工作态度，而工作贡献则取决于员工的知识技能。通过这两个维度的交叉分析，我们可以将组织中的员工划分成四种类型，如图6－6所示。

针对不同类型的员工，组织应当有的放矢地采取人力资源政策：对于贡献型的员工，组织要给予必要的奖励；对于安分型的员工，组织要对其进行必要的培训以提升其工作技能；对于堕落型的员工，组织要对其进行适当的惩罚，敦促其改进绩效；对于冲锋型的员工，主管人员应当对其进行绩效辅导。

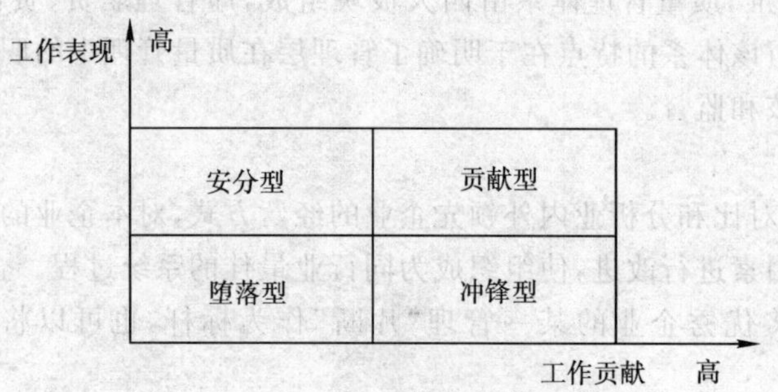

图 6-6　考核结果的分析

二、绩效考核结果的应用

从人力资源管理的各个环节看，绩效考核的结果可以应用于招聘、人员调配、奖金分配、员工培训与开发、员工职业生涯规划。

(一)绩效考核应用于衡量招聘结果

招聘和甄选的最终目标是选择顺应组织发展和职位需要的任职者。招聘是否有效，要通过新员工在一段时间内的绩效考核结果来衡量。如果绩效考核的结果令人满意，说明招聘工作比较成功；反之，就要进一步寻找原因。

(二)绩效考核为人员调配提供依据

绩效考核的结果为员工晋升、调整、淘汰提供决策支持。如果员工的绩效较出色，可以考虑让其承担更多的责任；如果员工的绩效较差，可以考虑通过职位调整改善他的绩效水平；如果经过多次工作调整，绩效结果仍不能令组织满意，就要考虑将其解聘。

(三)绩效考核为奖金分配提供依据

将绩效考核的结果应用于薪酬发放，可以强化薪酬的激励作用。目前很多组织倾向于将薪酬与绩效挂钩，挂钩的方式主要有两种：第一，绩效与一次性的绩效工资或奖金的发放对接；第二，绩效与固定工资基数的调整对接。

(四)绩效考核应用于员工的培训与开发

绩效考核的结果可以加深组织对员工能力、素质水平的认识，尤其是对员工的优势与不足的认识。据此，人力资源部门可以制定更有针对性的员工培训计划，帮助员工弥补不足、提升绩效。绩效考核的结果也可用于衡量培训的有效性。如果通过系统培训，员工的绩效有所提升，说明培训是有效的；如果绩效没有得到提升，则培训可能是低效甚至是无效的。

(五)绩效考核应用于员工职业生涯发展规划

员工职业生涯规划是组织根据员工目前的绩效水平，与员工协商制定长期的工作绩效改进计划和职业发展路径的过程。通过绩效考核的结果，主管人员和员工都可以清晰地认识到员工的优势和不足，经过沟通和讨论，员工便能更加了解工作目标、明确自身的发展路径。

本章思考题

一、简答题

1. 阐述绩效和绩效管理的关系。

2. 绩效管理的过程包含哪些方面？

3. 企业改进绩效管理的方法有哪些？

4. 关键事件法的优缺点是什么？

二、案例分析题

小王在一家私营公司做基层主管已经有三年了。这家公司在以前不是很重视绩效考评。去年，公司从外部引进了一名人力资源总监，至此，公司的绩效考评制度才开始建立起来，公司中的大多数员工也开始知道了一些有关员工绩效管理的具体要求。在去年年终考评时，小王的上司要同他谈话，小王很是不安，虽然他对一年来的工作很满意，但是他并不知道他的上司对此怎么看。小王是一个比较"内向"的人，除了工作上的问题，他不是很经常地和他的上司交往。在谈话中，上司对小王的表现总体上来讲是肯定的，同时，指出了他在工作中需要改善的地方。小王也同意此看法，他知道自己有一些缺点。整个谈话过程是令人愉快的，离开他上司办公室时小王感觉不错。但是，当小王拿到上司给他的年终考评书面报告时，感到非常震惊，并且难以置信，书面报告中写了他很多问题、缺点等负面的东西，而他的成绩、优点等只有一点点。小王觉得这样的结果好像有点"不可理喻"。小王从公司公布的"绩效考评规则"上知道，书面考评报告是要长期存档的，这对小王今后在公司的工作影响很大。小王感到很是不安和苦恼。

请回答以下问题：

(1)案例中提到的绩效反馈面谈，如何正确理解？

(2)你觉得，"在反馈面谈中，领导应该鼓励员工多说话，了解员工的想法"、"绩效反馈面谈进行的时间、地点不会影响沟通的效果"、"管理者在进行绩效反馈面谈时应当做到开诚布公，观点要公正、不带偏见"、"绩效反馈面谈的最终目的是使员工接受绩效考核的结果"这些关于绩效反馈面谈的技巧哪些理解有误？为什么？

课后实训

刘润：出租司机臧勤何以月入8000

（刘润是微软中国上海公司的一位部门经理/臧勤是大众公司出租司机）

我要从徐家汇赶去机场，于是匆匆结束了一个会议，在美罗大厦前搜索出租车。一辆大众发现了我，非常专业地、径直地停在我的面前。这一停，于是有了后面的这个让我深感震撼的故事，像上了一堂生动的MBA案例课。为了忠实于这名出租车司机的原意，我凭记忆尽量重复他原来的话。

"去哪里……好的，机场。我在徐家汇就喜欢做美罗大厦的生意。这里我只做两个地方：美罗大厦、均瑶大厦。你知道吗？接到你之前，我在美罗大厦门口兜了两圈，终于被我看到你了！从写字楼里出来的，肯定去的不近。"

"哦？你很有方法嘛！"我附和了一下。

"做出租车司机，也要用科学的方法。"他说。我一愣，顿时很有些兴趣："什么科学的方法?”

“要懂得统计。我做过精确的计算。我说给你听啊。我每天开 17 个小时的车,每小时成本 34.5 元……”

“怎么算出来的?”我追问。

“你算啊,我每天要交 380 元,油费大概 210 元左右。一天 17 小时,平均每小时固定成本 22 元交给公司,平均每小时 12.5 元油费。这是不是就是 34.5 元?”我有些惊讶。我打了 10 年的车,第一次听到有出租车司机这么计算成本。以前的司机都和我说,每公里成本 0.3 元,另外每天交多少钱之类的。

“成本是不能按公里算的,只能按时间算。你看,计价器有一个‘检查’功能。你可以看到一天的详细记录。我做过数据分析,每次载客之间的空驶时间平均为 7 分钟。如果上来一个起步价,10 元,大概要开 10 分钟。也就是每一个 10 元的客人要花 17 分钟的成本,就是 9.8 元。不赚钱啊!如果说做浦东、杭州、青浦的客人是吃饭,做 10 元的客人连吃菜都算不上,只能算是撒了些味精。”

强!这位师傅听上去真不像出租车司机,到像是一位成本核算师。“那你怎么办呢?”我更感兴趣了,继续问。看来去机场的路上还能学到新东西。

“千万不能被乘客拉着满街跑,而要通过选择停车的地点、时间和客户,主动决定你要去的地方。”我非常惊讶,这听上去很有意思。“有人说做出租司机得靠运气吃饭。我以为不是。你要站在客户的位置上,从客户的角度去思考。”这句话听上去很专业,有点像很多商业管理培训老师说的“put yourself into others shoes.”

“给你举个例子,医院门口,一个拿着药的,一个拿着脸盆的,你带哪一个。”我想了想,说不知道。“你要带那个拿脸盆的。一般人小病小痛的到医院看一看,拿点药,不一定会去很远的医院。拿着脸盆打车的,那是出院的。住院哪有不碰上死人的?今天二楼的谁死了,明天三楼又死了一个。刚出院的人通常有一种重获新生的感觉,重新认识生命的意义,健康才最重要。那天这个说:走,去青浦。车费再贵,眼睛都不眨一下。你说他会打车到人民广场,再去坐青浦线吗?绝对不会!”

我不由得开始佩服。

“再给你举个例子。那天人民广场,三个人在前面招手。一个年轻女子,拿着小包,刚买完东西。还有一对青年男女,一看就是逛街的。第三个是个里面穿绒衬衫,外面穿羽绒服的男子,拿着笔记本包。我看一个人只要 3 秒钟。我毫不犹豫地停在这个男子面前。这个男的上车后说:延安高架、南北高架,还没说完,后面这位就忍不住问为什么你毫不犹豫地开到我面前?旁边还有两个人,他们要是想上车,我也不好意思和他们抢。我回答说,中午的时候,还有十几分钟就 1 点了。那个女孩子是中午溜出来买东西的,估计公司很近;那对男女是游客,没拿什么东西,不会去很远;你是出去办事的,拿着笔记本包,一看就是公务。而且这个时候出去,估计应该不会近。那乘客说,你说对了,去宝山。”

“那些在超市门口、地铁口打车,穿着睡衣的人可能去很远吗?可能去机场吗?机场也不会让她进啊。”

有道理!我越听越有觉得意思。

“很多司机都抱怨,生意不好做啊,油价又涨了啊,都从别人身上找原因。我想,你永远从别人身上找原因,你永远不能提高。从自己身上找找看,问题出在哪里。”这话听起来好熟,好像是"如果你不能改变世界,就改变你自己",或者 Steven Corvey 的"影响圈和关注圈"的翻版。"有一次,在南丹路一个人拦车,去田林。后来又有一次,一个人在南丹路拦车,还是去田林。我就问了,怎么你们从南丹路出来的人,很多都是去田林呢?人家说,在南丹路有一个公共汽车总站,我们都是坐公共汽车从浦东到这里,然后搭车去田林的。我恍然大悟。比如你看我们开过的这条路,没有写字楼,没有酒店,什么都没有,只有公共汽车站,站在这里拦车的多半都是刚下公共汽车的,再选择一条最短路线打车。在这里拦车的客户通常不会高于15元。"

"所以我说,态度决定一切!"我听十几个总裁讲过这句话,第一次听出租车司机这么说。

"要用科学的方法,统计学来做生意。天天等在地铁站口排队,怎么能赚到钱?每个月就赚500块钱怎么养活老婆孩子?这就是在谋杀啊!慢性谋杀你的全家。要用知识武装自己。学习知识可以把一个人变成聪明的人,一个聪明的人学习知识可以变成更聪明的人。一个很聪明的人学习知识,可以变成天才。"

"一次有个人去火车站,问怎么走。他说这么这么走。我说慢,上高架,再那么那么走。他说,这就绕远了。我说,没关系,你经常走你有经验,你那么走50块,你按我的走法,等里程表50块了,我就翻表。你只给50快就好了,多的算我的。按你说的那么走要50分钟,我带你这么走只要25分钟。最后,按我的路走,多走了4公里,快了25分钟,我只收了50块。乘客很高兴,省了10元钱左右。这4公里对我来说就是1块多钱的油钱。我相当于用1元多钱买了25分钟。我刚才说了,我一小时的成本34.5块,我多合算啊!"

"在大众公司,一般一个司机三四千,拿回家。做的好的大概5000左右。顶级的司机大概每月能有7000。全大众2万个司机,大概只有两三个司机,万里挑一,每月能拿到8000以上。我就是这两三个人中间的一个。而且很稳定,基本不会有大的波动。"

太强了!到此为止,我越来越佩服这个出租车司机。

"我常常说我是一个快乐的车夫。有人说,你是因为赚的钱多,所以当然快乐。我对他们说,你们正好错了。是因为我有快乐、积极的心态,所以赚的钱多。

说得多好啊!

"要懂得体会工作带给你的美。堵在人民广场时,很多司机抱怨!真是倒霉!千万不要这样,用心体会一下这个城市的美,外面有很多漂亮的女孩儿经过,非常现代的高楼大厦,虽然买不起,但可以用欣赏的眼光去享受。开车去机场,看着两边的绿色,冬天是白色的,多美啊。再看看里程表,100多了,就更美了!每一样工作都有她美丽的地方,我们要懂得从工作中体会这种美丽。"

"我10年前是强生公司的总教练。8年前在公司作过三个不同部门的部门经理。后来我不干了,一个月就三五千块,没意思。就主动来做司机。我愿意做一个快乐的车夫。哈哈哈哈。"

到了机场,我给他留了一张名片,说:"你有没有兴趣,这个星期五,到我办公室,给微软的员工讲一讲你怎么开出租车的?你就当打着表,60公里一小时,你讲多久,我就付你多少钱。给我电话。"

(1)刘润欣赏臧勤在工作表现出来的哪些素质,这些素质与绩效有何关系?

(2)请替出租公司设计针对出租司机的绩效评估指标。

(3)有人质疑臧勤的做法(如挑剔乘客)有悖商业道德,你同意吗?为什么?

第七章 员工薪酬管理

学习要点

1.通过本章的学习了解薪酬的内涵，掌握薪酬管理的原则、基本内容。

2.掌握企业设计薪酬管理制度的基本程序和方法。

3.掌握企业工资奖金调整的基本方式以及调整方案的设计方法。

4.掌握企业福利构成，熟悉法定福利的基本构成。

案例导入

工资调整方案

王东升是一家公司研究与开发部经理，公司给他5000元预算工资，让他研究为开发部的五位职员增加工资，其增加额平均是整个工资的7.5%，他知道这5000元不一定全部用完，但不管怎样增加的工资不能超过5000元的预算额。根据他的看法，这五位职工的工资与他们的工作绩效和资历相比，他们的工资不算差，因为1年之前他们都以7%的比例增加了工资。王东升将公司五位职员的工作鉴定评估以及他们各人的有关情况总结起来进行比较，然后再决定每人增加的工资额。

姓名	现工资（元）	职务	工资档次	工龄	表现	个人情况
孙荣圣	15000	研究员	6	5	研究质量还可以，有几次超过期限，但也许不是他的过错	已婚，全家靠他一人维持
李晓明	13000	研究员	6	2	研究成果突出，但有点盛气凌人，对部里提要求和建议多	未婚单身，对钱不是那么急需。据说生活浪漫
张岚	12000	副研究员	5	8	虽然不是全民工，但她工作一直很好，表现突出可靠。经常为研究提出很好的改进方法	已婚，丈夫是一名成功的建筑师。小孩子上中学
刘宝林	16000	高级研究员	7	15	研究还可以，但不是非常突出。最近没有突出成果，有一些成果还是与别人合作干出来的	已婚，由于两个小孩上大学，尤其一孩子在上医学院，经济上困难
周同连	11000	副研究员	5	6	表现一般，经常出现差错，一年来因此受到警告	未婚，要照顾生病的母亲

根据以上表格提供的情况，要求对这五人研究一个增加工资的方案。

案例中出现的情况在企业发展过程中经常出现，那么用什么标准来决定他们的工资，而什么样的工资调整方案才能调动这些人的积极性呢？这些问题的解决就涉及了薪酬管理的专业知识。

企业要想在市场竞争中获得竞争优势，合理的薪酬非常重要。能否建立起具有竞争力的薪酬制度，对于吸引和激励优秀人才为组织服务，提高员工满意度，提高对组织的归属感，促使员工完成组织的目标都是至关重要的。与此同时，现代企业的人力资源管理已进入"以人为本"的管理时代，调动员工的积极性，成为组织生存发展的头等大事。因此，科学合理地设计薪酬制度，不断完善薪酬管理方式，是人本管理理念的重要体现。

第一节　薪酬管理概述

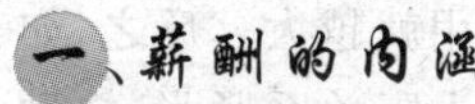

一、薪酬的内涵

（一）薪酬的概念

提起薪酬，我们就会想到工资、薪水，那这些词表达的含义是不是一样？如果不一样又有什么区别呢。实际上，这几个词分别代表了在不同时期以不同内容支付给不同对象的报酬。

因此，薪酬可以定义为组织对员工所作贡献支付的各种回报。这里贡献包括员工实现的绩效、付出的努力、时间、学识、技能、经验、工作表现等。因此，薪酬实质上可以看成是员工与组织之间的一种公平交换或交易，是员工在向组织让渡其劳动或劳务使用权后获得的报偿。

（二）薪酬的功能

薪酬是组织对员工支付的报酬，同时也是企业的一种成本支出，它代表了企业和员工之间的一种利益交换关系。从企业的角度看，薪酬管理是控制经营成本、改善经营绩效以及提高竞争力的重要手段；从员工的角度看，薪酬主要起到保障、激励功能等方面的作用；而从社会整体的角度看，薪酬对于资源配置、政府宏观控制等都具有一定的作用。因此，这里主要从员工、企业和社会三个方面来理解薪酬的作用。

1. 员工方面

薪酬对于员工的功能主要体现在补偿功能、保障功能、激励功能以及信号功能等方面。

(1)补偿功能。员工在劳动过程中体力与脑力的消耗必须得到补偿，使劳动力能得以恢复，才能保证劳动力的再生产，劳动才能得以继续，社会才能不断进步、发展；而另一方面，员工为了提高劳动力素质，要进行教育投资，这笔费用也需要得到补偿，否则就没有人愿意对教育进行投资，劳动力素质就难以提高，进而影响社会发展。因此，对员工来说，通过薪酬的取得，以薪酬换取物质、文化生活资料，是保证劳动力消耗与劳动力生产费用支出的必要补偿。而薪酬的补偿职能，前提是劳动。只有进行了劳动才能按消耗的劳动量进行补偿，多劳动多补偿，少劳动少补偿，不劳动不补偿。

(2)保障功能。在市场经济条件下，薪酬收入是绝大多数劳动者的主要收入来源，它对于劳动者及其家庭的生活起到了保障作用。企业只有支付给员工足够的薪酬，才能保障员工及其家庭的基本生活。只有在基本的生活消费有保障的前提下，员工才可能有更大的创造和发挥。因此，保障员工及其家庭生活，也是实现薪酬的功能应该考虑的。

(3)激励功能。薪酬是企业人力资源管理的重要工具,管理者可以通过薪酬来评价员工的工作绩效,对员工的工作态度、工作行为和工作绩效都有褒奖和惩罚作用。从心理学的角度说,薪酬是个人和组织之间的一种心理契约,这种契约通过员工对于薪酬状况的感知而影响员工的工作行为、工作态度以及工作绩效,即产生激励作用。

根据马斯洛的需求层次理论分析,员工对于薪酬的需求在五个层次上都有所表现:第一,员工期望所获得的薪酬能够满足自己的基本生活需要;第二,员工期望自己的薪酬收入更加稳定或者是稳定的薪酬收入部分有所增加;第三,员工期望自己所获得薪酬与同事之间具有一种可比性,得到公平对待;第四,员工期望自己能够获得比他人更高的薪酬,以作为对个人的能力和所从事工作的价值的肯定;第五,员工期望自己能够获得过上更为富裕、质量更高的生活所需要的薪酬,从而进入一种更为自由的生存状态,充分实现个人的价值。一般情况下,当员工的低层次薪酬需求得到满足以后,通常会产生更高层次的薪酬需求,并且员工的薪酬需求往往是多层次并存的。因此,企业必须注意同时满足员工的不同层次薪酬需求。从激励的角度说,员工的较高层次薪酬需求得到满足的程度越高,则薪酬对于员工的激励作用就越大。反之,如果员工的薪酬需要得不到满足,则很可能会产生消极怠工、工作效率低下、人际关系紧张、缺勤率和离职率上升、组织凝聚力和员工对组织的忠诚度下降等多种不良后果。

(4)信号功能。在人力资源管理实践中发现,员工所获得薪酬水平高低除了其所具有的经济功能以外,它实际上还在向其他人传递着一种信号。人们可以根据这种信号来判断特定的员工的家庭、朋友、职业、受教育程度、生活状况甚至宗教信仰以及政治取向等等。不仅如此,在一个组织内部,员工的相对薪酬水平高低往往也代表了员工在组织内部的地位和层次,从而成为对员工的个人价值和成功进行识别的一种信号。因此,员工对这种信号的关注实际上反映了员工对于自身在社会以及组织内部的价值的关注,从这方面来说,薪酬的信号功能也是不可忽视的。例如,在进行集体谈判的企业里,工会对薪酬问题的特殊关注实际上也是工会对自身地位关注的一个体现。

2. 企业方面

对于企业而言,薪酬的功能主要表现在以下几个方面:

(1)资本增值功能。薪酬在本质上是一种人力资源价格,作为生产过程的投入,薪酬即成为人力成本。企业或投资者支付薪酬的目的是为了带来预期收益,同时薪酬还是一种活劳动投资,它能够给组织带来预期的大于成本的收益,即获得比人力成本价值更大的价值。企业要从事经营和生产,就必须雇佣劳动力,薪酬就是用来购买劳动力所支付的特定成本,是用来交换劳动者劳动的一种手段。一般来说,薪酬的投入是可以为投资者带来预期的大于成本的收益,员工为企业创造的价值大于企业支付的薪酬,而超过薪酬的那部分收益就是企业的利润。

(2)控制经营成本。由于企业所支付的薪酬水平高低会直接影响到企业在劳动力市场上的竞争能力,因此,企业保持一种相对较高的薪酬水平对于企业吸引和保留员工来说无疑是有利的,但是,较高的薪酬水平又会对企业产生成本上的压力,从而对企业在产品市场上的竞争产生不利影响。因此,一方面,企业为了获得和保留企业经营过程中不可或缺的人力资源不得不付出一定的代价;另一方面,企业出于产品或服务市场上的竞争压力又不能不注意控制薪酬成本。事实上,尽管劳动力成本在不同行业和不同企业的经营成本中所占的比重不同,但是对于任何企业来说,薪酬成本都是一块不容忽视的成本支出。通常情况下,薪酬总额在大多数企业的总成本中要占到40%～90%的比重。比如说,薪酬成本在制造业的总成本中很少会低于总成本的20%，而在服务行业中薪酬总额占总成本的比重就更大，往往高达80%～90%。通过合理控制企业的薪酬成本，企业能够将自己的总成本降低40%～60%，由此可见，薪酬成本的可控程度是相当高的，因此，有效地控制薪酬成本支出对于大多数企业的经营成功来说都具有重大意义。

(3)改善经营绩效。人和人的状态是任何企业经营战略成功的基石，也是企业达成优良经营绩效的基本保障。不谈薪酬，我们就无法谈及人和人的工作状态。如前所述，薪酬对于员工的工作行为、工作态度以及工作业绩具有直接的影响，薪酬不仅决定了企业可以招募到的员工的数量和质量，决定了企业中的人力资源存量，同时，它还决定了现有员工受到激励的状况，影响到他们的工作效率、缺勤率、对组织的归属感以及组织承诺度，从而直接影响到企业的生产能力和生产效率。

薪酬实际上是企业向员工传递的一种特别强烈的信号，通过这种信息，企业可以让员工了解，什么样的行为、态度以及业绩是受到鼓励的、是对企业有贡献的，从而引导员工的工作行为和工作态度以及最终的绩效向期望的方向发展。相反，不合理和不公正的薪酬则会引导员工采取不符合企业利益的行为，从而导致企业经营目标难以达成。因此，如何通过充分利用薪酬这一利器来改善企业经营绩效，是企业薪酬管理的一个重大课题。

(4)塑造企业文化作用。如上所述，薪酬会对员工的工作行为和态度发生很强的引导作用，因此，合理的和富有激励性的薪酬制度会有助于企业塑造良好的企业文化，或者对已经存在的企业文化起到积极的强化作用。但是，如果企业的薪酬政策与企业文化或价值观之间存在冲突，那么它则对企业文化和企业的价值观产生严重的消极影响，甚至是导致原有的企业文化土崩瓦解。

举例来说，如果组织推行的是以个人为单位的可变薪酬方案(如计件工资制)，则会在组织内部起到强化个人主义的作用，使员工崇尚独立、注重彼此之间的相互竞争，结果是导致一种个人主义的文化；反之，如果薪酬的计算和发放主要以小组或团队为单位，则会强化员工们的合作精神和团队意识，使得整个组织更具有凝聚力，从而支持一种团队文化。事实上，许多公司的文化变革往往都伴随着薪酬制度和薪酬政策的变革，甚至是以薪酬制度和薪酬政策的变革为先导。这从一个侧面反映了薪酬对于企业文化的重要影响。

(5)支持企业变革。随着经济全球化的趋势愈演愈烈，正所谓当今世界“唯一不变的是变化”。为了适应这种状况，企业一方面要重新设计战略、再造流程、重建组织结构；另一方面，它还需要变革文化、建设团队、更好地满足客户的需求，总之是使企业变得更加灵活，对市场和客户的反应更为迅速。然而，这一切都离不开薪酬，因为薪酬可以通过作用于员工个人、工作团队和企业整体来创造出与变革相适应的内部和外部氛围，从而有效推动企业变革。

首先，企业的薪酬政策和薪酬制度与重大组织变革之间是存在内在联系的。据统计，在企业流程再造的努力中，50%～70%的计划都未能达到预期的目标，其中的一个重要原因就是再造后的流程和企业的薪酬体系之间缺乏一致性。

其次，作为一种强有力的激励工具和沟通手段，薪酬如果能够得到有效的运用，则它能够起到沟通和强化新的价值观和行为、支持对结果负责的精神的作用，同时还直接成为对新绩效目标的达成提供报酬的重要工具。这样，薪酬就会有利于强化员工对于变革的接受性和认可程度，从这种意义上来说，薪酬更多的是对目前以及将来的一种投资，而并不仅仅是一种成本概念。

最后，薪酬除了对于员工个人和企业具有重大意义之外，它对于整个社会也具有独特的作用。事实上，在各国的国民生产总值中，大约有60%的部分是以薪酬的形式体现出来的，因此，薪酬水平的高低会直接影响到国民经济的正常运行。同时，一国劳动者的总体薪酬水平还是该国总体社会和经济发展水平的一个重要指标，合理的薪酬可以满足人们的多种需要，不断提高人民的生活质量；一旦薪酬的分配不合理，它所提供的保障功能不足，则有可能引发社会动荡，带来许多社会问题。

3. **社会方面**

薪酬对社会的作用主要体现在调节、统计与监督方面。

(1)调节职能。薪酬的调节职能主要体现在两方面：劳动力的合理配置和劳动力素质结构的合理调整。在社会主义初级阶段，客观上仍存在着地区之间、行业（产业）之间、职业（岗位、职务）之间工作环境、劳动轻重、分工协作以及社会地位等的差别。

在劳动力市场中劳动供求的短期决定因素是薪酬。薪酬高，劳动供给数量就大；薪酬低，劳动供给数量就少。因此，科学合理地运用薪酬这个经济参数，就可以引导劳动者向合理的方向流动，使其从不急需的产业（部门）流向急需的产业（部门），从发挥作用小的产业（部门）流向发挥作用大的产业（部门），达到劳动力的合理配置。因此，可以通过科学地、恰当地运用薪酬这个市场经济杠杆来引导劳动之间合理的流动，从而使劳动力资源得到有效的配置。

此外，由于科学技术的迅速发展，产品结构、技术结构的变化，对劳动力的素质提出了越来越高的要求。薪酬的调节职能还表现在通过对薪酬关系、薪酬水平的调整来引导劳动者努力学习和钻研企业等经济组织急需的业务（技术）知识，从人才过剩的职业（工种）向人才紧缺的职业（工种）流动，既满足了各行各业的需要，又平衡了人力资源结构。劳动力素质结构方面的供求失衡是经常现象。在这种情况下，薪酬关系的调整就能从供求两个方面来调节劳动力素质结构，使供求达到相对平衡：对那些社会需求大、在国民经济发展中有重要作用的专业人员规定较高的薪酬，以引导新生的劳动力学习这方面的知识技能；而那些供大于求的专业人员要降低薪酬，引导现有人员转业学习社会需要的知识技能（包括转岗培训），从而使得劳动力素质结构合理化，符合社会需要。

当然上述流动过程并不是自然而然实现的，会受到很多因素的制约。劳动力跨区域流动会受到地域限制、生活习惯、生存成本的制约；跨行业流动会受到行业政策、行业经验的制约；跨职业人才流动会受到知识技能、职业经验的制约。

(2)统计与监督职能。薪酬是按劳动数量与质量进行分配的。所以，薪酬可以反映出劳动者所提供的劳动量的大小。薪酬是用来按一定价格购买与其劳动支出量相当的消费资料的，所以，薪酬还可以反映出劳动者的消费水平。于是，薪酬就把劳动量与消费量直接联系了起来。因此，对薪酬支付的统计与监督，实际上也是对劳动消耗的统计与监督，进而也是对消费量的统计与监督。这就有助于国家从宏观上考虑合理安排消费品供应量与薪酬增长的关系，以及薪酬增长与劳动生产率增长、国内生产总值增长的比例关系。

（三）薪酬的构成

薪酬是一个综合性的概念，依据不同的条件划分，薪酬被划分成不同类别。大多涉及薪酬问题的论著和文献中将薪酬划分为经济薪酬（外在薪酬）和非经济薪酬（内在薪酬）两大部分。这是从薪酬的形式角度进行的划分。经济薪酬是指组织针对员工所作的贡献而支付给员工各种形式的报酬。经济薪酬又可分为直接薪酬和间接薪酬。其中，直接薪酬包括基本工资、津贴、奖金及股权或红利奖励;间接薪酬则包括福利、保险和额外补助等。非经济薪酬是指员工自身心理上感受到的回报措施,主要体现的是一些社会和心理方面的回报,可分为社会性奖励和职业性奖励。社会性奖励主要包括组织声誉、友善的同事、优越的办公条件、交友的机会、喜欢的任务、相互尊重、表扬与肯定等;职业性奖励是指建立在职业发展基础上,主要是个人能力的提高和事业的发展,包括晋升机会、职业保障、自我发展、弹性工时、决策参与、工作挑战性、自我成就感等。

薪酬从不同的功能进行划分,可分为工资、奖金、津贴和福利四个部分。工资一般是指在正常工作状态下,以货币形式或可以转化为货币形式的报酬。奖金是单位对员工超额劳动部分、增收节支的劳动或劳动绩效突出部分所支付的奖励报酬,是单位为了鼓励员工提高工作效率和工作质量付给员工的货币奖励,如全勤奖、超产奖、质量奖、节约奖等。津贴是对员工在特殊劳动条件(时间、地点、岗位、环境)下工作,所支付的超额劳动及额外的生活费用,或对有损身心健康的岗位所给予的报酬,是工资的补充形式,如岗位津贴、山区津贴、生活补贴、价格补贴等。福利是指企业基于雇佣关系,依据国家的强制性法令及相关规定,以企业自身支付能力为依托,向员工所提供的用以改善其本人和家庭生活质量的各种以非货币工资和延期支付形式为主的补充性报酬与服务,如带薪休假、集体旅游、免费班车等。

实时小案例: IBM 的薪酬构成:

IBM 作为世界一流的高科技企业,一直致力于其薪酬管理体系的完善,以增强企业对优秀人才的吸纳、保留和激励能力。IBM 的薪酬主要由以下部分构成:

基本月薪——对员工基本价值、工作表现及贡献的认同;

综合补贴——对员工生活方面基本需要的现金支持;

春节奖金——农历新年之前发放,使员工过一个充足的新年;

休假津贴——为员工报销休假期间的费用;

浮动奖金——当公司完成既定的效益目标时发出,以鼓励员工的贡献;

销售奖金——销售及技术支持人员在完成销售任务后的奖励;

奖励计划——员工由于努力工作或有突出贡献时的奖励;

住房资助计划——公司提出一定数额存入员工个人账户,以资助员工购房,使员工在尽可能短的时间内用自己的能力解决住房问题;

医疗保险计划——员工医疗及年度体检的费用由公司解决;

退休金计划——积极参加社会养老统筹计划,为员工提供晚年生活保障;

其他保险——包括人寿保险、人身意外保险、出差意外保险等多种项目,关心员工每时每刻的安全;

休假制度——鼓励员工在工作之余充分休息,在法定假日之外,还有带薪年假、探亲假、婚假、丧假等;

员工俱乐部——公司为员工组织各种集体活动,以加强团队精神,提高士气,营造大家庭气氛,包括各种文娱、体育活动、大型晚会、集体旅游等。

(四)影响员工薪酬水平的因素

薪酬水平是指从某个角度按某种标准考察的某一领域内员工薪酬的高低程度。企业薪酬水平决定了企业薪酬的外部竞争性和内部公平性。许多因素影响和决定着员工的薪酬水平,大致可以划分为外部环境因素、组织内部因素和员工个人因素三大类(如图 7-1 所示)。

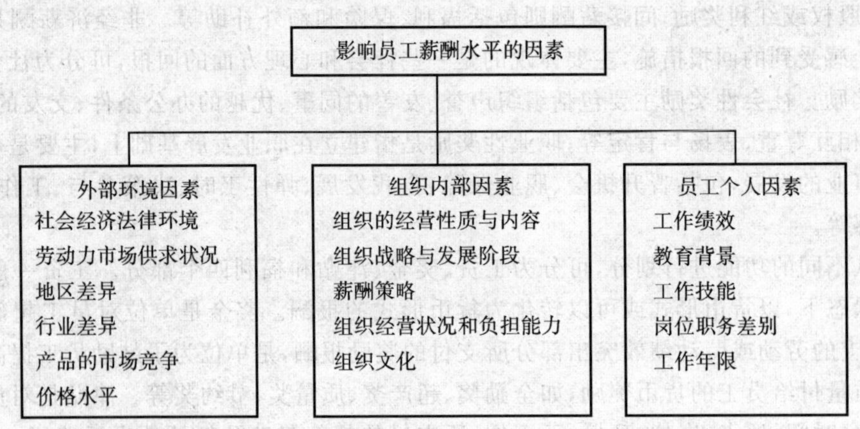

图 7-1　薪酬水平的影响因素

1. 外部环境因素

(1)社会经济法律环境。社会经济法律环境直接影响着薪酬水平的高低。薪酬分配和国民消费水平必然要受全社会劳动生产率和经济发展水平的制约。一般来说，社会的平均工资水平及其增长要和全社会劳动生产率及经济发展水平的增长保持合理的关系。只有社会经济持续快速发展，才能使社会平均薪酬水平的持续增长维持较高水平。同时，政府为了规范劳动力市场，引导劳动力的合理流动，同时也为了规范微观经济组织的分配行为，对微观薪酬水平有一定的干预。政府的宏观调控政策主要有“工资指导线制度”、“劳动力市场工资指导价位制度”等。政府立法主要有《劳动法》、《最低工资法》、《个人收入所得税法》等。政府宏观调控政策在很大程度上制约和影响着微观经济组织薪酬水平变动的幅度，而政府立法则要求薪酬水平既不能低于法定标准，也不能过高，要协调劳动关系双方的利益。

(2)劳动力市场供求状况。一般说来，在劳动力市场上，劳动力的供求影响着薪酬的水平。当劳动力资源供大于求时，劳动力的价格下跌；当劳动力资源供不应求时，劳动力的价格上涨。由于对劳动力的需求是一种引导需求，因此，当市场上对企业的产品或服务的需求增加时，劳动力的工资水平也要提高；反之，当企业的产品滞销时，对劳动力的需求就会减少，这时不仅劳动者的工资水平会下降，企业还可能停止招聘，甚至进行裁员。由于劳动力市场供求不断变化，因此，薪酬水平也随之上下起伏。

(3)地区差异。不同地区的基本生活指数差别明显，经济发达地区生活消费水平较高，而欠发达地区或落后地区生活消费水平较低，这个费用水平又与居民的消费习惯及当地物价水平有关。薪酬水平要受到地区环境因素的影响，因为员工的正常收入至少应能支付家庭的基本生活费用，而不同地区的现行收入水平、生活指数都是不同的。这是组织制定薪酬水平时必须考虑的因素，因此，不同地区组织的薪酬水平是不同的，甚至同一组织在不同地区的员工薪酬水平也不尽相同。

(4)行业差异。组织所在的行业不同以及业务不同，使组织的经营回报率在短期内差别较大，虽然从长期看行业间存在利润率平均化的趋势，但是衰退行业之所以衰退就是因为利润率低于同一地区的其他行业或业务，而导致该行业或业务迁移到欠发达地区。此外，行业特点和行业所处的成长周期也会使该行业的工资水平呈现出较大的差异。比如高科技行业里的企业薪酬水平自然要高一些，而属于夕阳产业的企业薪酬水平就低一些。这是一个动态调整的过程，将长期存在，这一点也决定了薪酬的行业差异。

(5)产品的市场竞争。如果一家企业的劳动力成本比其在产品竞争市场上的要高，在产品同质化日益严重的今天，其生产的产品总成本就要比其他企业高。如果产品市场的竞争比较激烈，利润空间较小，在产品需求价格弹性较大的情况下，高额的成本会导致企业的某些业务流失。企业要综合权衡如何控制成本和如何吸引、保留一支高质量的员工队伍以提供更好的产品之间的关系，来确定企业的薪酬水平。

(6)价格水平。当货币薪酬水平不变，或其上涨幅度小于生活费用价格水平上涨幅度时，价格上涨将导致实际薪酬水平的下降。这时为了保证员工实际生活水平不受或少受影响，组织将采取必要的补偿措施，如采取补贴、提高薪酬标准、增发奖金、实行薪酬与物价挂钩等方式，从而导致薪酬水平的上升。

2.组织内部因素

(1)组织的经营性质与内容。组织的经营性质与内容不同会导致薪酬水平不同。例如，在劳动密集型企业中，员工的劳动成本在总成本中占很大比例；而在高科技企业中，员工从事的是科技含量高的脑力劳动，企业需要的员工人数较少，劳动力成本在总成本中比重不大。这两种类型企业的薪酬体系及制度必定不同。

(2)组织战略与发展阶段。组织战略定义了其核心竞争力，使组织明确自身需要搭建什么样的架构，如何吸引和培养人才。组织在薪酬设计时必须充分考虑企业的发展战略。组织如果定位于成为市场上的佼佼者，而薪资标准却属于中档水平，只奖励有出色业绩的高管人员，那么企业的目标显然难以实现。企业设计薪酬还必须结合企业自身的发展阶段，不同的发展阶段对薪酬策略的要求是不一样的。比如在创业期，企业的薪酬政策关注的是易操作性和激励性，表现出非常个人化的随机性报酬，在薪酬评价上以主观为主，总裁拥有90%以上的决策权。处于高速成长期的企业，在制定薪酬政策时，必须考虑到薪酬的激励作用，这个时候设计的薪酬工资较高，奖金相对非常高，长期报酬也比较高，福利水平也比较高。但如果企业处于平稳发展期或者衰退期时，薪酬策略中又会反映出稳健因素的增强而激励因素的弱化。因此，企业设计薪酬政策必须充分与企业发展的阶段相联系。

(3)薪酬策略。薪酬策略直接影响组织利润积累和利润分配关系，如果用于积累的比例大，用于分配的必然少，员工的薪酬水平就低；反之亦然。常见的薪酬策略有三种：领先型薪酬策略、跟随型薪酬策略、滞后型薪酬策略。有些组织希望提供一流的薪酬，吸引一流的人才；有些组织希望提供低于行业水平的薪酬，以期保持成本优势。实际上，许多组织不止采用一种薪酬策略，而是根据不同的职业类别制定不同的薪酬策略。一般来说，重要的技术工人的薪酬水平高于市场平均水平，而其他工人则等于或低于市场平均水平。

(4)组织经营状况和负担能力。组织经营状况直接决定着员工的工资水平。经营得好的组织，其薪酬水平相对比较稳定且有较大的增幅，而那些经营业绩较差的组织，其薪酬水平相对较低且不具有保障。员工的薪酬还与组织负担能力的大小存在着非常直接的关系，企业经济效益归根结底决定着企业对员工薪酬的支付能力。企业支付的薪酬总额应该在企业能负担的范围之内，而且员工的薪酬增长水平也要与企业的劳动生产率的增长水平相协调。劳动生产率提高，即企业员工单位时间创造的财富增加，员工的薪酬也会随之而增加；反之，若企业劳动生产率下降，效益不好，产品价值无法实现，那么员工的个人收入也就失去了基础。

(5)组织文化。组织文化只有被每一位员工都认同时,才能在组织内部创造出一种共同语言。而与员工利益关系密切的薪酬分配就可以强化传递组织文化。一是从各种分配形式的设计方面来考虑,如公司强化绩效导向的企业文化,则绩效工资设置比例要大,如组织强化岗位导向的文化,则基本工资的设置比例要大;二是从考核与分配的结合方面来考虑,如组织强化员工之间的团队协作,则考核要素中应加大团队协作的权重。有效的整体性薪酬体系是建立在支持组织文化基础上的,这是使薪酬投资得到回报的必要条件。

3.员工个人因素

(1)工作绩效。员工的个人工作绩效是决定薪酬水平的直接因素,高薪酬来自工作的高绩效。组织中绩效好、贡献大的员工,一般都会得到较高的薪酬;反之,绩效差、贡献小的员工,一般薪酬则较低。在薪酬支付上应尽可能充分地考虑到员工的工作绩效是薪酬体系的基本特征。另外,在团队工作组织形式下,员工的薪酬往往会受所在团队的影响。

(2)教育背景。接受教育的程度往往决定着员工的工作效率和贡献能力,因接受良好教育或训练而掌握了较高层次知识的员工是组织支付高薪的对象。在相同工作年限上存在着随学历水平增加而工资水平提高的现象,同时,学历越高,工资水平提高的幅度也会增大。可见,员工的教育背景是衡量员工工作能力和员工对企业贡献的一项重要标准。因此,一般来说,学历较高或者接受较多教育训练的员工,薪酬水平会相对较高。

(3)工作技能。在市场激烈的竞争中,组织愿意支付高薪给两种人:一是掌握关键技术的专才,二是阅历丰富的通才。前者是获得和维持竞争优势的保证;后者则可以有效地整合组织内的各项资源,产生综合效应,提升组织能力。员工工资水平与其技术等级高低成正比。

(4)岗位职务差别。处于不同岗位的员工,要求的工作付出和工作环境会有一定差别,处于不同职务的员工,需要承担的责任也会不同。通常情况下,岗位艰苦、付出较多;职务高、权力大,责任也较重的人,其薪资水平相对也较高。例如,决策层领导可能会采用年薪制或者再加上一定股份,生产工人有可能采用计件工资,销售代表则可能以提成为主要的发薪方式等。

(5)工作年限。为了兑现组织对员工的承诺,促进员工的归属感形成,通常,工作年限长的员工薪酬水平会高于工作年限短的员工,当然,在组织工作时间越长,员工积累的职务经验及技巧等对组织具有的重要性越大,薪酬也肯定会高一些。另外,组织也需要补偿员工在企业工作过程中不断学习各种技能所耗费的时间、体能、金钱乃至心理压力等直接成本,从而促进员工不断地学习新技术,提高对企业的贡献。

二、薪酬管理

(一)薪酬管理的含义

薪酬管理是指根据企业总体发展战略的要求,通过管理制度的设计与完善,薪酬激励计划的编制与实施,最大限度地发挥各种薪酬形式如工资、奖金和福利等的激励作用,为企业创造更大的价值。

传统薪酬管理仅具有物质报酬分配的性质,而对员工的行为及心理特征考虑较少,其着眼点是物质报酬;而现代企业薪酬管理的着眼点转移到了人及对人的影响及作用上。企业经营首先要树立目标,企业目标的实现有赖于对员工的激励,现代薪酬管理将物质报酬的管理过程与员工激励过程紧密结合起来,使之成为一个有机的整体。

(二)薪酬管理的原则

薪酬管理是人力资源管理工作中最重要和最关键的管理活动之一。在进行薪酬管理时应遵循下列原则:

1. 公平性原则

公平性原则是薪酬管理的基本原则。公平理论指出,人们通常通过与他人所受待遇和付出劳动的对比来评价所受待遇的公平程度。只有员工认为薪酬是公平的,薪酬的激励作用才会发挥出来。员工的公平感来自四个方面:第一,与外部其他类似企业(或类似岗位)相比较所产生的感受;第二,员工对本企业薪酬系统分配机制和人才价值取向的感受;第三,将个人薪酬与公司其他类似职位的薪酬相比较所产生的感受;第四,对企业薪酬制度的执行过程和结果的严格性、公正性和公开性所产生的感受。公平性原则是保证薪酬政策中内部公平性的基本原则。

2. 激励性原则

激励性原则就是强调企业在设计薪酬时必须考虑薪酬的激励作用,对于一般企业来说,通过薪酬系统来激励员工的责任心和工作的积极性是最常见和常用的方法。因为合理的薪酬系统解决了人力资源所有问题中最根本的分配问题。简单的高薪并不能有效地激励员工,要有能让员工有效地发挥自己才能的机制以及努力和回报成正比的机制,才能有效地激励员工,也只有建立在这种机制之中的薪酬系统,才能真正地解决企业的激励问题。有效的薪酬管理才能刺激员工努力工作,多做贡献,有助于吸引、保持和激励员工。在薪酬管理过程中,注意从责任、个人能力及业绩多方面考虑,使薪酬体系充分发挥出激励作用。

3. 经济性原则

经济性原则强调企业设计薪酬时必须充分考虑企业自身发展状况,因为它是组织成本的一部分,薪酬标准设计过高,虽然有助于提高薪酬的竞争性和激励性,但也会不可避免地带来组织人上成本的上升,从而削弱组织产品的竞争力,阻碍薪酬管理目标的实现。因此,一个优秀的薪酬管理者在设计薪酬方案时,一定是在考虑企业经济状况的前提下发挥出薪酬的最大功能,帮助组织增强竞争力,实现协调、持续和健康发展。

4. 竞争性原则

在人力资源市场上,企业的薪酬标准要有吸引力,这样才能战胜竞争对手,引进所需人才。竞争性原则包括两重含义:第一,工资水平必须高到可以吸引和留住员工,如果本企业的工资与其他企业中同等情况相比不平等的话,不仅招聘不到人,而且会导致本企业员工离职;第二,如果人工成本在本企业的总成本中所占的比例较大,就会直接影响到企业产品的价格,因此人工成本必须保持在企业所能允许的提高生产产品和劳务效率的最大限度。因此,体现了成本可控的有效的薪酬管理才把握了竞争性原则,而竞争性原则保证了薪酬政策中的外部竞争力。

5. 合法性原则

组织的薪酬制度、政策和薪酬管理过程必须符合政府的有关法律法规和政策规定,如有关薪酬水平最低标准的法规、有关职工加班加点的工资支付规定、劳动法等。企业在制定自己的薪酬政策时必须以不违反国家的法律法规为前提,制定出符合要求的薪酬制度。

(三)薪酬管理的内容

1. 企业员工工资总额管理

按照1989年9月30日国务院批准、1990年1月1日国家统计局发布的《关于工资总额组成的规定》,工资总额是指各单位在一定时期内直接支付给本单位全部职工的劳动报酬。工资总额管理不仅包括工资总额的计划与控制,还包括工资总额调整计划与控制。国家统计局对于工资总额的组成有明确的界定,确定工资总额的组成是:

工资总额=计时工资+计件工资+奖金+津贴和补贴+加班加点工资+特殊情况下支付的工资

事实上,对于国家来说,工资总额的准确统计是国家从宏观上了解人民的收入水平、生活水平,计算离退休金、有关保险金和经济补偿金的重要依据;对于企业来说,工资总额是人工成本的一部分,是企业掌握人工成本的主要信息来源,是企业进行人工成本控制的重要方面。因此,必须充分认识工资总额统计核算的重要性。由于工资总额的各项组成均与企业经济效益等因素直接相关,工资总额的调整在所难免,因此确定工资总额调整的幅度也是十分重要的。

工资总额的管理方法,首先确定合理的工资总额需要考虑的因素,如企业支付能力、员工的生活费用、市场薪酬水平,以及员工现有薪酬状况等,然后计算合理的工资总额。可以采用工资总额与销售额的方法推算合理的工资总额,或采用盈亏平衡点方法推算合理的工资总额,还可以采用工资总额占附加值比例的方法来推算合理的工资总额。

2.企业员工薪酬水平的控制

企业要明确界定各类员工的薪酬水平,以实现劳动力与企业之间公平的价值交换,这是薪酬管理的重要内容。正确的做法是,哪类员工对企业的贡献大,从薪酬中得到的回报就应当多;哪类员工对企业的贡献小,从薪酬中得到的回报就应当少,以示公平。

同时,为了体现薪酬管理对外对内公平的基本原则,还必须根据劳动力市场的供求关系以及社会消费水平的变化,及时对企业员工的总体薪酬水平适时地进行调整,以最大限度地调动员工的工作积极性、主动性和创造性。

3.企业薪酬制度设计与完善

企业薪酬制度设计完善是企业薪酬管理的一项重要任务,包括工资结构设计完善,即确定并调整不同员工薪酬项目的构成,以及各薪酬项目所占的比例;还包括工资等级标准设计、薪酬支付形式设计,即确定薪酬计算的基础是按照劳动时间计算,还是按照生产额、销售额计算。

不同的企业薪酬制度有不同的适用对象和范围,要选择与企业总体发展战略以及实际情况相适应的薪酬制度。

4.日常薪酬管理工作

日常薪酬管理工作具体包括:

(1)开展薪酬的市场调查,统计分析调查结果,写出调查分析的报告。

(2)制定年度员工薪酬激励计划,对薪酬计划执行情况进行统计分析。

(3)深入调查了解各类员工的薪酬状况,进行必要的员工满意度调查。

(4)对报告期内人工成本进行核算,检查人工成本计划的执行情况。

(5)根据公司薪酬制度的要求,结合各部门绩效目标的实现情况,对员工的薪酬进行必要的调整。

第二节　薪酬制度的设计与调整

引导案例　驴子与骡子的差别

有一位农民,养了一头驴子和一头骡子。平时,他们都干一样的活,驴子拉磨,骡子也拉磨。由于磨房比较狭窄，骡子的力气施展不出来，他们磨出的面粉也差不多。但是吃起饲料来，骡子吃的却比驴子要多很多。驴子觉得很不服气。一天，农民带着驴子和骡子去市场上卖面粉。天不亮出发，他们先越过两座大山，又趟过一条大河。刚开始，驴子觉得还很轻松，但随着路途不断地加长，驴子觉得自己背上的面粉越来越重。面对眼前又一座大山的时候，已经汗流浃背、气喘吁吁的驴子终于累倒了，再也爬不起来了。看着驴子的可怜样儿，骡子二话没说，从驴子背上取下面粉放在自己的背上，甚至还半开玩笑地对驴子说："小兄弟，你现在知道我为什么平时比你吃的多了吧"。

驴子和骡子的故事有非常多的现实版。位于北京中关村的某公司是一家 IT 公司。公司的主要产品是教育软件。小张和小李是该公司的技术骨干。两个人以前是大学同学，后来又一起进入公司工作，技术水平相当，在生活中也是好朋友。

小张和小李分别负责不同的产品研发，小张负责 A 产品、小李负责 B 产品。经过一年的艰苦努力，A、B 两个产品同时完成推向市场。但市场表现却完全不同，A 产品很快被市场接受，为公司带来了很大的效益，而 B 产品却表现平平。

由于 A 产品在市场上的出色表现，年底公司决定为小张增加工资。而小李因负责的 B 产品表现不好，没有增加工资。公司的决定迅速在员工中流传，很快传到小李的耳朵里。小李找到公司领导谈话。小李认为自己受到了不公正的评价，因为 B 产品表现不好，并不是因为产品本身的因素，而是 B 产品被市场接受需要一段时间，公司为小张增加工资，小李觉得自己的辛勤工作没有得到公司的认可。而公司领导认为市场会评价一切工作，没有接受小李的意见。

没过多长时间，小李离开了这家公司加入了其竞争对手 DD 公司，依然负责开发与 B 产品类似的产品。半年后，市场开始接受该产品，DD 公司在该产品上取得了良好的收益。

从这个案例可以看到，由于制定的薪酬制度没有实现公平性原则，造成了员工跳槽的情况，给企业带来了一定的损失。那么在企业进行薪酬管理过程中到底应该依据什么来确定工资标准，该如何制定合理的薪酬制度呢？

一、薪酬制度设计的基本程序

企业的薪酬管理与许多因素相关，如企业的薪酬原则和策略、地区及行业的薪酬水平、企业的竞争力、支付能力等都将对薪酬制度的设计与管理产生重要的影响。因此，企业在设计薪酬制度时，应根据薪酬管理的原则，按照以下五个步骤来进行（如图 7－2 所示）。

（一）明确企业薪酬政策与目标

要设计合理的薪酬制度，首先要明确企业薪酬政策与目标，提出制定薪酬策略和薪酬制度的基本原则，即应当明确企业是采用高薪资或低薪资政策，还是依照市场上人力资源的平均价位，将本企业员工的薪资控制在一般水平上；在薪酬体系中是注重绩效、还是注重能力等。企业薪酬政策必须与企业的总体人力资源策略相匹配，保持一致性。

（二）工作分析与岗位评价

工作分析与岗位评价是制定科学合理的薪酬制度的前提和依据。通过对工作岗位的分析与评价，能够明确岗位的工作性质、承担责任的大小、劳动强度的轻重、工作环境的优劣以及劳动者所应具备的工作经验、专业技能、学识、身体条件等方面的具体要求。同时，根据工作分析所采集的数据和资料，采用系统科学的方法，对企业内各个层次和职级的工作岗位的相对价值

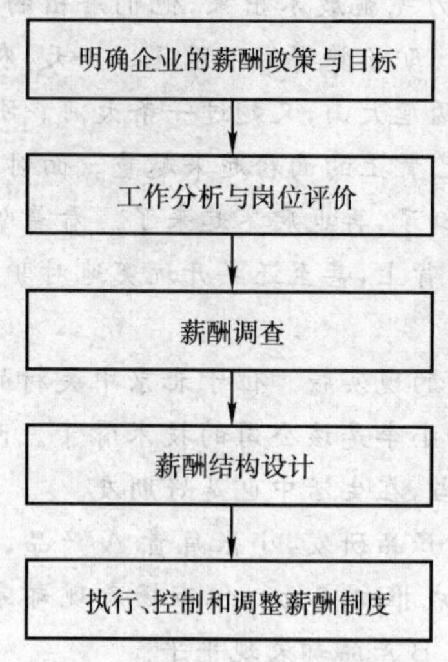

图 7-2　薪酬设计的流程

做出客观评价，并依据评价结果，按照重要性从高至低进行排序，以此作为确定企业基本薪酬制度的依据。

(三)薪酬调查

通过必要的市场调查，充分掌握企业外部的各种薪酬影响因素，包括劳动力市场上人才竞争与供给状况、各行业的薪资水平以及其他企业设立的薪酬福利保险项目等，以确保企业的薪酬制度对外具有一定的竞争性，对内具有一定的公平性。

(四)薪酬结构设计

根据工作分析、岗位评价和薪酬调查的结果，结合企业的实际情况，可以确定本企业各级员工的薪酬结构。薪酬结构包括要素结构和等级结构两个方面。要素结构是指不同薪酬要素之间的比例关系，如基本薪酬、可变薪酬与附加薪酬的比例关系，它反映了员工个人因素在不同薪酬要素上的体现。等级结构是指薪酬水平的排列形式，包括薪酬等级的数目、薪酬级差、等级区间及级差决定标准等，它反映了职位之间相对价值关系在任职者薪酬上的体现。

(五)执行、控制和调整薪酬制度

在企业薪酬制度确定以后，应当完成以下工作，才能保证其得以贯彻实施。

(1)依据工作分析和过去的原始记录，制定工作标准，明确具体的工作流程和程序以及作业的数量与质量要求，并且这些标准和要求应当是公平合理的。同时，必须向员工解释说明薪酬的具体计算方法和结算方式。

(2)建立员工绩效管理体系，对全员进行工作业绩的动态考评。

(3)通过有效的激励机制和薪酬福利引导，对表现突出的优秀员工进行必要的表彰和物质鼓励，以鞭策其对企业做出更多、更大的贡献。

在执行过程中如遇到问题，如物价指数上涨、国家相关政策发生变化，就需要对原有的薪酬体系进行调整，最大程度保证薪酬的作用。

二、薪酬政策与薪酬目标

企业薪酬政策是对企业薪酬管理运行的目标、任务和手段的选择和组合，是企业在员工薪酬上所采取的方针策略。

市场经济条件下，不同企业薪酬政策支持着不同的企业经营战略。一般来说，企业可选择的经营战略有三种：成本先导型、创新型、区分型。而薪酬政策配合这些经营战略需要达到的目标有①主要目标：劳动成本目标、吸引/保留竞争性人才目标、激励目标；②辅助性目标：工资水平、可变工资比重、业绩水平的提高、业绩得到提高的员工范围、一般劳动者中采用业绩加薪制度的人数比例、薪酬决策的员工参与度、能对工作评价和薪酬升级方法发表意见的员工数量。在这种目标设置条件下，薪酬政策与战略的关系相当紧密。

成本先导型战略更强调薪酬政策倾向于“劳动成本”目标，因而适应稳定的组织结构和传统管理模式。这些企业往往严格控制成本，尽量减少成本超支。

创新型战略需要薪酬政策把重点放在吸引/保留有价值员工的目标上，网罗大量复合技能的专家型员工，满足企业对员工技能的要求，借助外部所获得的人员来提升企业的竞争力。

区分型战略强调的是薪酬的“激励”目标，鼓励员工对组织整体目标的认同，并在此框架下进行目标定位和任务完成。因此，与其他两种战略相比，更强调员工高水平的协调和配合。

从薪酬水平看，成本先导型战略的薪酬水平更可能低于竞争者，而创新政策则更有可能高于市场水平。

区分型战略和成本先导型战略倾向于采用可变工资，可变工资比重较高，这些企业更多采用定量方法衡量工作成果，来确定薪酬的数额，如通过收益分享等措施来提高效率；而创新型战略提倡稳定的薪酬，所追求的文化是员工强烈的归属感，而不是以激励计划来达到的商业化企业文化。

创新型战略可能广泛采用绩效加薪政策，承认员工过去令人满意的工作行为，在基础薪酬的基础上进行永久性加薪。因为这种加薪并不需要事先协商，这样就可以鼓励员工的创新行为，承担更大的风险，追求工作行为的长期效果。

三、岗位评价

岗位评价又称工作评价、职位评价，是指在充分收集工作岗位各方面资料的基础上，找出各岗位的共同付酬因素，根据既定的评价方法，按每个岗位对企业贡献的大小，确定其具体的价值。通过岗位评价来确定工资等级，能保证薪酬管理同工同酬原则的实现，而且在此基础上建立的薪酬结构易于为员工理解和接受，增加公平感，同时也可以为企业人力资源的管理提供依据。岗位评价的方法一般有排序法、分类法、要素比较法、要素计点法、海氏系统法。

1. 排序法

排序法是根据各种工作的相对价值或它们对企业的贡献程度由高到低地进行排列。排序法的步骤如下：

(1)选择评价委员会和需要评价的岗位。一般地，岗位评价需要建立一个评价委员会来担当评价的主体. 同时要确定评价的客体。

(2)获取岗位信息。通过工作分析，以工作说明书作为排序法的资料依据。

(3)选择等级参照物并对岗位分等。在实际操作中，不可能对企业中的全部岗位按单一标准排序，最常见的是按部门和职能对岗位排序。

(4)进行评价排序。以下是常用的三种排序法：

简单排序法：一般的方法是给评价者发一套索引卡片，在每张卡片上标明各项职务的特点，然后再让评价者进行高低排序。

交错排序法：因为人往往比较容易选定极端情况，所以可以采用交错排序法，先挑出等级最高的卡片，再挑出等级最低的卡片，然后再选次高、次低，依此类推，直至最后一个，把所有卡片都排好序号。

配对比较法：就是将所有要进行评价的岗位列在一起，两两配对比较，其价值较高者则可得一分，最后将各岗位所得分数相加，其中得分最高者即等级最高者。但由于两种岗位的对比不是十分容易，所以在评价时应格外小心。

排序法适用于规模较小、结构稳定、缺乏时间和财力做评价工作的企业。排序法的优点是简单方便、不必请专家参与，因为无需复杂的量化技术，主管者可自己操作，因而成本较低；缺点是在使用这种方法时，因为没有详细具体的评价标准，主观成分很大，尤其在岗位较复杂时，主观因素的影响难以避免。因此，此法一般只为那些规模小、结构简单、岗位类型较少而员工对本企业各岗位都很了解的小型企业所采用。

2.**分类法**

分类法是对企业所有岗位的价值进行总结，根据价值不同将岗位分为几个等级，并为各个等级设定明确的标准，各标准中写明此等级岗位的难易程度与责任大小，然后将各岗位与标准进行比较，将其归入与之相符合的等级之中。与排序法不同之处在于，分类法需预先制定一套供参考的等级标准。

分类法的实施步骤：

第一步，岗位评价者确定工作类别的数目，先分大类再分小类。比如把企业的岗位先分为营销、管理、研发、生产等，然后再在研发下细分为软件开发、硬件研发，在管理下细分为人力资源、财务、行政等。

第二步，选择报酬因素，制定同报酬因素的数量或基准有关的工作分类说明，然后为各种工作类别中的各个等级进行定义。(例如表7-1)

表7-1 职员工作分类说明

等级	工作分类说明
三级职员	注意力集中，日常工作快速而准确，在监督下工作，可能或有可能对最后结果承担责任。
二级职员	不受他人监督，对工作细节十分通晓，有特别的工作技能。思想高度集中，特别快速准确。
一级职员	必须具备二级职员的特点，承担更多的责任。
资深职员	从事技术性和多样性的工作，偶尔独立思考并从事困难的工作。要求具备特殊的办公室工作能力，并对所在部门的工作原则和业务基础有透彻的了解。在任何范围内，工作不受他人监督，只受有限的检查。值得信赖，足智多谋，能制定决策。
解释职员	从事或有能力完成工作主要部分的人员，能独立思考，而且能够超出监督或日常工作的范围去考虑更深入的问题。

第三步，评价和分类，由评价人阅读工作分类说明，并依据评价人对岗位的相对难度、包括职责及必备的知识和经验的理解，来决定每项岗位应列入哪一级。

分类法的适用于工作岗位多、工作之间要求的差别大或大企业的管理和专业技术岗位。

分类法简单明确，容易理解接受，灵活性高。当企业的工作数量变化以后，变动和新出现的工作，很容易被定位到新增的或其他的工作级别上。因此，这种方法适合于结构不断变化的企业。其缺点是划分岗位类型和编写工作说明比较困难，在使用时也要求做出相当多的主观判断。

3. 要素比较法

要素比较法是将岗位评价与岗位工资的确定同时进行，可以看作是对排序法的一种改进。要素比较法是通过依据不同的薪酬要素对岗位排序，然后综合考虑每一个岗位的序列等级，得出一个加权的序列值，最终确定岗位序列。其做法是：

(1)获取岗位信息。根据工作说明书收集岗位评价的相关信息。

(2)确定薪酬要素。要素比较法通常会使用以下薪酬要素：心理要求、身体要求、技术要求、责任、工作条件等。

(3)确定关键岗位。这些岗位的数量应有较大的涵盖面，足以代表本企业内各种类型的岗位，通常需 15～20 个。它们都是员工们普遍熟悉和了解的，并为企业外部公认的具有典型性的岗位。每个关键岗位附有简要而准确的工作说明书。

(4)根据薪酬要素将各关键岗位按相对价值大小从高到低排序。如表 7－2，该表表明了如何分别依据薪酬要素对关键岗位进行排序。

表 7－2　职员工作分类说明

薪酬要素 岗位名称	心理要求	身体要求	技术要求	责任	工作条件
岗位 1	1	4	1	1	2
岗位 2	3	1	3	4	4
岗位 3	2	3	2	2	3
岗位 4	4	2	4	3	1

(5)为各关键岗位按薪酬要素分配薪值，即赋予每个要素在确定岗位工资水平中的权重。例如，某岗位岗位工资是 852 元，则根据薪酬要素在该岗位中的作用确定每个薪酬要素的工资水平为心理要求 72 元，身体要求 440 元，技术要求 84 元，责任 56 元，工作条件 200 元，共计 852 元。

(6)将非关键岗位与关键岗位的薪酬要素进行逐个比较，确定各非关键岗位在各薪酬要素上应得的报酬金额。

(7)将非关键岗位在薪酬要素上应得到的报酬金额加总，就是这些非关键岗位的工资总额。

表 7－3 是要素比较法的例子。在这个例子中，该岗位的薪酬要素包括技能、努力、责任和工作条件。岗位 1、岗位 2 和岗位 3 是关键岗位，岗位 1 的小时工资率为 8.5 元(1＋2＋0.5＋5)，岗位 2 的小时工资率为 9.5 元，岗位 3 的小时工资率为 15 元。如果现在需要评价岗位 4，

它在各种薪酬要素上的地位如表中的位置所示。那么,通过计算就可以知道岗位 4 的小时工资率应该为 12 元。

表 7-3 要素比较法

小时工资率(元)	技能	努力	责任	工作条件
0.5			岗位 1	
1.0	岗位 1			岗位 2
1.5		岗位 2		
2.0		岗位 1	岗位 4	
2.5	岗位 2			岗位 3
3.0	岗位 4			
3.5		岗位 4	岗位 3	岗位 4
4.0	岗位 3			
4.5			岗位 2	
5.0		岗位 3		岗位 1

要素比较法的最大的优点是能直接得到岗位的工资水平,但是由于要经常做工资调查,因此成本较高;而且由于要素比较法运用的前提是代表性岗位的现行工资率首先是合理的,而在我国现阶段企业普遍不具备这个条件,因此这种方法在我国使用较少。

4. 要素计点法

要素计点法是在工作分析的基础上,以薪酬要素作为支付薪酬的标准,并以表示某一要素的一个等级性的分值建立一个量表,然后按照事先规定的衡量标准对现有岗位的每个因素逐一评估,求得分值,通过一定的权重对这些分值加权求和,最后得到各岗位的总分值。

要素计点法的操作步骤:

第一步,确定要评价的岗位系列。如行政系列、工程系列、管理系列等,对每个系列都应制定相应的方案。

第二步,收集岗位信息。包括岗位分析、岗位描述和工作说明书。

第三步,选择薪酬要素。可供选择的薪酬要素有教育、经验、身体、责任、技术要求等。通常,不同的岗位薪酬要素是不同的。如按照我国的习惯,劳动的要素包括劳动复杂程度、劳动责任、劳动强度和劳动条件。

第四步,界定薪酬要素。通过仔细界定每个薪酬要素可以确保评价人员在应用这些要素时能保持一致。如学历是指岗位任职人员顺利履行工作职责应具备的最低学历。最低学历应在从事本岗位工作之前通过学历教育获得,在从事本岗位工作后获得的学业水平除外。

第五步,确定要素等级。每个要素等级不宜超过六个,主要取决于评价者的评价需要。

第六步,确定要素的相对价值,即每个要素的权重。按照各要素对所评价的工作的重要性来确定各要素的权重。对不同的岗位系列,各要素的重要性是不同的。

第七步,确定各要素及要素等级的点值。

例:表 7-4 是某岗位中劳动复杂程度和劳动环境要素的分级、赋予权重、配点情况。

表 7-4 岗位评价要素、因素及分级、配点

要素	配点	权重(%)	因素	一级	二级	三级	四级	五级
劳动复杂程度	390	39	学历	20	40	60	80	—
			经验	22	44	66	88	110
			专业技术水平	18	36	54	72	90
			技能水平	16	32	48	64	80
			创造性	12	24	36	48	60
			岗位空缺替代难度	10	20	30	40	50
劳动环境	50	5	工作场所	5	10	15	20	25
			危险性	5	10	15	20	25

5. 海氏系统法

海氏系统方法又称"指导图表—形状构成法",是由美国工资设计专家爱德华·海于 1951 年研究开发出来的。海氏系统法本质上是一种职务系统方法,它首先对管理职务进行评价,确定各个职务的相对价值,然后再以此为依据来确定工资额。它有效地解决了不同职能部门的不同职务之间相对价值的相互比较和量化的难题。

海氏系统法类似于点数法,但区别在于前者所选定的补偿因素是固定的,而点数法则是根据工作本身的特征进行调整。海氏系统认为工作的补偿因素应当分为三类:诀窍、解决问题的能力、岗位责任对公司成败影响的大小。在诀窍中包括三个子因素,在解决问题的能力中包括两个子因素,在责任中包括三个子因素。因为海氏系统中对工作评价的补偿因素仅仅包括以上三个因素,因此这三个因素也被称为海氏因素。

在海氏系统中,点数被分配给这三个因素及其子因素,并形成海氏系统的点数分配表。在对工作进行评价时,工作评价者以工作分析的结果和海氏系统点数分配表为基础,确定待评价工作按每种补偿因素应得的点数,这三种补偿因素所得的点数总和即为该项工作的总点数。

四、薪酬调查

为确保企业薪酬的竞争能力,为公司薪酬理念和薪酬系统的制定提供依据,对外部劳动力市场的薪酬水平、行业公司的薪酬水平、地区公司的薪酬水平进行必要的调查是不可缺少的。薪酬市场调查是对企业所支付的薪酬情况做系统的收集和分析判断的过程,重在解决薪酬的外部竞争力问题。一个好的薪酬市场调查,可以帮助企业了解薪酬水平在产品市场和劳动力市场上的位置,既有利于控制劳动力成本,又能保持对关键人才的吸引、留住和激励,赢得人才竞争优势,同时还可以预测企业薪酬政策在将来的变化和发展,为企业制定薪酬制度,控制薪酬总水平、各类人员薪酬相对水平、各类人员的薪酬等级划分提供基本数据。

薪酬调查的基本流程(如图 7-3)

1. 确定调查的目的

一般来说,薪酬调查的结果可以为以下工作提供参考和依据:整体薪酬水平的调整;薪酬差距的调整;薪酬晋升政策的调整;具体岗位薪酬水平的调整等。根据调查的目的和用途,确

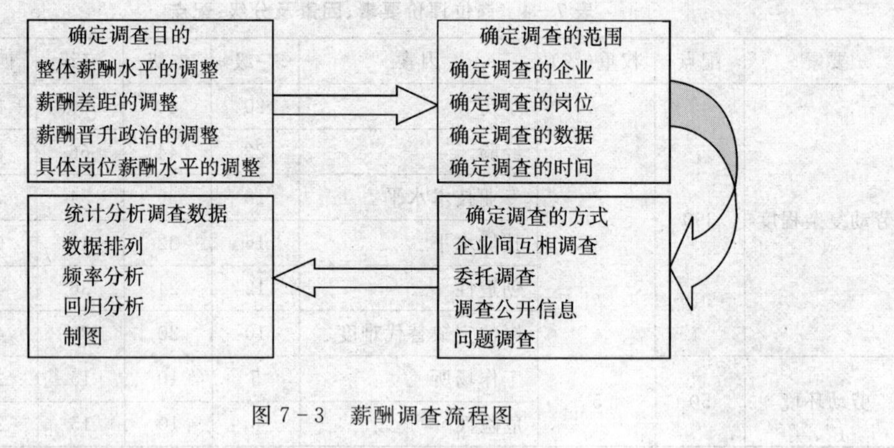

图 7－3　薪酬调查流程图

定调查的范围、调查的方法和统计分析调查数据的方法。

2. **确定调查的范围**

调查范围可根据这些职位上的人才的流动范围确定，一般调查都是在同行业同地区的公司中展开，但对于高层职位或者专业性不是很强的职位则扩大调查的地域范围，或者扩大调查的行业范围。

(1)确定调查的企业。在选择要调查的企业时.应本着与本企业薪酬管理有可比性的原则，选择其雇佣的劳动力与本企业具有可比性的企业。一般来说。可供选择的调查企业有五类。

第一类：同行业中同类型的其他企业。

第二类：其他行业有相似岗位或工作的企业。

第三类：与本企业雇佣同一类劳动力、可构成人力资源竞争的企业。

第四类：本地区在同一劳动力市场上招聘员工的企业。

第五类：经营策略、信誉、报酬水平和工作环境均合乎一般标准的企业。

调查企业的数目可根据企业的人力、物力、财力、时间及目的而有所不同，但通常应调查10家以上企业。

(2)确定调查的岗位。确定调查岗位时，也应遵循可比性原则，选择其工作权限、重要程度、复杂程度与本企业需调查岗位有可比性的岗位。调查时可以选择企业中的主要岗位(大概占企业所有岗位的20%或更多)，这样，可以根据市场价格确定至少20%或更多的岗位薪酬，其他岗位可以根据其与主要岗位在企业中的相对价值的比较，确定其薪酬水平。

(3)确定调查的数据。薪酬调查的数据要全面，要调查薪酬结构的所有项目，既要调查货币性收入，如工资、奖金、津贴、补贴、劳动分红等；也要调查非货币性收入，如住房、培训、社会保险和商业保险等。

(4)确定调查的时间。明确收集薪酬数据开始和截止的时间。

3. **确定调查的方式**

薪酬调查的目标不同、对象不同，那么所需的信息、选择使用的方法也有差异。通常，一些较明确、简单、规范的岗位只需简单的信息就可以实现目标，因此可以选择使用简单的调查方法，如企业之间的相互调查、委托调查、收集公开的信息；对一些模糊、复杂、不规范的岗位，则需要使用较为复杂的方法才能够实现薪酬调查的目的，如调查问卷。

常用的调查方式有以下几种：

(1)企业间相互调查。通过不同员工之间的联系进行调查。那些有着良好的对外关系的企业比较适合采用这种方式。因为他们与同行之间有着较为紧密的合作关系，能够较为轻松地获取所需的薪酬信息。

(2)委托调查。委托调查是指委托商业性、事业性的咨询公司进行调查，尤其是当企业需要确定薪酬水平的岗位难以在类似企业中找到对等的岗位时，或者该企业属于新兴行业时，企业将面临确定其薪酬水平的困难，这时可以考虑选择咨询公司搜集所需的消息。但这种方式所花的费用将比企业之间相互调查方式多得多。

(3)收集公开信息。公开的信息是指政府公布的信息、有关的专业协会或学术团体提供的数据以及报纸、杂志、网络上的数据等。但是这些数据的特点是针对性不强，比如政府所作的薪酬调查侧重于对宏观信息的收集和调查，侧重的是面而不是点；专业协会或学术团体对薪酬的调查也不可能面面俱到，不能完全满足企业的需要。这些信息只能用于对宏观的把握与参考。另外，企业对政府或协会、团体薪酬调查的数据不能免费使用，而使用这些数据的费用相对于委托调查较为便宜。

(4)问卷调查。前三种简单的薪酬调查方法对于少数的、规范的岗位是切实可行的，但是对于大量、复杂的岗位则难度较大。事实上，20%～25%的企业是通过正式的问卷调查来实现薪酬调查的目标的。在使用问卷调查法进行薪酬信息调查时最大的问题是不同的人对同样问题的理解可能会有不同，会使调查结果受到影响。

4.统计分析调查数据

薪酬调查的数据一定要真实可靠。在统计分析时应选用可靠的数据进行统计、分析。统计分析的方法一般有数据排列、频率分析、回归分析和制图等。

五、薪酬结构的设计

简单地说，薪酬结构设计就是对建立起来的职位等级和技能等级进行定价的过程。因此，一个规范的企业薪酬结构设计需要从两个维度进行考虑：一是如何形成职位等级，二是如何确定薪酬水平。因此，薪酬结构设计的基本方法可分为四类，如表 7－5 所示。

表 7－5 薪酬结构设计的基本方法

		职位等级的确定	
		工作评价方法	非工作评价方法
薪酬水平的确定	市场薪酬调查	基准职位定价法	直接定价法
	非市场薪酬调查	设定工资调整法	当前工资调整法

(1)基准职位定价法，即利用基准职位的市场薪酬水平和基准职位的工作评价结果建立薪酬政策线，进而确定薪酬结构。基准职位定价法能够较好地兼顾薪酬的外部竞争性和内部一致性原则，在比较规范和与市场相关性较强的企业的薪酬结构设计中运用较普遍。

(2)直接定价法，即企业内所有职位的薪酬完全由外部市场决定，根据外部市场各职位的薪酬水平直接建立企业内部的薪酬结构。这是一种完全市场导向型的薪酬结构设计方法，体现外部竞争力，但忽略了内部公平性，比较适合于市场驱动型企业，其员工的获取及薪酬水平的确定直接与市场挂钩。

(3)设定工资调整法，即企业根据经营状况自行设定基准职位的薪酬标准，然后再根据工作评价结果设计薪酬结构。一般采用的方法是先设定最高与最低两端的薪酬水平，然后以此为标杆，考虑设定其他职位的薪酬水平。这种方法比较重视内部一致性原则，但忽略了外部竞争性，比较适用于与劳动力市场接轨程度较低的组织。

(4)当前工资调整法，即在当前工资的基础上对原企业薪酬结构进行调整或再设计。

六、薪酬制度的调整

在现代企业的管理系统中，管理环境对管理的效果影响越来越大。企业内外部环境的影响因素的不断发生变化，使管理环境具有不确定性，为保证薪酬制度和方案的科学合理性，对企业的工资、奖金方案进行必要的调整在所难免。

工资奖金调整的几种方式：

(一)奖励性调整

奖励性调整的主要方式是依功行赏，例如当企业经济效益变化时调整奖金总额，个人业绩变化时调整其奖金的系数，最终调数奖金数额。

(二)生活指数调整

从企业的角度来看，当员工创造的业绩、企业的经济效益不变甚至下降时，要增加工资实属无稽之谈，至少是缺乏理由。然而，薪酬的本质中包括了维持员工基本生活水平的要求这一因素，因此，当生活指数提高时，企业也将迫不得已增加员工的工资，为的是使员工避免因通货膨胀而导致实际收入的无形减少。

(三)工龄工资调整

相当一部分企业认为，在本企业工作年限的增加，不仅表明了企业对员工的认同，而且意味着员工对企业贡献值的增加，以及其工作经验的积累、技能的娴熟和能力的增强。因此，在工资中，多有体现年资或工龄的内容。

(四)特殊调整

对那些为企业做出特殊贡献或属于市场稀缺的岗位人才，企业应采取特殊的工资、奖金政策。当然，这类政策应当完全依据企业的实际情况和要求确定。

七、薪酬制度设计过程中应注意的内容

企业在设计薪酬管理制度时，要严格遵循国家和地方关于薪酬福利方面的政策法规，严格依法办事。在薪酬方面，国家的政策法规主要体现在最低工资、经济补偿金两大方面。在福利方面，国家和地方的政策法规，主要包括最长工作时间，超时的工资支付，企业代缴的各类医疗、工伤、计划生育、死亡、养老、失业保险等。

企业在设计薪酬制度时主要涉及以下内容：

(一)最低工资

我国是实行最低工资保障线的国家之一。在《劳动法》中明确规定:国家实行最低工资保障制度,同时也明确规定制定最低工资的方法。

确定和调整最低工资标准应综合参考下列因素:劳动者本人及平均赡养人口的最低生活费用;社会平均工资水平;劳动生产率增长率;劳动就业实际情况;地区之间经济发展水平的差异。

(二)最长工作时间

在《劳动法》中,明确规定国家实行劳动者每日工作时间不超过 8 小时,平均每周工作时间不超过 40 小时的工时调度。同时也明确指出,一旦超过最长工作时间,用人单位应当按照下列标准支付高于劳动者正常工作时间工资的工资报酬:

(1)安排劳动者延长工作时间的,支付不低于工资的 150%的工资报酬。

(2)休息日安排劳动者工作又不能安排补休的,支付不低于工资的 200%的工资报酬。

(3)法定休假日安排劳动者工作的,支付不低于工资的 300%的工资报酬。

小案例: 史上最复杂的假期加班费

2010年中秋、国庆放假安排

9月22日-24日、10月1日-7日放假,9月19、25、26日,10月9日上班。

日	一	二	三	四	五	六
	13 初六	14 初七	15 初八	16 初九	17 初十	18 十一
上班 19 十二	20 十三	21 十四	放假 22 中秋节	23 秋分	24 十七	上班 25 十八
26 十九	27 二十	28 廿一	29 廿二	30 廿三		
					放假 1 国庆节	2 廿五
3 廿六	4 廿七	5 廿八	6 廿九	7 三十	8 寒露	上班 9 初二
10 初三						

2010 年中秋、国庆放假安排如上图,即中秋节法定假日为 1 天,即 9 月 22 日,调整休息日为 22 日、23 日、24 日,9 月 19 日(星期日)、9 月 25 日(星期六)上班。10 月 1 日至 7 日放假调休,共 7 天,其中 10 月 1 日至 3 日为法定假日。9 月 26 日(星期日)、10 月 9 日(星期六)上班。整个假期共计法定假日 4 天,休息日 6 天。

按《劳动法》规定,用人单位在法定休假日安排劳动者工作的,应当支付不低于劳动者本人日工资基数或小时工资基数的 300%的加班工资。

在休息日期间安排劳动者加班,可安排同等时间补休而不支付加班工资,如果不给补休,则应当按照不低于劳动者本人日工资基数或小时工资基数的 200%支付加班工资。

因此,如果双节 10 天假全部加班,那么加班费应分两类计算(月基本工资按最低工资标准 900 元,月计薪天数按 21.75 天来计算)

法定节假日加班工资=月基本工资÷21.75×加班天数×300%

4 天的加班工资=900 元÷21.75×300%×4=496.56(元)

休息日加班工资＝月基本工资÷21.75×加班天数×200％

6 天的加班工资＝900 元÷21.75×200％×6＝496.56(元)

也就是说,如果中秋节、国庆节共 10 天假期您全部加班的话,至少可以领到加班费993.12元。

第三节　员工福利管理

引导案例

员工富则企业富,员工智则企业智,员工强则企业强。企业致力于不断改善员工的工作与生活环境,丰富广大员工的业余文化生活,不断提高员工薪酬与福利水平,加强企业人性化管理与感情投资,致力于构建企业人才培养,以良好的发展与工作环境和福利留住员工,提高人才竞争能力。为了挽留住自己的优秀员工,企业纷纷施展不同"法术",一场"斗法"大赛就此展开……

(1)全球毕博公务出差保险,这是全球毕博员工享有的一项福利计划,全部保险费由毕博支付。当员工在公务出差时自动受保。如在公务期间发生意外事故,此保险计划将根据受伤或损失程度为员工的家人提供最高不超过 6 年年薪的公务出差保险补偿。

点评:管理咨询业属于智力服务行业,脑力劳动强度较大,频繁出差,加班熬夜是常事。在这种情况下,把风险转嫁给保险公司,而将员工的心紧拴在企业的身边,是极为聪明的做法。

(2)惠普对员工的上班时间实行弹性管理,如果员工有私事,一般可以优先处理。员工可以以家中暖气试水为由晚到半天,甚至一天不上班。如果加班乘坐出租车回家,费用由公司报销,还可享用免费晚餐。

点评:把办公室当做像在家生活一样,给予员工充分的信任,施以绝对的人性化管理,惠普通过如此的管理模式,留住了人才,也把自己推向了世界名企的行列。

(3)"职业培训计划"使员工把自我培训和企业培训紧密结合,使员工把个人素质的提高同职业培训的要求紧密结合。目前,复地(集团)股份有限公司每年的培训费用列支占工资总额的 4％,还专门成立了自学成才奖励基金。

点评:每位员工都是人才,企业用人注重"人尽其才,才尽其用",当员工在不断成长的同时,企业也渐渐成为行业内的佼佼者。

(4)宝洁有一套系统的弹性工作模型,结合员工的个人选择、个人能力、个人精力管理与雇主的要求,来帮助员工合理机动地安排工作。比如在宝洁只要保证早上十点和下午四点之间的核心工作时间,其他时间员工可以弹性安排。

点评:外企能在员工休息权上提供保障,最重要原因就是其规模和实力能够让公司有比较稳定的市场预期和计划,而且外企往往内部管理稳定,岗位设置也比较规范,员工的工作波动周期稳定,就可以有计划地为员工安排休假、锻炼。

(5)在雅虎,也有很多让员工舒心的福利。如面向员工和家属的免费医疗、健康设施、免费咖啡吧等。在硅谷总部,雅虎人可享受洗车、购买生日礼物、送花、洗衣、胶卷冲印等服务。

点评:雅虎的福利措施注重生活品质的提升,让员工觉得有大家庭的温馨,这也是企业挽留住人才的又一法宝。

一、员工福利概述

(一)员工福利的含义

福利是指企业基于雇佣关系,依据国家的强制性法令及相关规定,以企业自身支付能力为依托,向员工所提供的用以改善其本人和家庭生活质量的各种以非货币工资和延期支付形式为主的补充性报酬与服务。

员工福利有广义和狭义之分。广义的福利包括三个层次:首先,作为一个合法的国家公民,有权享受政府提供的文化、教育、卫生、社会保障等公共福利和公共服务;其次,作为组织的成员,可以享受由组织兴办的各种集体福利;最后,还可以享受到工资以外的收入,即组织为员工个人及其家庭所提供的实物和服务等福利形式。狭义的福利又称企业福利或劳动福利,它是组织为满足劳动者的生活需要,在工资收入之外,向员工本人及其家属提供的货币、实物及一些服务。

本质上,福利是一种补充性报酬,它往往不以货币形式直接支付给员工,而是以服务或实物的形式支付给员工。例如,带薪休假、成本价的住房、子女教育津贴等。

(二)员工福利的特点

员工福利具有补偿性、均等性、集体性和多样性的特点。

1. 补偿性

员工福利是对劳动者为组织提供劳动的一种物质补偿,也是员工工资收入的一种补充形式。员工在组织的工作中消耗的自身体力和脑力需要得到恢复,劳动的价值需要得到承认和体现,因此组织必须给予员工一定形式的补偿。工资是组织给予员工补偿的一种形式,福利也是组织给予员工补偿的一种形式。

2. 均等性

员工福利的均等性是指履行了劳动义务的本组织员工,均有享受各种组织福利的平等权利。由于工作岗位的不同,职务的差异,劳动技术含量和复杂程度的区别,劳动能力、个人贡献等因素的不同,造成了员工之间在工资收入上的差距,差距过大会对员工积极性和组织凝聚力产生不利影响,而员工福利在一定程度上起着平衡员工收入差距的作用。

均等性是对企业一般性福利而言的,对于一些高层次福利,许多企业采取了有差别的对待方式,如针对企业的高级管理人员和有突出贡献的员工,企业提供住房、旅游、度假等高层次福利待遇。

3. 集体性

集体性是指兴办集体福利事业、员工集体消费和共同使用公共物品等主体形式,因此集体性也是员工福利的一个重要特征。集体消费除了可以满足员工的某些物质性需求外,还有一个重要特点就是可以强化员工的团队意识和对企业的归属感。

4. 多样性

员工福利的形式是多种多样的,包括现金、实物、带薪休假及各种服务,而且可以采用多种组合方式,要比其他形式的报酬更为复杂,更加难以计算。最常用的方式是实物给付形式,并且具有延期支付的特点。

二、员工福利的内容

员工福利是薪酬体系中的重要组成部分，也是一个比较复杂的系统。按照不同的标准，可以划分成不同的类型。从福利支付的形式上分，可分为具有延期支付性质的货币收入和实物性报酬；从福利是否具有法律强制性上分，可分为法定福利和自主福利；从福利实施范围上分，可分为特种福利，全员性福利和特困补助。

（一）员工享有的法定福利

法定福利是国家通过立法的形式来强制实施的员工福利政策，又称为强制性福利，主要包括：社会保险、住房公积金和带薪休假制度三大类。

1. 社会保险

社会保险是国家通过立法的形式，由社会集中建立基金，以使劳动者在年老、患病、工伤、失业、生育等暂时或永久性丧失劳动能力的情况下能够获得国家和社会补偿和帮助的一种社会保障制度，是必须参加的法定社会保险。

在我国法定的社会保险有失业保险、基本养老保险、医疗保险、生育保险、工伤保险五种。

(1)基本养老保险。养老保险是指国家和社会根据一定的法律和法规，为解决劳动者在达到国家规定的解除劳动义务的劳动年龄界限，或因年老丧失劳动能力退出劳动岗位后的基本生活而建立的一种社会保险制度。组织按规定为每一位员工购买养老保险，保证员工年老丧失劳动能力后，在养老期间的生活有所保障。

我国的养老保险由基本养老保险、组织年金和个人储蓄性养老保险三个部分组成。基本养老保险亦称国家基本养老保险，它是按国家统一政策规定强制实施的为保障广大离退休人员基本生活需要的一种养老保险制度，组织年金和个人储蓄性养老保险属于组织福利的范畴。

我国于1997年发布的《国务院关于建立统一的企业职工基本养老保险制度的决定》规定，在我国的大部分地区实施社会统筹和个人账户相结合的养老保险制度。企业缴纳基本养老保险费的比例一般不得超过企业工资总额的20%(包括划入个人账户的部分)，具体比例由省、自治区、直辖市人民政府确定。少数省、自治区、直辖市因离退休人数较多、养老保险负担过重，确需超过企业工资总额20%的，应报劳动部、财政部审批。个人缴纳基本养老保险费(以下简称个人缴费)的比例，1997年不得低于本人缴费工资的4%，1998年起每两年提高1个百分点，最终达到本人缴费工资的8%。有条件的地区和工资增长较快的年份，个人缴费比例提高的速度应适当加快。

按本人缴费工资11%的数额为员工建立基本养老保险个人账户，个人缴费全部计入个人账户，其余部分从企业缴费中划入，随着个人缴费比例的提高，企业划入的部分要逐步降至3%。本决定实施前参加工作的员工，个人缴费年限累计满15年的，退休后按月发给基本养老金。基本养老金由基础养老金和个人账户养老金组成。退休时的基础养老金月标准为省、自治区、直辖市或地(市)上年度职工月平均工资的20%，个人账户养老金月标准为本人账户储存额除以120。个人缴费年限累计不满15年的，退休后不享受基础养老金待遇，其个人账户储存额一次性支付给本人。

(2)失业保险。现代社会竞争日益激烈，失业也成为越来越普遍的现象。失业保险是指国家通过立法强制实行的，由社会集中建立基金，对因失业而暂时中断生活来源的劳动者提供物质帮助的制度。

国务院于 1998 年 12 月 16 日发布的《失业保险条例》第 6 条规定，在失业保险制度覆盖范围内的单位及其职工必须参加失业保险并履行缴费义务，不履行缴费义务的单位和个人都应当承担相应的法律责任。城镇企事业单位及其职工应当按照规定，及时、足额缴纳失业保险费，以切实保障失业人员基本生活和促进再就业所需资金支出，发展失业保险事业。

我国于 1999 年 1 月 20 日颁布的《失业保险条例》规定，企事业单位按本单位工资总额的 2%缴纳失业保险费，职工按本人工资的 1%缴纳失业保险费，政府提供财政补贴，失业保险基金的利息依法纳入失业保险基金的其他资金。

(3)医疗保险。医疗保险就是当人们生病或受到伤害后，由国家或社会给予的一种物质帮助，即提供医疗服务或经济补偿的一种社会保险制度。因此，医疗保险制度通常由国家立法强制实施，建立基金制度，费用由用人单位和个人共同缴纳，医疗保险费由医疗保险机构支付，以解决劳动者因患病或受伤害带来的医疗风险。1998 年 12 月，国务院下发了《国务院关于建立城镇职工基本医疗保险制度的决定》(国发[1998]44 号)，部署全国范围内全面推进职工医疗保险制度改革工作，要求 1999 年内全国基本建立职工医疗保险制度，规定基本医疗保险费由用人单位和职工共同缴纳。用人单位交费率应控制在职工工资总额的 6%左右，其中的 30%进入个人账户；职工的缴费费率一般为本人工资收入的 2%。

(4)生育保险。生育保险是国家通过立法，对怀孕、分娩女职工给予生活保障和物质帮助的一项社会政策。员工依照国家法律享有生育期的休假，而且在国家规定的休假期间，享有同工作期间同样的收入等，其宗旨在于通过向职业妇女提供生育津贴、医疗服务和产假，帮助她们恢复劳动能力，重返工作岗位。

自 1995 年 1 月 1 日起试行的《企业职工生育保险试行办法》规定，生育保险根据“以支定收，收支基本平衡”的原则筹集资金，由企业按照其工资总额的一定比例向社会保险经办机构缴纳生育保险费，建立生育保险基金。组织缴纳的生育保险费作为期间费用处理，列入企业管理费用。生育保险费由当地人民政府根据实际情况确定，但最高不要超过工资总额的 1%。企业缴纳的生育保险费列入企业管理费用，职工个人不缴纳生育保险费。女职工生育期间的检查费、接生费、手术费、住院费和医疗费，都由生育保险基金支付，超出规定的医疗服务费和药费由职工个人负担。产假期间按照本企业上年度职工月平均工资发放的津贴，由生育保险基金支付。

(5)工伤保险。工伤保险是指员工在工作中由于种种意外事故伤害和患职业性疾病而对其及亲属提供医疗救治、生活保障、经济补偿、医疗和职业康复等物质帮助的一种社会保险制度。这种补偿既包括受到伤害的职工医疗、康复的费用，也包括生活保障所需的物质帮助。

工伤即职业伤害所造成的直接后果是伤害到职工生命健康，并由此造成职工及家庭成员的精神痛苦和经济损失，也就是说劳动者的生命健康权、生存权和劳动权利受到影响、损害甚至被剥夺了。劳动者在其单位工作劳动，必然形成劳动者和用人单位之间相互的劳动关系，在劳动过程中，用人单位除支付劳动者工资待遇外，如果发生了事故，造成劳动者的伤残、死亡或患职业病时，劳动者就自然具有享受工伤保险的权利。

与养老、医疗、失业保险不同，工伤保险除了体现社会调剂、分散风险的社会保险一般原则外，还体现工伤预防、减少事故和职业病的发生等原则，因此，我国也采取了与国际接轨的做法，对于工伤保险费不实行统一的费率，而是根据各行业的伤亡事故风险和职业危害程度类别，实行不同的费率，主要包括差别费率和浮动费率两种形式。

2. **住房公积金**

在严格意义上，住房公积金虽然不属于社会保险的范畴，但它属于国家法定福利的一部分。住房公积金是指国家机关、国有企业、城镇集体企业、外商投资企业、城镇私营企业及其他城镇企业、事业单位、民办非企业单位、社会团体（以下统称单位）为其在职职工缴存的长期住房储金。住房公积金具有强制性、互助性、保障性的特点。

根据 2002 年 3 月 24 日《国务院关于修改住房公积金管理条例的决定》之规定，单位应当按时、足额缴存住房公积金，不得逾期缴存或者少缴。职工住房公积金的月缴存额为职工本人上一年度月平均工资乘以职工住房公积金缴存比例。职工和单位住房公积金的缴存比例均不得低于职工上一年度月平均工资的 5%；职工个人缴存的住房公积金和职工所在单位为职工缴存的住房公积金，属于职工个人所有。

3. **带薪休假制度**

一般的休假制度主要包括公休假日制度、法定节假日制度、年休假制度和探亲假制度四项内容。

(1)公休假日制度。公休假日制度又称为周休制度，是法律规定两个相邻的工作周之间应休息的时间。我国目前实行每周 2 天的休假制度。

(2)法定节假日制度。法定节假日制度是指根据各国、各民族的风俗习惯或纪念要求，由国家法律统一规定的用以进行庆祝及度假的休息时间。

(3)年休假制度。年休假制度是指职工每年享有保留工作和工资的连续休假制度。目前世界各国已广泛地实行年休假制度。假期一般规定为 5～30 天，工资照发。

(4)探亲假制度。探亲假制度是指按我国法律规定，给予与家属分居两地的职工在一定时期内回家与父母或配偶团聚的假期制度。享受探亲假的条件：凡在国有企业、事业、机关、团体工作满 1 年的原固定职工和劳动合同制工人，与配偶不在一起，又不能在公休假日团聚的，可以享受探望配偶的待遇；与父母不在一地，又不能利用公休假日团聚的，可以享受探望父母的待遇。

(二)企业自主福利

企业福利的类型很多，包括免费工作餐、交通服务或交通补贴、住房福利、补充养老保险、带薪假期、卫生设施及医疗保健、文娱体育设施、教育培训福利、法律和职业发展咨询、休闲旅游、员工股票所有权计划等。

三、员工福利的管理

(一)福利管理的主要内容

(1)确定福利总额。

(2)明确实施福利的目标。

(3)确定福利的支付形式和对象。

(4)评价福利措施的实施效果。

(二)福利管理的主要原则

1. 合理性原则

所有的福利都意味着企业的投入或支出,因此,福利设施和服务项目应在规定的范围内,力求以最小费用达到最大效果。对于效果不明显的福利应当予以撤销。

2. 必要性原则

国家和地方规定的福利条例,企业必须严格执行。此外,企业提供福利应当最大限度地与员工要求保持一致。

3. 计划性原则

凡事要计划先行,福利制度实施应当建立在福利计划的基础上,如福利总额的预算报告。

4. 协调性原则

企业在推行福利制度时,必须考虑到与社会保险、社会救济、社会优抚的匹配和协调。已经得到满足的福利要求没有必要再次提供。

本章思考题

一、简答题

1. 薪酬管理要遵循哪些原则?
2. 薪酬管理的基本内容包括哪些?
3. 影响薪酬水平确定的因素有哪些?
4. 试述薪酬等级制度制定的过程。

二、案例分析题

某公司是中国目前最重要的特殊玻璃生产销售厂商之一。现有员工500余人,在全国有21个办事处。随着销售额的不断上升和人员规模的不断扩大,公司整体管理水平也需要提升。公司在人力资源管理方面起步较晚,原有基础比较薄弱,尚未形成科学的体系,尤其是薪酬福利方面的问题比较突出。公司成立初期人员较少,单凭领导一双眼、一支笔倒还可以分清楚给谁多少工资,但随着人员的激增,只靠过去的老办法显然不灵,这样做带有很大的个人色彩。

经调查,公司目前存在产品简化、工作流程过于繁杂、市场反应速度慢等不足之处。员工对目前公司的薪酬水平、员工之间的薪酬差距也不甚满意。由于其他人力资源管理职能不健全,所以目前公司薪酬分配的依据不足,难以反映员工之间真正的能力差别、岗位价值差别和贡献差别。

现在,该公司要重新设计工资方案,你认为怎样才能正确地确定员工薪酬,并制定出一个合理的薪酬管理制度?如何衡量薪酬管理制度的合理性?

课后实训

收集国内外成功企业的薪酬制度,研究其发展历程,并分析其薪酬体系在企业发展过程中起到了什么样的作用。

第八章 企业劳动关系管理实务

学习要点

1. 了解劳动关系及劳动法律关系的特征和劳动关系的调整方式。

2. 掌握劳动合同、集体合同的含义和内容，以及订立、履行劳动合同、集体合同的原则、程序和管理办法。

3. 在掌握劳动法律、法规的基础上，按照企业的实际需要拟定内部劳动规则。

4. 了解民主管理的形式和企业内部信息沟通制度与信息沟通方法。

5. 熟悉我国工作时间的种类、标准工作时间，以及限制延长工作时间的措施。

6. 熟悉最低工资的含义以及最低工资给付与工资支付保障的相关知识。

7. 了解职业安全卫生保护费用预算的项目与预算方法。

8. 熟悉工伤事故分类、伤残评定的方法，以及国家有关工伤医疗待遇和工伤致残待遇的标准。

案例导入

李红的劳动仲裁申诉为什么无效？

李红是运达公司的货运司机，自2009年1月起，因运达公司效益不好，李红想利用自己的专长到社会上挣钱，便经常以请病假为由不上班，在社会上开出租车。2010年2月8日，公司要求李红提供医院开具的病假证明，李红交不出来，且又无故旷工近一个月。2010年3月15日，运达公司以李红无正当理由经常旷工已超过15天为由将其除名，并以严重违纪为由将解除劳动合同书面通知书交给李红，李红接到除名通知书后，向公司领导提出自己能够开出证明自己确实有病的假条，并承认错误，要求公司撤除除名决定，但此后又不按时上班。要求撤销除名决定遭公司拒绝后，李红又多次找上级有关部门和他人从中协调，均无结果。2010年5月22日，李红向当地劳动争议仲裁委员会提出申诉。仲裁委员会经审查，李红已超过申诉时效，答复李红此案不予受理。

该案例说明，在人力资源管理中如何解决好员工与企业的劳动关系，进行科学规范的劳动管理，对于企业员工正确维护自己的权益和企业的生产经营与长远发展以及建设和谐社会具有极其重要的意义。

第一节 劳动关系的调整方式

一、劳动关系的含义

一般而言，所谓劳动关系通常是指用人单位（雇主）与劳动者（雇员）之间在使用劳动者的劳动能力，实现劳动过程中所发生的关系。

劳动关系的主体是特定的，劳动关系是劳动者与劳动力使用者之间因就业或雇佣而产生的关系，在劳动关系领域，提供劳动给付的劳动者亦可表述为雇员，劳动力的使用者即用人单位亦可表述为雇主。雇员是雇主相对的一个概念，通常可以理解为基于劳动合同为获取工资而有义务处于从属地位为他人即雇主提供劳动的人。公务人员，如各级政府官员不是雇员，因此类人员是通过公法行为而建立起来的公法上的聘用关系，有独立的公法规则进行调整。他们的服务条件，特别是工资以及其他报酬是由法律专门规定，而不是由他们与政府通过协商确定。判断劳动给付一方主体是否属于雇员，不能从所从事的劳动种类上加以识别。因为几乎任何劳动都有可能由雇员从事也可以由独立的劳务人员承担。例如，汽车修理工既可以是汽车维修或销售企业的雇员，也可以是自己所开设的汽车修理服务点的独立劳动人员。

在我国劳动关系领域依据术语使用习惯，雇主通常表示为用人单位或企业，雇员通常表述为劳动者。

劳动关系是随资本主义生产方式的出现，商品经济成为生产的主导形式而产生的。它是劳动力与资本相结合的表现，是劳动过程的社会形式。在此意义上，人们将劳动关系表述为劳资关系或雇佣关系。在劳动关系中，雇员作为劳动力的所有者，按照一定价格——工资，将劳动力的使用权让渡给劳动力的使用者——雇主；雇主在支付了工资后，获得了劳动的给付。工资作为劳动力这一生产要素的均衡价格是连接雇主与雇员两者的桥梁，劳动关系所反映的是一种特定的经济关系：劳动给付与工资的交换关系。

二、劳动法律关系的含义和特征

（一）劳动法律关系的含义

所谓劳动法律关系就是指劳动法律规范在调整劳动关系过程中所形成的雇员与雇主之间的权利义务关系，即雇员与雇主在实现现实的劳动过程中所发生的权利义务关系，当劳动关系受到法律确认、调整和保护时，劳动关系也就不完全取决于雇主与雇员双方的意志。任何一方违反法律规范，都将承担法律责任。劳动关系经劳动法律规范、调整和保护后，即转为劳动法律关系，雇主和雇员双方有明确的权利义务。这种受到国家法律规范、调整和保护的雇主与雇员之间以权利义务为内容的劳动关系即为劳动法律关系，他与劳动关系的最主要的区别在于劳动法律关系体现了国家意志。

（二）劳动法律关系的特征

1. 劳动法律关系的内容是权利和义务

劳动法律关系是以法律上的权利义务为纽带而形成的社会关系，运用劳动法的各种调整方式将劳动关系转化为劳动法律关系，是劳动法对劳动关系的第一次调整，即雇员与雇主按照法律规范分别享有一定的权利、承担一定的义务，从而使雇主与雇员之间的行为与要求具有法律意义。劳动关系转化为劳动法律关系后，若其运行出现故障，如违约行为、侵权行为出现，则劳动法将对劳动法律关系继续进行调整，这是劳动法的第二次调整，其目的在于消除劳动法律关系运行的障碍，使其顺利运行。

2. 劳动法律关系是双务关系

劳动法律关系是一种双务关系，即雇主、雇员在劳动法律关系之中既是权利主体，又是义务主体，互为对价关系。在通常情况下，任何一方在自己未履行义务的前提下无权要求对方履行义务，不能只要求对方履行义务而自己只享有权利，否则，就违背了劳动法律关系主体地位对等的要求。

3.劳动法律关系具有国家强制性

劳动法律关系是以国家强制力作为保障手段的社会关系，国家强制力是否发挥作用，取决于劳动法律关系主体行为的性质；强行性规范内形成的劳动法律关系内容受国家法律强制力的直接保障，如不得使用童工等；当任意性规范内形成的劳动法律关系内容受到危害时，则须经权利主体请求后，国家强制力才会显现。

(三)劳动法律关系的构成要素

劳动法律关系构成要素分别为劳动法律关系的主体、内容与客体。

1.劳动法律关系的主体

劳动法律关系的主体是指依据劳动法律的规定，享有权利、承担义务的劳动法律关系的参与者，包括企业、个体经济组织、机关、事业组织、社会团体等用人单位和与之建立劳动关系的劳动者，即雇主与雇员。依据我国劳动法的规定，工会是团体劳动法律关系的形式主体。

2.劳动法律关系的内容

劳动法律关系的内容是指劳动法律关系主体依法享有的权利和承担的义务。因为劳动法律关系为双务关系，当事人互为权利义务主体，故一方的义务为另一方的权利。

3.劳动法律关系的客体

劳动法律关系的客体是指主体权利义务所指向的事物，即劳动法律关系所要达到的目的和结果。如劳动、工资、保险福利、工作时间、休息休假、劳动安全卫生等。

(四)劳动法律事实

能够引起劳动法律关系产生、变更和消灭的客观现象就是劳动法律事实，并不是任何事实都可以成为劳动法律事实，只有依据劳动法的规定，带来一定劳动法律事实后果的事实才能成为劳动法律事实。产生劳动法律关系的事实为合法事实，双方意思表示必须一致；变更、消灭劳动法律关系的事实一般也需双方意思表示一致。但是在一些场合，单方的意思表示以及违法行为或事件也能使劳动法律关系变更或消灭。依据劳动法律事实是否以当事人的主观意志为转移，法律事实可以分为两类。

1.劳动法律行为

劳动法律行为是指以当事人的意志为转移，能够引起劳动法律关系产生、变更和消灭，具有一定法律后果的活动，包括合法行为、违约行为、行政行为、仲裁行为和司法行为等。行为人作出意思表示是劳动法律行为成立的一般要件(即事实要素)，应符合以下基本要求：①行为人的意思必须包含建立、变更和终止劳动法律关系的意图，即包含追求一定法律效果的意图；②意思表示必须完整地表达劳动法律关系建立、变更和终止的必须内容，残缺不全的意思通常不能使法律行为成立；③行为人必须以一定的方式将自己内心意图表示于外部，可以由他人客观地加以说明。

2.劳动法律事件

劳动法律事件是指不依当事人的主观意志为转移，能够引起一定劳动法律后果的客观现象。例如企业破产，劳动者伤残、死亡，战争等。

三、劳动关系调整方式

劳动关系调整方式依据调节手段的不同，主要分为七种，即通过劳动法律、法规对劳动关系的调整；劳动合同规范的调整；集体合同规范的调整；民主管理制度的调整；企业内部规章制度的调整；劳动争议处理制度的调整；劳动监督检查制度的调整。这七种调整方式各具特点。

第二节 劳动合同的签订与履行

劳动合同的内容、订立的过程以及对劳动合同的管理是人力资源管理的重要内容，是进行人力资源管理的重要基础。

一、劳动合同概述

（一）劳动合同的含义

劳动合同是指劳动者与用人单位之间通过平等协商，依据国家法律签订的有关劳动行为与义务的协议。劳动合同是员工进入企业的首要行为，是为了保证在以后的劳动过程中，双方的权利都能得到有效的维护，使劳动关系更加协调，以有效预防冲突发生，进行劳动管理的依据。

（二）劳动合同的特点

1.劳动合同主体的特定性

劳动合同一方当事人——劳动者是符合一定条件的自然人，另一个当事人——用人单位是符合法定条件的法人单位或其他社会组织。作为劳动者，按照国家法律规定，必须是年满16周岁，有就业要求与愿望，具有行为能力和权利能力的人。用人单位根据国家法律的有关规定选择劳动者，与之签订劳动合同，建立合法的劳动关系。用人单位要能够为劳动者提供符合国家安全、卫生等标准和要求的工作场地、工作条件，按照国家规定给劳动者支付劳动报酬、缴纳社会保险及其他方面的费用，能够以自己的名义开展活动，并承担相应的法律责任。

2.劳动合同是双务合同

劳动合同的双方主体既享受一定的权利，同时又承担相应的义务，双方当事人主张各自权利以履行相应的义务为前提，不履行义务，不得主张权利。劳动合同双方当事人由于在社会和组织中的地位存在差异，双方的权利和义务并不处于对等的地位，在劳动合同中根据国家有关法律的规定，要求更多地保障劳动者的权利，保证劳动者的利益不受侵害。

3.劳动合同是要式合同

劳动合同的签订必须符合国家法律的规定，采用书面形式订立。这是由劳动合同在劳动关系中的重要地位决定的。用书面形式可以更好地维护劳动者和用人单位的利益，有利于劳动合同的使用和管理，有利于劳动关系的协调。劳动合同制定的依据和劳动合同的内容也必须符合国家法律的规定，符合国家法律的基本精神，符合法律规定的条款。

4.劳动合同是诺成合同

劳动双方根据国家法律规定，经过平等协商，达成一致意见，签订劳动合同，互相做出各自的承诺，答应履行一定的义务，享受一定的权利。因此劳动合同是在当事人双方互相承诺给对方一定利益的情况下订立的，违背承诺就要承担相应的民事责任和其他责任。

(三)劳动合同的内容

劳动合同的内容是双方当事人依法经过平等协商达成的有关权利和义务的条款。劳动合同条款根据国家法律规定和其他方面的情况可分为两部分：法定条款与约定条款。

1. 法定条款

法定条款是国家劳动法、合同法等相关法律规定的，在劳动合同中必须具有的条款，是关于劳动权利与义务的主要条款，缺少其中的任何条款，都是不完整、不合法的劳动合同。法定条款主要有：

(1)双方当事人。劳动合同中应表述清楚双方当事人的姓名、住址或办公地点、自然情况等基本内容。

(2)劳动合同期限。劳动合同期限是规定双方当事人主张权利和承担义务的有效期限，是实现权利的重要条件和保障。权利和义务并非无止境地存在，而是有一定的时间限制，这也是有效利用人力资源、激励员工的重要因素。

(3)工作内容。工作内容是劳动者在用人单位承担的任务、履行的职责，包括劳动者在组织中的岗位、工种、工作场合、具体任务和要求、工作环境等内容。

(4)劳动薪酬。劳动薪酬是用人单位根据劳动者所提供的劳动数量与质量、完成的工作情况、为组织所做出的贡献大小，以货币形式所支付的工资或报酬。该条款应明确规定组织所使用的工资制度、工资标准、支付形式、使用货币、支付时间、支付周期、工资计算、奖金福利规定等内容。

(5)劳动保护及劳动条件。劳动保护是指用人单位为保障劳动者人身等方面的权利、防止伤害事故的发生所制定的规范、采取的措施和进行的技术、设备等方面的管理。劳动条件是指用人单位为保证劳动者顺利地进行工作，提供给劳动者的劳动组织、劳动制度、劳动工具、劳动设备、劳动工艺流程、劳动安全保障措施与制度、权利保障制度与措施等。

(6)社会保险。社会保险是国家法律规定的当劳动者因年老、伤病、残废、生育、死亡造成劳动能力丧失或失去工作岗位等客观情况下导致生活困难而从国家和社会获得补偿和物质帮助的保障制度，包括保险待遇支付的依据、保险项目、保险内容、保险额度、保险计算规定等内容。

(7)劳动制度。劳动制度是劳动者在劳动过程中必须遵守的行为规范、工作规定、技术程序等，也是组织的劳动纪律，包括国家制定的劳动法规和组织制定的劳动制度。

(8)违约责任。当事人双方约定当一方违约给另一方造成损害时所承担的法律后果，包括违约责任的内容、形式、追究违约责任的途径等内容。

(9)劳动合同终止。劳动合同终止是指劳动关系消灭，权利义务关系终止的情形，包括劳动合同终止的条件、终止的方式、终止的过程、终止的善后事宜处理等内容。

2. 约定条款

除了法定条款外，双方当事人可以根据实际情况和需要，经过协商，约定一些条款，以更好地维护当事人的权利。约定条款主要有：

(1)试用期。双方当事人为加强相互了解，劳动者为了对工作岗位有更深刻的认识，用人单位为了获得合格、合适、高素质的劳动者，双方当事人可以根据工作环境、内容、条款、重要性等方面的要求约定试用期。但是，试用期的时间必须符合国家法律规定，劳动法规定试用期最长不得超过 6 个月。

(2)培训。培训是促进员工发展、提升员工各方面素质的重要途径，也是员工的基本权利。一方面，培训增加组织的成本，影响组织短期的工作和效益；另一方面，有效合理的培训制度可以调动员工的积极性，开发人力资源。双方当事人可以约定培训的投入、方式、服务期限、保证措施、待遇等内容。

(3)保密事项。劳动过程中涉及的商业秘密是组织的重要资源和财富，公开秘密将影响组织的利益。双方当事人可以就工作秘密事前进行协商，约定保密的事项、期限、责任等内容。

(4)补充福利与待遇。双方当事人可以根据组织的实际情况，考虑当事人的实际需要，约定入托、用车、住房、出国等事项。

(5)其他事项。双方当事人还可以在国家法律法规内进行其他事项的协商。

二、劳动合同的订立

劳动合同的科学合理，可以使人力资源有效地发挥作用，保护和激励员工，合理地开发人力资源。而劳动合同的科学合理与合同的制定和管理密切相关，因此应坚持科学的原则，严格遵循劳动合同订立的程序，加强劳动合同的管理。

(一)劳动合同订立的原则

1. 合法原则

合法原则是劳动合同订立的基本原则，它要求合同主体合法、合同的内容合法、合同订立的程序合法、合同的形式合法，对于违反合同的行为依法予以追究。

2. 平等原则

平等原则是指订立合同的双方当事人不论其规模大小、存在时间长短、技术力量情况如何，也不论其出身、年龄、民族等情况如何，他们的法律地位是平等的，在平等的基础上签订劳动合同。

3. 协商一致原则

协商一致原则是指双方当事人在平等的基础上，自由表达自己的意见，经过充分地协商交流，对有关权利和义务等方面的基本内容达成一致意见，签订劳动合同。

4. 自愿原则

自愿原则是指双方当事人是在自主意识支配下，为了实现自身利益和愿望，在平等的基础上达成协议。不得强迫一方当事人在违背自己意志的情况下签订劳动合同，也不得欺骗当事人，使其在不知情的情况下订立劳动合同。

5. 科学原则

科学原则是指双方当事人在签订劳动合同时应根据实际情况，实事求是，内容科学合理。

(二)劳动合同订立的程序

劳动合同订立的程序，是劳动合同订立时应遵守的步骤、时间、顺序和形式，是劳动合同的重要方法。劳动合同订立过程也是双方当事人相互了解、认识、接受、奉献的过程。劳动合同订立的一般程序可分为两个阶段：要约和承诺。

1.要约

要约是当事人一方向特定的或不特定的另一方发出订立劳动合同的意思表示，提出要约的一方称为要约人。劳动合同的要约通常是由用人单位提出，通过招聘广告、大众传播媒介等提出自己的意思表示。要约是不断重复的过程，在要约过程中，双方当事人不断地提出自己的意思表示，对双方利益进行整合，实现相互认可，最终形成一致性意见。

2.承诺

承诺是指受要约人对要约内容作出完全同意的意思表示。承诺的内容必须与要约的内容完全一致。承诺表明劳动合同的成立，根据有关规定签订协议后，劳动合同开始生效。

(三)劳动合同管理

加强劳动合同管理，能充分发挥劳动合同在人力资源管理中的作用，明确双方的权利和义务，激励员工，实现员工与组织的共同发展。

劳动合同管理主要包括以下内容：

1.建立劳动合同台账

为有效管理劳动合同，必须准确记录合同同期的各种台账，根据情况进行分类归档。台账一般包括员工登记表、劳动合同、员工统计表、专项协议、福利待遇、解除劳动关系后的去向等内容。

2.劳动合同的调整

劳动合同随着环境的改变即工作内容、手段、方式、技术、人员等方面情况的变化，要及时进行调整，更新其中的一些条款，变静态管理为动态管理。

3.劳动合同的公示

在合理有效的前提下，公开劳动合同中的一些资料和情况，提高员工的合同意识、权利意识、责任意识，加强员工与组织之间的协调和合作，利用其中的信息资料促进组织的发展。

三、劳动合同的履行

劳动合同在履行的过程中，受许多方面因素的影响，会发生一系列变化。

1.履行劳动合同

劳动合同双方当事人根据合同的约定，诚实守信，按照实际情况，充分利用各方面的资源，认真履行合同中的义务，维护自己的权利。

2.变更劳动合同

劳动合同在履行的过程中因为某些事件的出现或约定事实的出现，双方当事人对各自的权利和义务进行变更，形成新的约定和条款。

3.解除劳动合同

解除劳动关系，消灭双方的权利和义务、解除劳动合同必须符合法律规定的情形，必须符合劳动合同的约定条款，解除程序、形式和结果也必须合理。

4.终止劳动合同

因为环境、组织和成员等方面发生了变化，或因为某一事件的出现，使得劳动合同的履行没有实际意义，双方的利益都不能得到有效的保护和实现，劳动合同即告终止。

第三节 集体合同制度

一、集体合同概述

(一)集体合同的概念

集体合同是指用人单位与本单位职工根据法律、法规、规章的规定,就劳动报酬、工作时间、休息休假、劳动安全卫生、职业培训、保险福利等事项,通过集体协商签订的书面协议。根据劳动法的规定,集体合同由工会代表职工与企业签订,没有成立工会组织的,由职工代表与企业签订。

集体合同可分为基层集体合同、行业集体合同、地区集体合同等。我国集体合同体制以基层集体合同为主导体制,即集体合同由基层工会组织与企业签订。

(二)集体合同的特征

集体合同除具有一般协议的主体平等性、意思表示一致性、合法性和法律约束性以外,还具有自身的特点:

1.集体合同是规定劳动关系的协议

集体合同反映的是以劳动条件为实质内容的关系,整体性地规定劳动者与企业之间的劳动权利与义务,现实劳动关系的存在是集体合同存在的基础。

2.工会或劳动者代表代表职工一方与企业签订

集体合同的当事人一方是企业,另一方当事人不是劳动者个人或代表劳动者的其他团体或组织,而只能是工会组织代表劳动者,没有建立工会组织的,则由劳动者按照一定的程序推举职工代表。

3.集体合同是定期的书面合同

集体合同生效需经特定程序。根据劳动法的有关规定,集体合同文本须提交政府劳动行政部门审核,经审核通过的集体合同才具有法律效力。

(三)集体合同与劳动合同的区别

1.主体不同

协商、谈判、签订集体合同的当事人一方是企业,另一方是工会组织或劳动者按照合法程序推举的代表;劳动合同的当事人则是企业和劳动者个人。

2.内容不同

集体合同的内容是关于企业的一般劳动条件标准的约定,以全体劳动者共同权利和义务为内容。它可以涉及集体劳动关系的各方面,也可以只涉及劳动关系的某一方面;劳动合同的内容只涉及单个劳动者的权利义务。

3.功能不同

协商、订立集体合同的目的是规定企业的一般劳动条件,为劳动关系的各个方面设定具体标准,并作为单个劳动合同的基础和指导原则;签订劳动合同的目的是确立劳动者和企业的劳动关系。

4. 法律效力不同

集体合同规定企业的最低劳动标准,凡劳动合同约定的标准低于集体合同标准的一律无效,故集体合同的法律效力高于劳动合同。

(四)集体合同的作用和意义

集体合同制度在协调劳动关系中处于重要地位,其意义表现在以下方面:

1. 订立集体合同有利于协调关系

通过集体合同的协商、签订,可以将经营者与劳动者在劳动关系中的不同利益追求以集体合同的形式统一起来,在劳动主体与用工主体之间建立相互依存、相互合作的关系,为建立利益协调型的劳动关系提供法律保障。

2. 加强企业的民主管理

集体合同约定的各项条款是经过民主协商制定的,签订和履行集体合同,体现了劳动者参加民主管理的原则,因此集体合同是企业管理民主化的重要形式。

3. 维护职工合法权益

由工会代表劳动者与企业订立集体合同,可以改善单个劳动者在劳动关系中的地位,有效地防止企业侵犯劳动者的合法劳动权益。此外,劳动关系各方面的内容都由劳动合同具体规定,必然增加协商、确定劳动合同的成本。集体合同对劳动关系的主要方面和一般条件做出规定后,劳动合同只需就单个劳动者的特殊情况做出约定即可,从而可提高建立劳动关系的效率。

4. 弥补劳动法律法规的不足

劳动法律规范对劳动关系调整的规定与实际运行的劳动关系总是存在一定的差距,无论劳动立法规定的劳动标准多么具体,都难以覆盖现实生活中的劳动关系的各个方面,集体合同可以具体规范劳动关系,对劳动立法起补充作用,并且可以强化劳动法的操作性。同时,劳动立法关于劳动条件标准的规定属于最低标准,对劳动者权益的保障只是法律所要求的最低水平,而这并不是经济社会发展和劳动立法所要达到的根本目的。通过集体合同约定,密切结合企业经营的实际状况,可以提高劳动者利益的保障水平。

(五)订立集体合同应遵循的原则

1. 遵守法律、法规、规章及国家有关规定

此项原则即为内容合法原则。集体合同的内容不得违反国家法律法规的规定;集体合同所确定的劳动条件标准不得低于国家规定的标准。

2. 相互尊重,平等协商

集体合同签约人法律地位一律平等,具有平等表示各自意思和平等主张各自权益的权利。因订立集体合同是劳动者团体和企业的两个平等主体的自主行为,必须坚持相互尊重、平等协商的原则。国家不能采用强制命令或司法强制的手段。

3. 诚实守信,公平合作

因为再详尽具体的规定也不能覆盖劳动关系的所有方面,因此协商订立集体合同必须坚持诚实不欺,维护团体劳动关系当事人双方的利益平衡,当事人的利益与社会利益的平衡,当事人应以诚实善意的态度谋求权利,集体协商应当坚持程序公平。

4. 兼顾双方合法权益

集体协商、订立集体合同应当兼顾所有者、经营者和劳动者各方利益,不能为追求自己的

利益而损害他人的利益，即要均衡所有者、经营者和劳动者各自的利益。

5. 不得采取过激行为

集体协商、订立集体合同必须维护正常的生产工作秩序，双方都应顾全大局，协商双方应遵循和平原则。因订立集体合同产生争议，任何一方都不应采取激化事态的行为。

二、集体合同的形式、期限与内容

（一）集体合同的形式

根据《集体合同规定》的内容，集体合同为法定要式合同，应当以书面形式订立，口头形式的集体合同不具有法律效力。

集体合同的形式可以分为主体和附体。主体是综合性集体合同，其内容涵盖劳动关系的各个方面。附件是专项集体合同，是就劳动关系的某一特定方面的事项签订的专项协议。现阶段，我国法定集体合同的附件主要是工资协议（专门就工资事项签订的集体合同）。《工资集体协商试行办法》规定，企业依法开展工资集体协商，签订工资协议，已订立集体合同的，工资协议作为集体合同的附件，并与集体合同具有同等效力。

（二）集体合同的期限

集体合同均为定期合同，我国劳动立法规定集体合同的期限为1～3年。期限过短，不利于劳动关系的稳定，而且增加集体协商的成本；期限过长，不利于适应实际情况的变化和劳动权益的保障。在集体合同的期限内双方可以根据集体合同的履行情况，对集体合同进行修订。

（三）集体合同的内容

通常情况下，集体合同一般包括以下内容：

1. 劳动条件标准部分

劳动条件标准部分包括劳动报酬、工作时间和休息休假、保险福利、劳动安全卫生、女职工和未成年工特殊保护、职工技能培训、劳动合同管理、奖惩、裁员等项条款。上述条款应当作为劳动合同内容的基础，指导劳动合同的协商与订立，也可以直接作为劳动合同的内容。劳动条件标准条款在集体合同内容的构成中处于核心地位，在集体合同的有限期限内具有法律效力。上述标准不得低于法律法规规定的最低标准。

2. 一般性规定

一般性规定是指劳动合同和集体合同履行的有关规则，包括集体合同的有效期限，集体合同条款的解释、变更、解除和终止等。

3. 过渡性规定

过渡性规定是指集体合同的监督、检查、争议处理、违约责任等。

4. 其他规定

此项条款通常作为劳动条件标准的补充条款，规定集体合同的有效期间应当达到的具体目标及实现目标的主要措施。此类规定一般不能作为劳动合同的内容，只是作为签约方的义务而存在。在集体合同的有效期内，随着设定目标的实现而终止。例如，规定建成某项劳动安全卫生保护工程或设施，建设、改善或完成某些福利设施等。

至于集体合同可否规定企业生产经营目标，如成本、盈利、产量等目标，目前在我国集体合同的实践中存在着不同的意见。

三、签订集体合同的程序

（一）确定集体合同的主体

劳动者一方的签约人，法定为基层工会委员会；没有建立工会组织的企业，由企业职工民主推荐，并须得到半数职工同意的代表为集体合同的签约人。用人单位一方的签约人即法定代表人。具备法人资格、跨省市的大型企业或集团公司的法定代表人可以委托下一级企业或子公司的负责人与工会签订集体合同。

（二）协商集体合同

集体协商任何一方均可就签订集体合同或专项集体合同以及相关事宜，以书面形式向对方提出进行集体协商的要求。一方提出进行集体协商要求的，另一方应当在收到集体协商要求之日起 20 日内以书面形式给予回应，无正当理由不得拒绝进行集体协商。集体协商主要采取协商会议的形式，集体合同的协商是签约代表为签订集体合同进行商谈的法律行为。其主要步骤为：

1. 协商准备

双方签约人为集体协商进行各项准备工作，包括确定协商代表，拟定协商方案，预约协商内容、日期、地点。我国法律规定，集体合同协商代表双方人数对等，各方至少 3 名，并确定一名首席代表。企业首席代表由法定代表人担任或由其书面委托的其他管理人员担任；工会首席代表由工会主席担任或书面委托其他工会代表担任。用人单位协商代表与职工协商代表不能兼任，代表一经确认，必须履行义务，因故不能履行职责的，应另行指派或推举；集体协商双方首席代表可以书面委托本单位以外的专业人员作为本方协商代表。委托人数不得超过本方代表的 1/3。首席代表不得由非本单位人员担任。集体协商的地点、时间由双方共同商定，记录员在协商代表之外指派。

2. 协商会议

集体协商会议由双方首席代表轮流主持，并按下列程序进行：①宣布议程和会议记录；②一方首席代表提出协商的具体内容和要求，另一方首席代表就对方的要求作出回应；③协商双方就商谈事项发表各自意见，开展充分讨论；④双方首席代表归纳意见，达成一致的，应当形成集体合同草案或专项集体合同草案提交职工代表大会或者全体职工讨论。职工代表大会或者全体职工讨论集体合同草案或专项集体合同草案，应当有 2/3 以上职工代表或者职工出席，且须经全体职工代表半数以上或者全体职工半数以上同意后，集体合同草案或专项集体合同草案方获通过。

3. 签字

集体合同草案或专项集体合同草案经职工代表大会或者职工大会通过后，由集体协商双方首席代表签字。

（三）政府劳动行政部门审核

由企业一方将签字的集体合同文本及说明材料一式三份，在集体合同签订后的 10 天内报送县级以上政府劳动行政部门审核。说明材料应包括企业的营业执照、工会的社团法人证明材料、双方代表的身份证（均为复印件）、委托授权书、职工代表的劳动合同书、相关审议会议通过的集体合同的决议、集体合同条款的必要说明等。

(四)审核期限和生效

劳动行政部门在收到集体合同后的15天内将审核意见书传送,集体合同的生效日期以《审查意见书》确认的日期为生效日期。若劳动行政部门在收到集体合同的15日内未提出异议的,集体合同即行生效。若集体合同经劳动行政部门审核认定存在无效条款或部分无效条款的,签订双方应对其进行修改,并在15日内重新报送审核。

(五)集体合同的公布

经审核确认生效的集体合同或自行生效的集体合同,签订双方应及时以适当的方式向各自代表的成员公布。

四、集体合同的履行、监督检查和责任

(一)集体合同的履行

已经生效的集体合同具有法律效力,集体合同当事人和关系人应该履行集体合同所规定的义务。所谓的集体合同的关系人是指由集体合同的订立而获得收益,并且受集体合同约束的主体,包括工会组织所代表的全体劳动者(不论其是否是工会会员,也包括在集体合同的存续期间被录用的职工)、用人单位所代表的所有者和经营者等。

集体合同的履行遵循实际履行和协作履行的原则。其中,劳动标准性条款的履行,应在合同的有效期限内按照集体合同规定的各项标准签订和履行合同,确保劳动者利益的实现;目标性条款的履行,应将所约定的项目列入并落实在企业计划和工会工作计划之中,并采取有效措施实施计划。在履行集体合同的过程中,企业行政必须与工会密切协作。工会会员和非会员劳动者虽不是集体合同的当事人,但却是集体合同的关系人,因集体合同的存在而应承担履行集体合同的义务。

(二)履行的监督检查

集体合同在履行过程中,企业工会应承担更多监督检查的责任,也可以与企业协商,建立集体合同履行的联合监督检查制度。发现问题,及时与企业协商解决。企业内工会的各级组织应当及时向企业工会报告本组织集体合同的履行情况;工会应定期向职工代表大会或全体职工通报集体合同的履行情况;职工代表大会有权对集体合同的履行实行民主监督。

(三)违反集体合同的责任

企业违反集体合同的规定,应承担法律责任;个别劳动者不履行集体合同规定的义务,则按照劳动合同的规定承担相应责任。

第四节 用人单位内部劳动规则

一、用人单位内部劳动规则的含义

用人单位内部劳动规则是用人单位依据国家劳动法律、法规的规定,结合用人单位的实际,在本单位实施的,为协调劳动关系,并使之稳定运行、合理组织劳动和进行劳动管理而制定

的办法、规定的总称。

用人单位制定并实施内部劳动规则是其行使经营管理权和用工权的主要方式，发挥着用人单位内部强制性的规范功能。按照我国《公司法》的有关规定，在现代企业制度中，制定重要的管理制度是公司的权利，是董事会和经理的职责。制定、实施内部劳动规则同时也是用人单位对国家和用人单位财产投资者的义务。在劳动关系的运行当中，劳动者处于被指挥和被管理的从属地位，其权利义务的实现受用人单位支配和约束。制定和实施内部劳动规则，并结合劳动合同、集体合同的履行，一方面可以使劳动者的权利义务明确、具体，另一方面又可以使用人单位的管理行为规范化，从而限制用人单位对劳动者实现权利义务过程中的任意支配，特别是防止用人单位滥用惩戒权。此外，现代的劳动过程是一种联合劳动，分工协作更为精细、周密，每一个劳动者的工作绩效一般都与其他劳动者的劳动有着紧密联系，因而，每一个劳动者的权利义务都与其他劳动者的权利义务相互关联。在实现各自的权利义务过程中，劳动者之间极有可能发生矛盾与冲突。制定与实施内部劳动规则，可以有效地协调不同劳动者之间行使各自的权利、履行各自的义务过程中所产生的矛盾，有利于形成全体劳动者都能以优化的秩序实现各自权利义务的格局。

二、用人单位内部劳动规则的特点

用人单位内部劳动规则是企业规章制度的组成部分，是企业劳动关系调节的重要形式。具有以下特点：

1. 制定主体的特定性

用人单位内部劳动规则以用人单位为制定的主体，以用人单位公开、正式的行政文件为表现形式，只在本单位范围内适用。

2. 企业和劳动者共同的行为规范

用人单位内部劳动规则是规范劳动过程中企业和劳动者之间，以及劳动者相互之间的关系。用人单位内部劳动规则所调整的行为是作为劳动过程组成部分的用工行为和劳动行为，既约束全体劳动者，又约束企业行政各职能部门和企业的各组成部分。

3. 企业经营权与职工民主管理权相结合的产物

用人单位内部劳动规则的制定和实施是企业以规范化、制度化的方法协调劳动关系，对劳动过程进行组织和管理的行为。制定用人单位内部劳动规则必须保证企业职工的参与，企业职工既有权参与相关制度的制定，又有权对制度的实施进行监督。

三、用人单位内部劳动规则的内容

（一）劳动合同管理制度的主要内容

（1）劳动合同履行的原则。

（2）员工招收录用条件、招工简章、劳动合同草案、有关专项协议草案审批权限的确定。

（3）员工招收录用计划的审批、执行权限的划分。

（4）劳动合同续订、变更、解除事项的审批办法。

（5）试用期考察办法。

(6)员工档案的管理办法。

(7)应聘人员相关材料保存办法。

(8)集体合同草案的拟定、协商程序。

(9)解除、终止劳动合同人员的档案移交办法、程序。

(10)劳动合同管理制度修改、废止的程序等。

(二)劳动纪律

劳动纪律是企业依法制定的,全体员工在劳动过程中必须遵守的行为规则。每位员工都必须按照规定的时间、地点、方法和程序要求履行自己的劳动义务,保持全体员工在劳动过程中的行为方式和联系方式的规范化,以维护正常的生产、工作秩序。其主要内容为:

(1)时间规则:作息时间、考勤办法、请假程序和办法等。

(2)组织规则:企业各直线部门、职能部门或各组成部分及各类层级权责结构之间的指挥、服从、接受监督、保守商业秘密等的规定。

(3)岗位规则:劳动任务、岗位职责、操作规程、职业道德等。

(4)协作规则:工种、工序、岗位之间的关系,上下层次之间的连接、配合等。

(5)品行规则:言语、着装、用餐、礼节等规则。

(6)其他规则。

制定劳动纪律,应当符合以下要求:

(1)劳动纪律的内容必须合法。应当在法律允许的范围内约束劳动者的行为,不能侵犯劳动者的人格尊严,不得非法限制和剥夺劳动者依法享有的权利和自由,不得强迫劳动,对于违纪员工的处罚不能超过规则以外的措施。

(2)劳动纪律的内容应当全面约束管理行为和劳动行为,工作纪律、组织纪律、技术纪律的全面规定,使各种岗位的行为与职责都能做到有章可循,违章可究。

(3)标准一致。行为模式标准应当一致,纪律的执行应当宽严一致,各类管理行为、劳动行为应当受到同等的约束。

(4)劳动纪律应当结构完整。劳动纪律作为一种规范应具有严密的逻辑结构、适用条件、行为模式标准、奖惩程序,措施与责任应明确规定。

(三)劳动定员定额规则

1.编制定员规则

企业依据自身的实际情况制定企业机构的设置和配备各类人员的数量界限。除法律、行政法规规定的以外,企业可按照生产经营的实际需要,自主决定内部机构的设立、调整、撤并和人员配备。

2.劳动定额规则

劳动定额规则是指在一定的生产技术水平和组织条件下,企业制定的劳动者完成单位合格产品或工作需要的劳动消耗量标准。劳动定额规则分为工时定额和产量定额两类。

劳动定员定额与劳动者的利益密切相关,直接关系到劳动者的工资、工时和职业稳定性。制定的劳动定员定额应注意以下事项:

(1)必须紧密结合企业现有的生产技术组织条件,确定定员水平,应执行适合本企业的技术组织条件的定员标准,对于强制性定员标准应严格执行,并严格履行定员制定程序。

(2)制定劳动定额的技术组织条件必须是企业现有的或是按照劳动合同的规定企业可以

提供的条件，不能制定超过这种约定条件的劳动定额标准。

(3)劳动定额所规定的劳动消耗量标准应当以法定工作时间为限，并符合劳动安全卫生的要求。

(4)制定、修订劳动定员定额的程序必须合法。

(四)劳动岗位规范制定规则

劳动岗位规范是企业根据劳动岗位的职责、任务和生产手段的特点对上岗员工提出的客观要求的综合规定。在劳动关系协调、组织劳动过程中，劳动岗位规范是安排员工上岗，签订上岗协议和对员工进行岗位考核的依据和尺度。包括：①岗位名称；②岗位职责；③生产技术规定；④上岗标准。

(五)劳动安全卫生制度

指对企业生产环境、劳动保护、安全生产、防止伤害等进行的相关规定。

(六)其他制度

其他制度包括工资制度、福利制度、考核制度、奖惩制度、培训制度等。这些制度与协调劳动关系有着直接的联系，并且反映着劳动关系的实质内容。

四、用人单位内部劳动规则制定的程序

内容不合法、程序不合法的内部劳动规则不具有法律效力，因此，制定用人单位内部劳动规则必须符合法定程序。其制定程序是：

(一)职工参与

用人单位内部劳动规则的制定虽然是企业生产经营管理权的体现，是单方面的法律行为，但只有在吸收和体现劳动者一方的意志，或者得到劳动者认同的情况下，才能确保其实施。而且，用人单位内部劳动规则是调整劳动行为和用工行为的标准，直接涉及劳动者的利益。立法规定，劳动者有权通过职工代表大会制度或其他形式，参与民主管理。因此，制定用人单位内部劳动规则，用人单位有义务保证职工参与，听取职工意见。

(二)正式公布

用人单位内部劳动规则以全体职工和企业行政各个部门或组成部分为约束对象，应当让全体职工和企业各个部门所了解，因此，应当以合法有效的形式公布。其公布形式通常以企业法定代表人签署和加盖公章的正式文件的形式公布。

第五节　企业民主管理制度

一、职工代表大会制度

职工代表大会(中小型企业为职工大会)是由企业职工经过民主选举产生的职工代表组成的，代表全体职工实行民主管理的权力机构。职工代表大会制度是企业职工行使民主管理的基本形式，是职工民主管理的具体表现。职工代表大会依法享有审议企业重大决策，监督行政领导和维护职工合法权益的权力。通过职工代表大会这一制度实现对企业的民主管理，是职

工对企业管理的参与，而不是对企业管理的替代。在劳动关系的运行中，职工作为被管理者，通过民主参与，使职工的意志渗透到企业管理的行为和过程之中，从而实现劳动者意志与管理者意志的协调，进而保证劳动关系的稳定与协调。

二、平等协商制度

平等协商是劳动关系双方就企业生产经营与职工利益事务平等商讨、沟通，以实现双方相互理解和合作，并在可能的条件下达成一定协议的活动。

平等协商作为企业职工参与管理的形式，与作为订立集体合同程序的集体协商是两种不同制度。其主要区别是在主体、目的、程序、内容、法律效力、法律依据等几个方面。

职工代表大会制度与平等协商制度是企业民主管理制度的两种基本形式。

三、建立有效的信息沟通制度

建立有效的信息沟通制度，其目的在于保障正式信息沟通渠道的通畅和效率，还要善于利用非正式沟通的信息，并对其进行引导。

(一)纵向信息沟通

纵向信息沟通是指根据企业权责分配的管理层级结构，建立的指挥、命令，执行、反馈信息系统。

1. 下向沟通

下向沟通是企业内高层管理机构和职能人员逐级或越级向下级机构和职能人员，直至生产作业人员的信息传输。在沟通的各个环节要对信息加以分解并使之具体化。

2. 上向沟通

上向沟通是下级机构、人员向上级机构、人员反映、汇报情况，提出建议或意见的信息传输。上向沟通的信息应逐层集中，在各环节进行综合，然后向上一级传输。在上向沟通渠道中，应建立员工的申诉制度，作为企业奖惩、考核制度的有机组成部分。

(二)横向信息沟通

横向信息沟通是企业组织内部依据具体分工，在同一级机构、职能业务人员之间的信息传递。

(三)建立标准信息载体

1. 制定标准劳动管理表单

劳动管理表单是由企业劳动管理制度规定，有固定传输渠道，按照规定程序填写的统一表格。如统计表、台账、工资单、员工卡片等。

2. 汇总报表

此类报表是为企业高层管理人员充分了解情况，掌握管理实际进程的工具。包括工作进行状况汇总报表与业务报告两类。

3. 正式通报、组织刊物

正式通报、组织刊物发布和说明企业劳动关系管理计划、目标，发布规定和管理标准等的载体。其优点是信息传递准确，不易受到歪曲，且沟通内容易于保存。

4.例会制度

例会制度运用直接口头语言的形式，综合上向沟通、下向沟通、横向沟通三种信息沟通方式。具体形式可以是会议、召见、询问、指示、讨论等多种形式。此种沟通方式具有亲切感，可以通过语调、表情、形体语言增强沟通效果，容易获得沟通对象的反馈，具有双向沟通的优势。

四、员工满意度调查

员工满意度调查是劳动关系调整的重要方法，就是通过一定的方法，了解员工对组织运行的某一方面的主观心理感受，对调查结果进行评估，分析并提出相关判断的活动，是企业组织内部环境研究的组成部分，为企业制定发展战略、调整企业组织结构、完善内部劳动规则提供依据。

（一）实施员工满意度调查的目的

1.诊断公司潜在的问题

通过员工满意度调查，公司可以发现员工对哪些问题的满意度有下降趋势，可以及时检查其相应政策，找出不满日益增加的原因并采取措施予以纠正。实践表明，员工满意度调查是员工对各种管理问题满意度的晴雨表。

2.找出本阶段出现的主要问题的原因

通过员工满意度调查可以找出导致问题发生的原因，确定是否是员工工资过低、管理不善、晋升渠道不畅等问题造成的，否则只能靠主观的随机猜测。

3.评估组织变化和企业政策对员工的影响

员工满意度调查能够有效地用来评价组织政策和规划中的各种变化，通过对比前后的变化，公司管理层可以了解到公司决策对员工满意度的影响。

4.促进公司与员工之间的沟通和交流

通过员工满意度调查，保证了员工自主权，员工会畅所欲言地反映平时管理层听不到的声音，这样就起到了信息上下沟通的作用。

5.增强企业凝聚力

由于员工满意度调查活动是员工在民主管理的基础上树立以企业为中心的群体意识，从而潜意识里对组织集体产生强大的凝聚作用，能够培养员工对企业的认同感、归属感，不断增强员工对企业的向心力、凝聚力。

（二）员工满意度调查的内容

企业进行员工满意度调查可以对公司管理进行全面审核，保证企业工作效率和最佳经济效益，减少和纠正低生产率、高损耗率、高人员流动率等紧迫问题。员工满意度调查将分别对以下五个方面进行全面评估或针对某个专项进行详尽考核：

1.薪酬

薪酬是决定员工工作满意度的重要因素，它不仅能满足员工生活和工作基本要求，而且还是公司对员工所做贡献的尊重。

2.工作

工作本身的内容在决定员工对工作满意度中起着很重要的作用，其中影响满意度的两个最重要的方面是工作的多样化和职业培训。

3. 晋升

工作中的晋升机会对工作满意度有一定程度的影响，它会带来管理权力、工作内容和薪酬方面的变化。

4. 管理

员工满意度调查在管理方面主要考察公司是否做到了以员工为中心，管理者与员工的关系是否和谐。管理主要考察公司的民主管理机制，也就是说员工参与和影响决策的程度如何。

5. 环境

好的工作条件和工作环境如温度、湿度、通风、光线、噪音、颜色、环境整洁状况，以及员工使用的工具和设施等，极大地影响着员工的满意度。

(三)员工满意度调查的步骤

1. 确定调查对象

调查对象可以分为生产工人、办公室工作人员、管理人员等。对人员还可以进行更细的分类。调查对象的确定与调查方法等其他内容要相互协调。

2. 确定满意度调查指向(调查项目)

调查指向是指根据员工满意度调查的目的确定调查内容，包括薪酬制度、考核制度、培训制度、组织结构及效率、管理行为方式、工作环境、人际关系、员工发展等。

3. 确定调查方法

员工满意度调查方法通常为问卷调查法和访谈法。调查问卷一般分为目标型调查和描述型调查。

(1)目标型调查法。目标型调查法的一般形式是提出问题，并且设定问题的若干个答案，由被调查对象对设定的答案进行选择，这种方法的具体方式很多，有选择法、正误法、叙述表示法等。

(2)描述型调查法。描述型调查法与目标型调查法的区别是由被调查者用自己的语言自由地表达自身的意愿和想法，准确表明自己的感觉。描述型调查设定问题的方法有确定性提问和不确定性提问两种。例如，您认为公司的内部劳动管理规则制定的程序体现了员工的意愿吗？此种设问即为确定性提问；例如，您对公司的劳动安全管理最不满意的地方是什么？此种设问即为不确定性提问。确定性提问可以比较深入地了解员工对某一问题的感受，不确定性提问的重点在于了解员工的一般感受，但却可以使管理者了解组织运行中迫切需要解决的问题是什么。描述型调查一般与访谈法密切结合。

4. 确定调查组织

调查组织可以由企业内部的有关管理人员组成，也可以聘请相关咨询公司的专家实施。组织内部成员组成调查组织的，调查前必须进行培训，充分理解调查意义，科学设定调查问题，明确调查问题的含义，并应对调查进行指导。

5. 调查结果分析

汇总调查问卷，运用统计分析方法判断组织员工满意的总体水平，概括组织运行中的主要问题，写出调查报告并提出对策建议。

第六节 工作时间、最低工资标准及工资支付原则

一、工作时间概述

(一)工作时间的概念

工作时间又称法定工作时间，是指劳动者为履行劳动给付义务，在用人单位从事工作或生产的时间，即法律规定或劳动合同、集体合同约定的，劳动者在一定时间(一天、一周、一个月等)内必须用来完成所担负工作的时间。工作时间是由法律直接规定或由合同约定的，劳动者不遵守工作时间要承担相应的法律责任。

工作时间的法律规定包括以下工作时间形式：

(1)劳动者实际从事生产或工作所需进行准备和结束工作的时间。

(2)劳动者实际完成工作和生产的作业时间。

(3)劳动者在工作过程中自然需要的中断时间。

(4)工艺中断时间、劳动者依法或单位行政安排离岗从事其他活动的时间。

(5)连续从事有害健康工作需要的间歇时间等。

(二)工作时间的种类

1.标准工作时间

标准工作时间是指由国家法律制度规定的，在正常情况下劳动者从事工作或劳动的时间。标准工作时间为：职工每昼夜工作 8 小时为标准工作日；每周 40 小时为标准工作周，即每周工作 5 天，休息 2 天。结合休息休假制度中的有关公休日和法定节假日的规定，每月标准工作时间为 20.83 天，折算为每月 166.6 小时。

2.计件工作时间

计件工作时间是以劳动者完成一定定额标准的工作时间，是标准工作时间的转化形式。

3.综合计算工作时间

综合计算工作时间是指因用人单位生产或工作特点，劳动者的工作时间不宜以日计算，需要分别以周、月、季、年等为周期综合计算工作时间长度的工时制度。此种工时制度的适用范围是：

(1)交通、铁路、邮电、航空、水运、渔业等工作性质特殊、需要连续作业的职工。

(2)地质资源勘探、建筑、制盐、制糖、旅游等受季节和自然条件限制的行业的部分岗位或工种的职工。

(3)其他适合实行综合计算工时工作制的职工。

适用此种工时制度需注意，以一定周期计算，其平均计算的工时长度应与法定标准工作时间基本相同，超过的部分，则视为延长工作时间。但在社会公休日，如周六、周日工作的，视为正常工作日工作，不计为延长工作时间，而法定节假日工作的应按延长工作时间处理。

4.不定时工作时间

不定时工作时间是指每日没有固定工作时间的工时制度。此种工时制度基本上按照标准工时执行，在特别需要的情况下，其工作时间超过标准工作时间长度的，可以不受限制，且超过部分不计为延长工作时间。此种工时制度适用下列岗位或工种的职工：

(1)企业中的高级管理人员、外勤人员、推销人员和其他工作无法按照标准工作时间衡量的职工。

(2)企业中的长途运输人员，出租汽车司机，铁路、港口、仓库的部分装卸人员，以及因工作性质特殊，需机动作业的职工。

(3)其他因生产特点、工作特殊需要或职责范围的关系，适合实行不定时工作的职工。

非标准工作时间的工时形式和适用岗位，依据劳动法的规定，用人单位必须履行法定的审批手续。

5.缩短工作时间

缩短工作时间是指在特殊情况下，劳动者实行的少于标准工作时间长度的工作时间制度。此种工时制度的适用范围为以下工种或岗位：

(1)从事矿山、井下、高空、高温、低温、有毒有害、特别繁重或过度紧张的劳动的职工。

(2)从事夜班工作的职工。

(3)在哺乳期工作的女职工。

(4)其他依法可以实行缩短工作时间的职工，如未成年工、怀孕7个月以上工作的女职工等。

(三)延长工作时间的概念及限制延时措施

1.延长工作时间的概念

延长工作时间是指超过标准工作时间长度的工作时间。劳动者在法定节假日、公休日工作的称为加班，超过日标准工作时间以外延长工作时间的称为加点。为了保证劳动者的休息权、促进就业和劳动者的全面发展，国家对延长工作时间是严格限制的。法律规定，允许延长工作时间的一般条件是：

(1)发生自然灾害、事故或者其他原因，威胁劳动者生命健康和财产安全，需要紧急处理的。

(2)生产设备、交通运输线路、公共设施发生故障，影响生产和公众利益，必须及时抢修的。

(3)法律、法规规定的其他情形，如：①法定节假日、公休日内生产不能间断的；②必须利用法定节假日、公休日的停产期间进行设备检修、保养的；③完成国防紧急生产任务或其他关系到重大社会公共利益需要的紧急生产任务；商业、促销企业在旺季完成收购、运输、加工农副产品紧急任务等。

上述情形出现，延长工作时间不受限制措施的约束。

2.限制延长工作时间的措施

(1)条件限制：用人单位由于生产经营需要，经与工会和劳动者协商可以延长工作时间。

(2)时间限制：用人单位延长工作时间，一般每日不得超过1小时。因特殊原因需要的，在保证劳动者身体健康的条件下，每日不得超过3小时，但每月不得超过36小时。

(3)延长工作时间：用人单位应当以高于劳动者正常工作时间的工资标准支付延长工作时间的劳动报酬，其标准是在法定标准工作时间以外延长工作时间的，按照不低于劳动合同规定的劳动者本人小时工资标准的150%支付劳动报酬；劳动者在休息日工作，而又不能安排劳动者补休的，按照不低于劳动合同规定的劳动者本人日或小时工资标准的200%支付劳动报酬；劳动者在法定节假日工作的，按照不低于劳动合同规定的劳动者本人小时工资标准的300%支付劳动报酬。

(4)人员限制:怀孕7个月以上和哺乳未满一周岁婴儿的女职工,不得安排其延长工作时间。

二、最低工资保障制度

(一)最低工资的含义

最低工资是国家以一定的立法程序规定的,劳动者在法定时间内提供了正常劳动的前提下,其所在单位应支付的最低劳动报酬。其中所谓的正常劳动是指劳动者按照依法签订的劳动合同的约定,在法定工作时间或劳动合同约定的工作时间内从事的劳动。劳动者依法享有带薪年休假、探亲假、婚丧假、生育(产)假、节育手术假等国家规定的休假期间,以及法定工作时间内依法参加社会活动期间,视为提供了正常劳动。

最低工资适用于我国境内的企业、个体经济组织与之建立劳动关系的劳动者。国家机关、社会团体、事业组织与之建立劳动合同关系的劳动者,都应实行最低工资制度。

国家实施最低工资制度,其基本出发点是维护市场经济秩序,保护劳动者的合法权益,规范用人单位的工资分配行为。

(二)最低工资标准的确定和调整

1.最低工资标准确定和调整的步骤

由于我国幅员辽阔,地区之间经济文化发展并不均衡,生活水平与其他价格水平亦存在着比较大的差异,因而国家不实行全国统一的最低工资标准,允许各地根据具体情况确定当地最低工资标准。

最低工资标准的确定和调整采用"三方性"原则,即在国务院劳动行政主管部门的指导下,由省、自治区、直辖市人民政府劳动行政主管部门会同同级工会、企业家协会研究拟订,并将拟订的方案报送人力资源和社会保障部。方案内容包括最低工资确定和调整的依据、适用范围、拟订标准和说明。劳动保障部在收到拟订方案后,应征求全国总工会、中国企业联合会、企业家协会的意见。

人力资源和社会保障部对方案可以提出修订意见,若在方案收到后14日内未提出修订意见的,视为同意。省、自治区、直辖市劳动保障行政部门应将本地区最低工资标准方案报省、自治区、直辖市人民政府批准,并在批准后7日内在当地政府公报上和至少一种全地区性报纸上发布。省、自治区、直辖市劳动保障行政部门应在发布后10日内将最低工资标准报人力资源和社会保障部。最低工资标准一般采用月最低工资标准和小时最低工资标准的形式。月最低工资标准适用于全日制就业劳动者,小时最低工资标准适用于非全日制就业劳动者。

用人单位应在最低工资标准发布后10日内将标准向本单位全体劳动者公示。

2.确定和调整最低工资应考虑的因素

劳动法对确定和调整最低工资标准应考虑的因素做了原则性的规定,主要是:

(1)劳动者本人及平均赡养人口的最低生活费用。

(2)社会平均工资水平。

(3)劳动生产率。

(4)就业状况。

(5)地区之间经济发展水平的差异。

一般来说，最低工资标准应高于社会救济金和失业保险金标准。劳动和社会保障部2004年发布的《最低工资规定》(劳动保障部令第21号)对确定最低工资标准应考虑的因素做了细化。

确定最低工资标准除一般考虑城镇居民生活费用之外，还要考虑职工个人缴纳社会保险费、住房公积金、职工平均工资、失业率、经济发展水平等因素。用公式表示为：

$$M = f(C,S,A,U,E,a)$$

式中 M——最低工资标准；

C——城镇居民人均生活费用；

S——职工个人缴纳社会保险费、住房公积金；

A——职工平均工资；

U——失业率；

E——经济发展水平；

A——调整因素。

由于最低工资标准分为月最低工资标准和小时最低工资标准，所以确定和调整小时最低工资标准，应在颁布的月最低工资标准的基础上，考虑用人单位应缴纳的基本养老保险费和基本医疗保险费因素，同时还应适当考虑非全日制劳动者的工作稳定性、劳动条件和劳动强度、福利等方面与全日制就业人员之间的差异。

最低工资标准发布实施后，如制定最低工资标准所应考虑的相关因素发生变化，应当适时调整。最低工资标准每两年至少调整一次。

3.确定最低工资标准的通用方法

确定最低工资标准应考虑的因素虽然从理论上全面反映了最低工资的性质，但是其在实践的操作性上还须解决一系列问题。《最低工资标准规定》颁布了确定最低工资标准的通用方法。

(1)比重法。比重法即根据城镇居民调查资料，确定一定比例的最低人均收入户为贫困户，统计出贫困户的人均生活费用支出水平，乘以每一就业者的赡养系数，再加上一个调整数。

(2)恩格尔系数法。恩格尔系数即根据国家营养学会提出的年度标准食物普及标准食物摄取量，结合标准食物的市场价格，计算出最低食物支出标准，除以恩格尔系数，得出最低生活费用标准，再乘以每一就业者的赡养系数，再加上一个调整数。

以上方法计算出月最低工资标准后，再考虑职工个人缴纳社会保险费、住房公积金、职工平均工资水平、社会救济金和失业保险金标准、就业现状、经济发展水平等进行必要的修正。

例如，某地区最低收入组人均每月生活费支出为210元，每一就业者赡养系数1.87，最低食物费用为127元，恩格尔系数为0.604，当地平均工资为900元。

按比重法计算得出该地区月最低工资标准为：

月最低工资标准$=210\times1.87+a=393+a$(元)

按恩格尔系数法计算得出该地区的最低工资标准为：

月最低工资标准$=127/0.604\times1.87+a=393+a$(元)

在上述两式中：a为工资调整数额

确定调整数额a时，主要考虑的因素有当地个人缴纳养老、失业、医疗、保险费，以及住房公积金等费用支付的情况。

按照国际上一般月最低工资标准相当于月平均工资的40%～60%，则该地区月最低工资标准范围应在360元～540元之间。

小时最低工资标准=[(月最低工资标准/20.83/8)×(1+单位应当缴纳的基本养老保险费、基本医疗保险费比例之和]×(1+浮动系数)

浮动系数的确定主要考虑非全日制就业劳动者工作稳定性、劳动条件和劳动强度、福利等方面与全日制就业人员之间的差异。

(三)最低工资的给付

在劳动者提供正常劳动的情况下,用人单位应支付给劳动者的工资在剔除下列各项以后,不得低于当地最低工资标准:

(1)延长工作时间工资。

(2)中班、夜班、高温、低温、井下、有毒有害等特殊工作环境、条件下的津贴。

(3)法律、法规规定的劳动者福利待遇等。

实行计件工资或提成工资等工资形式的用人单位,在科学合理的劳动定额基础上,其支付劳动者的工资不得低于相应的最低工资标准。

劳动者由于本人原因造成在法定工作时间内或依法签订的劳动合同约定的工作时间内未提供正常劳动的,不适用最低工资规定。

用人单位支付给劳动者的工资低于最低标准的,由劳动保障行政部门责令其限期补发所欠劳动者工资,并可责令其按所欠工资的1～5倍支付劳动者赔偿金。

三、工资支付保障

工资支付保障是对劳动者获得全部应得工资及其所得工资支配权的法律保护。正如前述,劳动关系在本质上是一种劳动给付与工资的交换关系,因此,工资支付保障比最低工资制度对劳动权的保护和劳动关系的调整更进一步,因为它不仅限于确定最低工资,而且发展到全部工资及其工资支付行为。

工资支付保障主要包括工资支付的一般规则和特殊情况下的工资支付。

(一)工资支付的一般规则

1.货币支付

工资应当以法定货币支付,不得以实物、有价证券替代货币支付。

2.直接支付

用人单位应将工资支付给劳动者本人。劳动者本人因故不能领取工资时,可由其亲属或委托人代领。用人单位可委托银行代发工资。用人单位必须书面记录领取者的姓名、支付项目和金额、扣除的项目和金额、实发金额,以及支付时间等事项,并保存两年以上备查。用人单位在支付时应向劳动者提供一份其个人的工资清单。

3.按时支付

工资应当按照用人单位与劳动者约定的日期支付,如遇节假日或休息日,则应提前在最近的工作日支付;工资至少每月支付一次,对于实行小时工资制和周工资制的人员,工资也可以按日或周支付。对完成一次性临时劳动或某项具体工作的劳动者,用人单位按有关协议或合同规定在其完成劳动任务后即支付工资。按时支付工资意味着不得无故拖欠。“无故拖欠”不包括以下情形:①用人单位遇到不可抗力的影响,如非人力能抗拒的自然灾害、战争等原因,无法按时支付工资；②用人单位因生产经营困难、资金周转受到影响，在征得本单位工会同意后，可暂时延期支付劳动者工资，延期时间的最长限制可由各省、自治区、直辖市劳动行政部门根据各地情况确定。除上述情况外，拖欠工资均属无故拖欠。

4.全额支付

劳动法规定，用人单位不得克扣劳动者工资，在正常情况下工资应当全额支付，但是，有以下情形之一的，用人单位可以代扣劳动者工资：

(1)用人单位代扣代缴的个人所得税。

(2)用人单位代扣代缴的应由劳动者个人负担的各项社会保险费用。

(3)法院判决、裁定中要求代扣的抚养费、赡养费。

(4)法律、法规规定可以从劳动者工资中扣除的其他费用。

此外，以下减发工资的情况也不属于"无故克扣"：

(1)国家法律、法规中有明确规定的。

(2)依法签订的劳动合同中有明确规定的。

(3)用人单位依法制定并经职工代表大会批准的厂规、厂纪中有明确规定的。例如，由于劳动者本人的原因给用人单位造成经济损失的，用人单位可以按照劳动合同或企业内部劳动规则的规定要求其赔偿经济损失。经济损失的赔偿可从劳动者的工资中扣除，扣除后的月工资低于当地最低工资标准的，则按最低标准支付。

(4)因劳动者请假等原因相应减发工资等。

(二)特殊情况下的工资支付

特殊情况下的工资支付主要指以下情形的工资支付：

(1)劳动关系双方依法解除或终止劳动合同时，用人单位一次性付清劳动者工资。

(2)劳动者在法定工作时间内依法参加社会活动期间，或者担任集体协商代表履行代表职责，参加集体协商活动期间，用人单位应当视同其提供正常劳动支付工资。依法参加社会活动的种类包括：①依法行使选举权或被选举权；②当选代表出席政府、党派、工会、妇女联合会等组织召开的会议；③出席劳动模范、先进生产(工作)者大会；④不脱产基层工作委员会因工会活动占用的生产或工作时间；⑤其他依法参加的社会活动。

(3)劳动者依法休假期间，用人单位应按劳动合同规定的标准支付工资，包括：

①劳动者依法享有年休假、探亲假、婚嫁、丧假等休假期间，用人单位应当支付其工资。

②劳动者患病或者非因工负伤的，在病休期间，用人单位应当根据劳动合同或集体合同的约定支付病假工资。用人单位支付病假工资不得低于当地最低工资标准的80%。

③劳动者生育或者施行计划生育手术依法享受休假期间，用人单位应当支付其工资。

④劳动者因产前检查和哺乳依法休假的，用人单位应当视同其提供正常劳动支付工资。

⑤部分公民节日期间，如妇女节、青年节等部分公民节日期间，用人单位安排劳动者休息、参加节日活动的，应当视同其提供正常劳动支付工资，劳动者照常工作的，可以不支付加班工资。

(4)用人单位停工、停业期间的工资支付。非因劳动者本人原因造成用人单位停工、停业的，在一个工资支付周期内，用人单位应当按照提供正常劳动支付劳动者工资；超过一个工资支付周期的，可以根据劳动者提供的劳动，按照双方新约定的标准支付工资，但不得低于当地最低工资标准；用人单位没有安排劳动者工作的，一般应当按照不低于当地最低工资标准的

70%支付劳动者基本生活费；如果集体合同、劳动合同另有规定的，可按照约定执行。

(5)用人单位破产、终止或者解散的，经依法清算后的财产应当按照有关法律、法规的规定，优先用于支付劳动者的工资和社会保险费。

第七节　劳动安全卫生管理

一、劳动安全卫生保护

(一)编制职业安全卫生预算

劳动安全卫生技术措施计划必须与企业的生产计划、技术计划、人力资源计划和财务计划同时编制，劳动安全卫生保护预算涉及生产系统控制、技术创新、财务预算等各项工作。如下仅从财务管理的角度进行概述：

1.职业安全卫生保护费用分类

进行劳动安全卫生保护费用管理，首先要对劳动安全卫生费用进行分类。劳动保护费用根据企业会计规则的规定，部分属于制造费用范畴，部分属于管理费用范畴等。劳动保护费用的类别主要是以下各类：

(1)劳动安全卫生保护设施建设费用。

(2)劳动安全卫生保护设施更新改造费用。

(3)个人劳动安全卫生防护用品费用。

(4)劳动安全卫生教育培训经费。

(5)健康检查和职业病防治费用。

(6)有毒有害作业场所定期检测费用。

(7)工伤保险费。

(8)工伤认定、评残费用等。

2.职业安全卫生预算编制程序

(1)企业最高决策部门决定企业劳动安全卫生管理的总体目标和任务，并应提前下达到中层和基层单位。

(2)劳动安全卫生管理职能部门根据企业总体目标的要求制定具体目标，提出本单位的自编预算。

(3)自编预算在部门内部协调平衡，上报企业预算委员会。

(4)企业预算委员会经过审核、协调平衡，汇总成为企业全面预算，并应在预算期前下达相关部门执行。

(5)编制费用预算。

(6)编制直接人工预算。

(7)根据企业管理费用预算表、制造费用预算表及产品制造成本预算表的相关预算项目要求和分类，编制劳动保护预算、劳动安全卫生教育预算、个人防护用品预算等。

(8)编制费用预算方法按照企业选择确定的财务预算方法进行编制，即可以选用固定预算法、滚动预算法等进行编制。

(二)建立职业安全卫生防护用品管理台账

建立个人职业安全卫生防护用品管理台账是企业职业安全卫生管理制度的要求。职业安全卫生个人防护用品管理台账分为以下几种：

(1)一般防护用品发放台账，即工作服、工作帽、工作靴、防暑降温用品等的发放记录。

(2)特殊防护用品发放台账，即防尘、防毒、耐酸碱、耐油、绝缘、防水、防高温、防噪声、防冲击、真空作业用品等的发放记录。

(3)防护用品购置台账。

(4)防护用品修理、检验、检测台账。

(三)组织岗位安全教育

为增强员工的安全卫生意识，提高员工安全卫生操作水平，贯彻企业劳动安全卫生教育制度，必须结合实际情况，组织实施安全卫生教育、培训和考核。岗位安全卫生教育的内容为安全卫生知识教育和遵守劳动安全卫生规范教育。

1.新员工实行三级安全卫生教育

(1)组织入厂教育。

(2)组织车间教育。

(3)组织班组教育。

2.特种作业人员和其他人员培训

(1)对特种作业人员进行生产技术、特定的安全卫生技术理论教育和操作培训，经考核合格并获得"特种作业人员操作证"方准上岗。

(2)组织生产管理人员，特种设备、设施检测、检验人员，救护人员的专门培训。

3.生产技术条件发生变化，员工调整工作岗位的重新培训

凡采用新技术、新工艺、新材料、新设备，员工调整工作岗位都必须结合新岗位、新情况进行相关教育和培训。

二、工伤管理概述

我国目前实施的《工伤保险条例》是2003年4月16日国务院第5次常务会议讨论通过并予公布、自2004年1月1日起施行的，简要摘录如下：

(一)工伤事故分类

(1)按照伤害而致休息的时间长度划分。轻伤：休息1～104日的失能伤害；重伤：105日以上的失能伤害；死亡。

(2)按照事故类别划分。划分为20个类别，如物体打击、车辆伤害、机械伤害、电击、坠落等。

(3)按照工伤因素划分。受伤部位、起因物、致残物、伤害方式、不安全状态、不安全行为等。

(4)职业病：职业中毒、尘肺、物理因素职业病、职业性传染病、职业性皮肤病、职业性肿瘤和其他职业病。

(二)组织工伤伤残评定

劳动者有下列情形之一的，应当认定为工伤：

(1)在工作时间和工作场所内，因工作原因受到事故伤害的。

(2)工作时间前后在工作场所内,从事与工作有关的预备性或者收尾性工作受到事故伤害的。

(3)在工作时间和工作场所内,因履行工作职责受到暴力等意外伤害的。

(4)患职业病的。

(5)因工外出期间,由于工作原因受到伤害或者发生事故下落不明的。

(6)在上下班途中,受到机动车事故伤害的。

(7)法律、行政法规规定应当认定为工伤的其他情形。

劳动者有下列情形之一的,视同工伤:

(1)在工作时间和工作岗位,突发疾病死亡或者在48小时之内经抢救无效死亡的。

(2)在抢险救灾等维护国家利益、公共利益活动中受到伤害的。

(3)劳动者原在军队服役,因战、因公负伤致残,已取得革命伤残军人证,到用人单位后旧伤复发的。

劳动者发生事故伤害或者按照职业病防治法规定被诊断、鉴定为职业病,所在单位应当自事故伤害发生之日或者被诊断、鉴定为职业病之日起30日内,向统筹地区劳动保障行政部门提出工伤认定申请。遇有特殊情况,经报劳动保障行政部门同意,申请时限可以适当延长。用人单位未按前述规定提出工伤认定申请的,工伤职工或者其直系亲属、工会组织在事故伤害发生之日或者被诊断、鉴定为职业病之日起1年内,可以直接向用人单位所在地统筹地区劳动保障行政部门提出工伤认定申请。用人单位未在规定的时限内提交工伤认定申请的,在此期间发生符合工伤保险条例规定的工伤待遇等有关费用由该用人单位负担。提出工伤认定申请应当提交下列材料:①工伤认定申请表;②与用人单位存在劳动关系(包括事实劳动关系)的证明材料;③医疗诊断证明或者职业病诊断证明书(或者职业病诊断鉴定书)。工伤认定申请表应当包括事故发生的时间、地点、原因,以及职工伤害程度等基本情况。工伤认定申请人提供不完整的,劳动保障行政部门应当一次性书面告知工伤认定申请人需要补交的全部材料。申请人按照书面告知要求补交材料后,劳动保障行政部门应当受理。劳动保障行政部门受理工伤认定申请后,根据审核需要可以对事故伤害进行调查核实,用人单位、职工、工会组织、医疗机构及有关部门应当予以协助。职业病诊断和诊断争议的鉴定,依照《职业病防治法》的有关规定执行。对依法取得职业病诊断证明书或者职业病诊断鉴定书的,劳动保障行政部门不再进行调查核实。职工或者其直系亲属认为是工伤,用人单位不认为是工伤的,由用人单位承担举证责任。劳动保障行政部门应当自受理工伤认定申请之日起60日内作出工伤认定的决定,并书面通知申请工伤认定的职工或者其直系亲属和该职工所在单位。根据《职工工伤与职业病致残程度鉴定标准》对致残程度进行鉴定,根据致残后丧失劳动能力程度和护理依赖程度将伤残划分为十个等级:一至四级的为全部丧失劳动能力;五至六级的为大部分丧失劳动能力;七至十级的为部分丧失劳动能力。

(三)工伤保险待遇

根据2003年颁发的《工伤保险条例》(国务院令第375号)的规定,我国工伤保险待遇分为工伤医疗待遇和工伤致残待遇。

1.工伤医疗期待遇

职工因工作遭受事故伤害或者患职业病需要暂停工作接受工伤医疗的期间为停工留薪期,停工留薪期一般不超过12个月。伤情严重或者情况特殊,经市级劳动能力鉴定委员会确认,可以适当延长,但延长不得超过12个月。工伤职工在停工留薪期满后仍需治疗的,继续享受工伤医疗待遇。生活不能自理的工伤职工停工留薪期需要护理的,由所在单位负责。

(1)医疗待遇。治疗工伤所需费用符合工伤保险诊疗项目目录、工伤保险药品目录、工伤保险住院服务标准的,从工伤保险基金中支付。工伤职工治疗非工伤引起的疾病,不享受工伤医疗待遇。工伤职工到签订服务协议的医疗机构进行康复性治疗的费用,从工伤保险基金中支付。工伤职工因日常生活或者就业需要,经劳动能力鉴定委员会确认,可以安装假肢、矫形器、假眼、假牙和配置轮椅等辅助器具,所需费用按照国家规定的标准从工伤保险基金中支付。

(2)工伤津贴。在停工留薪期内,原工资福利待遇不变,由所在单位按月支付。职工住院治疗工伤的,由所在单位按照本单位因公出差伙食补助标准的70%发给住院伙食补助费。经医疗机构出具证明,报经办机构同意,工伤职工到统筹地区以外就医的,所需交通、食宿费用由所在单位按照本单位职工因公出差标准报销。生活不能自理的工伤职工在停工留薪期需要护理的,由所在单位负责。工伤职工已经评定伤残等级并经劳动能力鉴定委员会确认需要生活护理的,从工伤保险基金中按月支付生活护理费。生活护理费按照生活完全不能自理、生活大部分不能自理或者生活部分不能自理3个不同等级支付,其标准分别为统筹地区上年度职工月平均工资的50%、40%或者30%。

2.工伤致残待遇

(1)职工因工致残待遇被鉴定为一至四级,应当退出生产、工作岗位,终止劳动关系,发给工伤伤残抚恤证件。其待遇是:

①从工伤保险基金中按伤残等级支付一次性伤残补助金,标准为:一级伤残为24个月的本人工资,二级伤残为22个月的本人工资,三级伤残为20个月的本人工资,四级伤残为18个月的本人工资。

②从工伤保险基金中按月支付伤残津贴,标准为:一级伤残为本人工资的90%,二级伤残为本人工资的85%,三级伤残为本人工资的80%,四级伤残为本人工资的75%。伤残津贴实际金额低于当地最低工资标准的,由工伤保险基金中补足差额。

③工伤职工达到退休年龄并办理退休手续后,停发伤残津贴,享受基本养老保险待遇。基本养老保险待遇低于伤残津贴的,由工伤保险基金补足差额。

④职工因工致残被鉴定为一至四级伤残的,由用人单位和职工个人以伤残津贴为基数,缴纳基本医疗保险费。

(2)职工因工致残被鉴定为五级、六级伤残的,享受以下待遇:

①从工伤保险基金按伤残等级支付一次性伤残补助金,标准为:五级伤残为16个月的本人工资,六级伤残为14个月的本人工资。

②保留与用人单位的劳动关系,由用人单位安排适当工作,难以安排工作的,由用人单位按月发给伤残津贴,标准为:五级伤残为本人工资的70%,六级伤残为本人工资的60%,并由用人单位按照规定为其缴纳各项社会保险费。伤残津贴实际金额低于当地最低工资标准的,由用人单位补足差额。经工伤职工本人提出,该职工可以与用人单位解除或者终止劳动关系,由用人单位支付一次性工伤医疗补助金和伤残就业补助。

(3)职工因工致残被鉴定为七级至十级伤残的,享受以下待遇:

①从工伤保险基金中按伤残等级支付一次性伤残补助金,标准为:七级伤残为12个月的本人工资,八级伤残为10个月的本人工资,九级伤残为8个月的本人工资,十级伤残为6个月

的本人工资。

②劳动合同期满终止,或者职工本人提出解除劳动合同的,由用人单位支付一次性工伤医疗补助金和伤残就业补助金。

(4)职工因工死亡的,其直系亲属按照下列规定从工伤保险基金中领取丧葬补助金、供养亲属抚恤金和一次性工亡补助金:

①丧葬补助金为6个月的统筹地区上年度职工月平均工资。

②供养亲属抚恤金按照职工本人工资的一定比例发给由因公死亡职工生前提供主要生活来源、无劳动能力的亲属。标准为:配偶每月40%,其他亲属每人每月30%,孤寡老人或者孤儿每人每月在上述标准的基础上增加10%。核定的各供养亲属的抚恤金之和不应高于因工死亡职工生前的工资。供养亲属的具体范围由国务院劳动保障行政部门规定。

③一次性工亡补助金标准为48~60个月的统筹地区上年度职工月平均工资。具体标准由统筹地区的人民政府根据当地经济、社会发展状况规定,报省、自治区、直辖市人民政府备案。伤残职工在停工留薪内因工伤导致死亡的,其直系亲属领取6个月的统筹地区上年度职工月平均工资的丧葬补助金。一级至四级伤残职工在停工留薪期满后死亡的,其直系亲属可以领取丧葬补助金和供养亲属抚恤金。

(三)《工伤保险条例》修改信息

《工伤保险条例》自2004年1月1日施行以来,对于及时救治和补偿受伤职工,保障工伤职工的合法权益,分散用人单位的工伤风险,发挥了重要作用。但实践中,工伤认定、劳动能力鉴定和争议程序复杂,落实待遇时间过长,严重影响了工伤职工的合法权益,有鉴如此,2010年12月8日国务院召开的常务会议决定对《工伤保险条例》作出修改,针对工伤保险制度面临的新情况、新问题,修改后的条例草案从切实维护职工合法权益出发,完善了有关制度。其中,扩大上下班途中的工伤认定范围、提高补助金标准、简化工伤认定等程序最受公众关注,具体概要如下:

1.扩大了工伤保险适用范围

草案规定:除现行规定的企业和有雇工的个体工商户以外,不参照公务员法管理的事业单位、社会团体,以及民办非企业单位、基金会、律师事务所、会计师事务所等组织也应当参加工伤保险。

2.扩大了上下班途中的工伤认定范围

草案规定:除现行规定的机动车事故以外,职工在上下班途中受到非本人主要责任的非机动车交通事故或者城市轨道交通、客运轮渡、火车事故伤害,也应当认定为工伤。

3.简化了工伤认定、鉴定和争议处理程序

草案规定:对于事实清楚、权利义务明确的工伤认定申请,应当在15日内作出认定决定。同时明确了再次鉴定和复查鉴定的时限,取消了行政复议前置程序。

4.提高了一次性工亡补助金和一次性伤残补助金标准

一次性工亡补助金标准调整为上一年度全国城镇居民人均可支配收入的20倍。一次性伤残补助金按照伤残级别增加1至3个月职工本人工资。

5.增加了工伤保险基金支出项目

将工伤预防费用增列为基金支出项目,将由用人单位支付的一次性工伤医疗补助金、住院伙食补助费和到统筹地区以外就医所需的交通、食宿费改由基金支付。同时,草案加大了对不

参保单位的处罚力度，加强了对未参保用人单位工伤职工的权益保障。

本章思考题

一、简答题

1.劳动法律关系构成要素包括哪些方面？

2.何为劳动法律事实？劳动法律行为中的意思表示应符合哪些基本要求？

3.劳动合同的法定条款和约定条款具体有哪些内容？

4.何谓集体合同？集体合同与劳动合同的区别是什么？

5.举例说明工作满意度调查问卷题设计的提问方式，并分析其优缺点。

6.何谓最低工资？确定和调整最低工资应综合考虑哪些因素？

7.工资支付应遵循哪些规则？

8.一个完整的员工沟通由哪些因素构成？

9.职业病可以分为哪些类别？

10.何种情况下可以认定为工伤？

11.简述工伤保险待遇的主要内容。

二、案例分析题

李里与大地发展公司经平等自愿、协商一致，自2005年8月签订了5年期劳动合同，劳动合同应于2010年7月30日到期，工作岗位是公司销售统计。李里工作表现出色，2006年9月1日公司决定送李里到某统计学校培训，以提高技能。培训前，公司与李里签订培训协议作为劳动合同的附件，主要内容为20000元培训费用由公司承担；培训期间李里的工资照发；6个月培训结束后，李里应为公司服务到劳动合同期满；若由李里提出解除劳动合同，每提前一年，赔偿公司损失18000元，不足一年的，按1年计算；若由公司提出解除劳动合同，则无需承担此项义务。培训结束后，李里仍在原岗位从事统计工作。2007年4月1日，李里以本岗位工作不能充分发挥自己的才能为由向公司书面提出辞职。公司接到李里的辞职报告后，人力资源部经理专门与李里谈话，明确表示公司拒绝其辞职申请，劝其在公司安心工作，并表示，根据公司内部薪资制度，在下半年的适当时间将会给其提薪。同年五一节休假后，李里不再到公司上班。公司通过电话、书信等形式与李里联系，催其履行劳动合同的义务，被拒绝。该公司遂于2007年5月8日将李里起诉到劳动争议仲裁委员会，请求仲裁机构维护公司利益。

请对上述案例分析并提出仲裁处理结论。

课后实训

1.请以小组为单位，选取一家企业或者一所院校，设计一份员工满意度调查表并进行员工满意度调查，对收集的调查表进行分析和提出建议。

2.以小组为单位了解某一企业用工信息，对该企业劳动关系现状进行分析并对该企业的劳动关系管理提出建设性建议；每位同学根据所学的劳动合同相关知识，试为该企业草拟一份劳动合同，并在完成后和当地劳动部门统一模板进行对比。

第九章 企业人力资源外包

学习要点

1. 理解人力资源管理的新模式——人力资源外包的基本概念及驱动力。
2. 掌握人力资源外包的业务内容及对人力资源外包的运作管理。
3. 了解人力资源外包产生的风险及规避策略。

案例导入

2003年9月，宝洁与IBM签订了为期10年、价值约5亿美元的人力资源外包合同。从2004年1月起，宝洁全球各地的800名人力资源部门员工转入IBM，协同IBM原有员工一起为全球的宝洁员工提供包括工资管理、津贴管理、补偿计划、移居国外和相关的安置服务，差旅和相关费用的管理以及人力资源数据管理在内的服务。IBM还将利用宝洁公司现有的全球SAP系统和员工门户网站，为宝洁的人力资源系统提供应用开发和管理服务。

通过外包，宝洁成功实现了业务转型，集中精力专注于产品的配送和公司资源的重组上。把更充足的资源放在开发核心业务上。IBM专业的外包服务使宝洁公司通过流程改造、技术集成和最佳实践来改进服务和减少人力资源成本，为高层管理人员提供统一、精确和标准化的实时员工报告，进一步改善决策质量，此外，还能够以更加实时、灵活和随需应变的方式提供各种员工服务。

第一节 人力资源外包概述

随着以全球化和internet为特征的新经济时代的到来，产品日新月异而生命周期加速缩短，企业面临着更激烈的竞争。为了适应更加快速的技术革命，迎接知识经济的挑战，参与世界竞争，许多企业都积极进行组织及管理方式的变革和创新，努力朝着柔性化、扁平化、虚拟化的方向发展。“人力资源外包”正是在这样的社会大背景下应运而生的帮助企业提高效率、赢得竞争优势的一种新型管理模式。

一、人力资源外包

新经济时代对人力资源管理工作提出了全新的挑战、全新的思维和更高的要求。主要体现在以下几点：全球化的压力、竞争要求企业迅速反应、信息技术的影响、人力资本价值的提升、营造学习型组织的要求、成本控制的压力。这些要求促使了人力资源外包的产生。此外，企业人力资源管理职能的变化促进了人力资源外包的产生。

(一)人力资源外包的概念

人力资源外包是指企业将更多的精力用于核心的人力资源管理工作，而将一些较为繁琐且程序性很强的人力资源管理的日常性工作，通过招标的方式签约付费委托给专业的人力资源管理服务机构进行运作的新型的人力资源运营模式。从广义上讲，任何以购买或付费的方式将企业内部人力资源管理活动交由企业外部机构或人员完成的做法，都可视为人力资源外包。

(二)人力资源外包的特征

从服务行业角度来看，人力资源外包属于服务行业，具有服务行业的一般特点，如无形性、异质性、生产与消费的同步性、易逝性。

从人力资源活动角度来看，人力资源外包具有以下特点：基础性、重复性、通用性。

此外，人力资源外包活动不是针对某一个企业，而是满足于这一类服务需求，这是人力资源外包的社会属性。

(三)人力资源外包的业务分析

人力资源管理业务通常包括员工需求分析、工作岗位分析、招聘、培训、薪酬调查、薪资的管理和发放、劳动关系、员工档案管理、绩效评估、社会福利缴纳、员工职业发展规划、合并与收购、人力资源管理信息系统建设等多方面的内容。一般来讲，人力资源管理的各项职能都可以外包，即企业可以把招聘、培训、福利等事务性的人力资源管理工作外包，也可以把人力资源规划、战略等重大的工作外包出去。但事实上，并不是所有的业务都适合外包。据一项对美国500家公司的调查结果表明，美国、英国以及大多数欧洲国家主要人力资源管理职能中，外包程度较高的分别是福利、培训和工资发放，分别占所有被调查企业的75%、65%和62%。企业选择福利、培训和薪酬等业务外包出去，这主要是基于事务性工作复杂性、重复性的考虑。调查发现，人力资源管理不同职能对企业的价值不同，外包程度也不同，其中工资发放、福利、培训是三种常见的外包职能，而人力资源信息系统和薪酬管理外包的比例较小。

一般而言，具有下属特征的公司较适合薪酬外包：大量的管理活动，通常与市场数据信息相关；承诺妥善地管理薪酬计划；期望节省管理工作所耗费的时间，以便投入更多的时间进行与薪酬设计相关的经营问题；尝试和体验过其他人力资源管理职能外包。相反，具有下列特征的公司则不适合薪酬外包：将管理视作一项核心能力(单独或针对薪酬部门而言)，认为薪酬管理过于机密化或过于独特，外部供应商难于提供有效支持；未经历过外包服务或不喜欢这一理念；难于有效地管理外部服务机构。

目前，在中国，较常见的人力资源外包项目主要有以下几个方面(见表9-1)：

表9-1　中国人力资源外包的内容

序号	具体内容
1	挂靠和管理员工档案
2	代缴社会保障金，提供补充商业保险
3	代发工资，代缴个人所得税
4	代办存档、录用、退工、退档手续
5	代办人才引进、居住证、就业证手续

续表 9-1

序号	具体内容
6	代办职能评定申报手续
7	员工招聘
8	代办出国护照、签证申报手续
9	提供劳动人事政策咨询、解决劳动争议
10	调查员工满意度、调查薪资、拟定岗位描述等
11	人力资源测评系统开发
12	人力资源规划

在人力资源外包的感受上，某些人力资源高级主管经历了从内部管理到外部管理所有或部分人力资源职能的变化，他们发现具有特定外包职能的外部专家的帮助极其有用。同时，他们认识到税收法规在不断修改，劳动法、反不正当竞争法以及涉及职业健康与安全法的法律法规也在不断修订，医疗、养老、退休及失业计划方面有数不尽的变更。甚至最勤勉的高级人力资源经理也感到难以适应各种影响人力资源的法规变化的现状。

未来，要保持各个职能领域高水平的专业技术是过于昂贵的事。这就是人力资源外包之所以成为战略经营工具箱中的常备工具的原因。

人力资源外包就是企业根据需要将某一项或几项人力资源管理工作或职能外包出去，交由其他企业或组织进行管理，以降低人力成本，实现效率最大化。总体而言，人力资源管理外包将渗透到企业内部的所有人事业务，包括人力资源规划、制度设计与创新、流程整合、员工满意度调查、薪资调查及方案设计、培训工作、劳动仲裁、员工关系、企业文化设计等方方面面。

二、人力资源外包的驱动力

（一）降低人力资源开支

人力资源外包减少了分配在行政性、事务性、非经常人力资源活动上的专门的人力资源，从而降低人力资源管理的开支。人力资源外包能降低成本、舒缓资金压力，克服企业很多的规模经济弱点。在国内由于劳工权利意识的高涨、就业安全体系和劳动法令的普及，人事直接、间接费用（包含遣散费、退休金）及外围成本也都在不断地爬升。在美国，一个典型的组织中，平均每年用在每个员工身上与人力资源管理事务有关的开支约为 1500 美元，效率较低的公司这项开支是此数目的 2～3 倍。而行政性、事务性、非经常性活动的支出等占人力资源管理开支的相当大的一部分。对企业来讲，从专营业主那里获取人力资源方面信息和高质量的服务，远比企业自身拥有庞大繁杂的人事管理队伍更能节约成本和赢得对公司更大的价值。因为专营业主往往以较低的价格提供较佳的服务。

同时，人力资源外包致使专业人力资源接包机构规模化运作，从而降低每个发包企业成本。多个企业相同的工作集中于一家专业机构处理，除了技术熟练程度的优势外，专业机构可使三个企业三件相同的工作转化为一个企业三件相同的工作，从而在人工、时间和流程的总成本上大大下降。降低每个企业的人力资源成本，对于人力资源接包企业来说，也具有很大的规模经济效应。

(二)专注企业核心竞争力

人力资源外包能使组织把资源集中于那些与企业的核心竞争力有关的活动上,通过人力资源外包能够提供接触新管理技术的机会,提高企业管理响应的速度与效率。在激烈竞争的形势下企业没有过多的精力去关注于企业核心价值链外的其他环节。将公司的诸如招聘员工、新员工培训、工资发放、人事档案管理等转交给社会上的专业服务公司或顾问人员,从而使这些活动尽可能少地干扰企业构建核心竞争力。所以,人力资源外包可使企业减轻具体事务性工作,更关注促进企业竞争力的核心工作。根据"二、八原则",80%的企业利润是由20%的核心工作创造的,将这非核心的工作部分外包出去,则可令企业人力资源有更多时间和精力关注这20%的工作,从而有效保持和提升企业核心竞争力。

(三)完善人力资源管理制度

人力资源外包能够帮助企业建立完善的人力资源管理制度。人力资源外包能够帮助人力资源部门从繁重的重复性事务中解脱,专注于核心的战略性工作,从而提升人力资源管理的高度和核心竞争力。同时,通过人力资源外包,可避免大量投资于人才所带来的不确定风险。当企业的人力资源部门无力、不擅长或不便于满足某些要求时,将任务外包给社会上的专业服务公司或顾问人员无疑将是必然的选择。PEO(professional employer organization)公司和"临时"雇员公司可以帮助企业突破逐渐老化的管理模式,制定清晰的工作说明书和岗位规范,将员工考核记录及时归档,管理员工进出记录,建立人力资源管理信息系统等。

(四)增加员工满意度

人力资源外包有助于企业留住优秀员工。人才安全问题已经成为企业人力资源管理过程中一个不可忽视的问题,如何留住关键性人才是企业发展所面临的最大挑战。优秀的PEO公司通常拥有人力资源管理各方面的专家,他们能够建立起一整套可以普遍适用于多家企业的综合性专业知识、技能和经验,为客户公司做更为有效的人力资源管理工作。这些外部工作者了解员工的需求,能够提高员工的综合待遇,从而增加员工满意度,员工流失率自然就会下降。

三、人力资源外包的现状

当前,企业人力资源管理所包含的意义无论从内涵还是外延上,都得到了极大的拓展。人力资源管理已经不再是过去的人事档案管理和招聘员工的简单工作,人力资源部门在公司中的地位已经与企业战略规划紧紧关联,并且对公司运营的成败起着十分重要的作用。公司内部可能并没有足够多的时间和精力来开展每项人力资源工作,尤其是一些事务性、基础性的日常工作,人力资源外包业应运而生。世界500强公司中有95%以上通过实施人力资源管理外包降低了人力资源管理成本,同时提高了人力资源管理的水平和工作效率。

北美地区是世界上业务外包的发源地,也是当今世界业务外包活动最发达的地区。20世纪70年代,由于遭受源自OPEC石油危机的冲击,北美企业的外部营运环境变得复杂多变,加之由于社会不断进步引致法律法规的不断完善,企业迫于对政府福利保障制度实施的压力,不得不比以前更关注员工的安全与健康,这样使得企业事务性的人力资源工作变得越来越繁杂。为了应对外部变革和环境变迁,企业选择把一些业务性的人力资源内容以外包的形式交给企业外更专业的公司去运作。

目前,在美国市场,人力资源外包市场已经发展得相当成熟,其中也涌现出一些市场份额巨大、外包业务完备的跨国人力资源咨询公司。如翰威特公司从1973年开始就为各企业提供人力资源管理外包业务，包括人力资源和福利管理、人力资源战略和技术、组织型变革、退休金管理、人才激励策略等。据美国管理协会(American Management Association)1996年进行的调查，有77%的企业将人力资源活动予以外包。翰威特咨询公司对北美公司的调查显示，93%的公司将一部分人力资源工作进行了外包管理，其中最常见的内容包括保健与集体福利(95%)、既定缴纳计划(91%)和既定福利管理(68%)。据国际数据公司对美国人力资源管理服务市场预测，人力资源业务外包将继续是人力资源服务消费中增长最快的领域。由此可见，在当今世界，人力资源管理的外包业务，已经越来越受到企业的普遍青睐。

当前，中国现阶段的人力资源外包显示出高速的成长性和巨大的市场潜力，得到越来越广泛的关注和采用。总体上，中国人力资源外包正处于成熟阶段，已表现出高速的成长和巨大的市场潜力，成为企业人力资源管理发展的新趋势。一方面，从事人力资源外包业务的企业越来越多，由以往主要分布在高科技产业中的跨国企业、合资企业延伸至各行业中的国有企业、民营企业；另一方面，外包的范围和内容也越来越广泛，从早期的人事档案管理、员工招聘、培训、绩效考评等行政性、事务性工作，扩展到中高层主管的甄选、员工激励、员工开发等战略性工作层面。

但是，中国人力资源外包的覆盖面还相当窄，表明在这一领域还存在不少问题。从总的情况来看，当前人力资源外包存在的问题主要有以下几个方面：人力资源外包法律滞后、企业及员工对人力资源外包的理解不足、人力资源管理制度落后、受到员工规模和劳动力成本的制约、人力资源外包服务供给商的水平不高、人力资源外包面临风险障碍。

目前在中国发展人力资源外包，除企业应加强自身建设、自我管理外，还应更多考虑从企业外部环境入手为中国企业实施人力资源外包提供发展与成长的良好的外部条件，既有激励也有规范。总体上，内外部建设可以从以下几个方面入手：政府积极培育外包市场、完善相关的法律法规、通过行业协会规范内部管理、加强外包服务商的自身建设、转换企业人力资源管理者的职能、加强人力资源外包中的风险管理。

第二节　人力资源外包内容与运作管理

一、人力资源外包业务内容

(一)员工招聘外包

招聘是企业保持人力资源活力的重要手段。有效的招聘是建立在人力资源规划与岗位分析基础之上的，通过制订清晰的招聘计划与规范的招聘流程，并借助有效的测评技术，确保所吸引人才的质量。然而，企业在进行招聘(尤其是批量招聘)的过程中，筛选简历、安排面试时间、组织实施面试等事务性工作耗费了人力资源部门大量的精力，往往忽视了招聘更重要的环节——通过科学评价与合理配置来确保吸引优秀人才到最合适的岗位上。

员工招聘外包把人力资源管理者从审阅大量简历、安排面试时间、组织实施面试(特别是对招聘量大的低端岗位)等事务性工作中解脱出来，将主要精力放在对推荐候选人的评价与聘用人员的配置上。招聘职能外包模式以企业的人力资源规划为指导，以岗位分析为基础，协助企业制订合理的招聘计划，并针对不同类别人员的特点与不同岗位的要求和当期市场上人才的供给状况，确定招聘策略（如招聘途径选择）、组织实施招聘（如招聘广告发布、简历筛选、初步面试、利用测评工具和通过相关资源对特殊岗位人才进行全面考虑和信用审查等），在此基础上，根据企业要求，还可以对大批量低端岗位的人员进行初步的上岗前培训（如礼仪培训、电话接听技巧培训等）。

（二）绩效考核外包

现代企业中人力资源管理难免存在一些缺陷，比如绩效考核带有形式主义、平均主义色彩，激励作用与消极作用并存，起不到绩效考核的应有作用，长官意识、定式思维及不透明性。将绩效考核外包给专业机构，可以尽量减少这些缺点，达到以下绩效评估优点：以公正反映员工业绩及推进公司管理水平提高为目的，纠正个人偏见、心态、标准、倾向等主观因素，以信度、效度为基准；以公开的沟通、绩效评估反馈与申辩为方式，提高员工的激励性和潜能性；以公司的伦理信条，通过绩效考评体现公司的企业文化。目前，许多企业将人力资源中的绩效评估外包给专门从事人力资源管理服务的第三方公司，由人力资源管理专家根据企业历史、企业文化、产品、工作内容及工作性质，设计企业绩效考评系统及相关政策，以达到绩效评估的激励作用。

（三）福利管理外包

企业的福利和津贴体现了企业对员工的关心，最易使员工感到个人与企业的利益相关性，从而形成认同感和归属感。企业通过将福利和津贴的规划与管理交给专业咨询公司，一方面会提高双方的效率，享受各自因规模经济而带来的好处；另一方面还会因此而降低企业的经营风险。现在许多企业也将福利和津贴的业务交由专业机构代为管理。如位于纽约的美国全国员工福利中心，就可以通过语音答复系统，向退休员工回答涉及退休金及公司分红等“个性化”问题。中国多数机关、企事业单位都由银行代发工资，并把退休员工养老金的发放推向社会。所以说，在中国，国家法定的福利，如养老保险、失业保险、医疗保险、住房公积金等事务性工作都可以外包出去。

（四）薪酬管理外包

薪酬管理向来作为企业的机密而使其具体操作鲜为人知，但是越来越多的企业认识到，如果只是闭门造车，完全按照企业自己的情况建立薪酬制度，显然是片面的。薪资涉及必须平衡股东利益和员工利益，提供的薪资具有外部竞争性和内部公平性。只有真正了解市场行情，才能设计出合理的薪资体系。同时，随着薪资职能的变化，薪资方案日益纷繁复杂，用于支持这些方案的管理系统日趋强大和繁琐，其维护成本也日趋昂贵，因此，将薪资职能适当外包可以提高企业效率，节约成本。薪资职能外包模式的内容包括：工资结构的制定与管理，员工工资标准的市场调查与本企业标准的制定，工资调整与提升的管理等。

（五）员工培训外包

现在更多的企业将培训进行外包，其原因是利用外包公司优秀的师资、充分的信息、专业的培训技巧，还有广泛的交流机会，减少公司内部培训成本压力。组织的发展对员工的技能要求越来越高，这要求员工自身要有较强的适应动态变化的学习能力，通过培训业务的外包，将员工、企业和培训专营机构三者结合在一起，共同承担员工培训的成本或风险，可以增强员工的不断学习的热情。一种重要的培训外包方式是借用专业咨询公司的培训力量或高校的教育资源。目前确实有很多企业依赖专业咨询公司或高校开展培训，还有一种更为时尚的培训方式就是利用网络进行培训，这也是培训外包的一种形式，这种方法以其高效便捷逐渐为众多的企业所接受，通过网络方式对员工培训可以降低企业外包的成本。

二、人力资源外包运作管理

人力资源外包运作管理包括确定外包的内容、选择外包的服务商、选择外包的形式及对外包实施管理四个方面。

（一）确定外包的内容

企业在进行人力资源管理外包决策时，首先要考虑的是外包的内容。我国尚无相应的、完善的法律法规去规范“猎头”以及其他外包咨询行业的运作，因此，在企业准备实施人力资源管理外包之前，必须先界定清楚，某一职能是否真的适宜外包。对于企业来说，首先通常是安全性，同时要坚持不能把关系企业核心发展能力的工作外包出去的原则。对于人力资源管理来讲，工作分析与岗位描述、员工招聘、培训与发展、薪酬、福利、劳动关系、人力资源管理信息系统等工作是可以考虑进行外包的。比如企业对员工进行的各类在职培训，就企业本身而言一般是没有能力来全部完成的。再如国家法定的福利制度，如养老保险、失业保险、医疗保险、住房公积金等事务性工作也完全可以外包出去。

（二）选择外包的服务商

人力资源管理外包的内容确定好以后，就要考虑如何选择服务商，一般应从以下几个方面来考虑。首先，要考虑服务的价格。其次，注重服务商的信誉和质量，它将对整项工作的完成乃至对企业的正常发展起到决定性作用。企业在对涉及企业机密、员工满意度、工作流程等敏感性人力资源管理工作（比如工作分析与岗位描述、薪酬设计、人力资源管理信息系统等）选择服务商时，必须确信其可靠性。此外，企业还需根据本企业人力资源管理工作量的大小，考虑服务商的强弱，选择适合于本企业的服务商。

企业在选择外包机构时，要充分考察该机构的综合水准，不能仅仅着眼于成本考虑。应从以下四个方面充分考察人力资源外包服务商的运营能力。

1. 资质问题

对人力资源外包中的部分业务，要考察接包方有没有可以提供这类服务的资质，有没有经过国家相关部门法定的前置审批程序。

2. 经济实力

部分接包方通常会采取代垫保费或其他费用的方式来保证员工社会保险的连续。这也就考验了接包企业的经济实力。

3. 接包方的信誉和质量

通过调查其行业口碑、服务报告可信与可行度、成立背景、组成人员、组织机构设置等对接包方的声誉、可持续发展性，以及是否可以满足长期承诺等进行考察。

4. 业务能力

是否具备严格遵守，灵活运用国家法律、政策的意识和能力，从接包方的组织背景、机构组成、咨询师、培训师的从业经历、学术程度加以考察。

企业将非核心业务外包出去，并不意味着企业可以变成“甩手掌柜”，或者可以说将责任也外包出去。那么如何与外包服务商进行配合呢？

(1)外包中的部分业务性质属于“代管”,因此,除了人才派遣以外,其他形式下员工的劳动关系都依然存属于用人单位,而非外包供应商。

(2)企业除了要对外包供应商的工作履行监督的职能外,也要协助供应商处理必须由企业自行完成的工作,如准备材料、提供人员基本信息。如果是人事代理,每月需要提交人员增减变化、工资浮动等情况。如果是员工关系咨询则需要提供公司已有的制度文本、人员信息、公司每一个决定的依据、动机以及所掌握的第一手材料等。

(3)由于人事工作主体的不可替代性,即使由外包供应商完成程序性、事务性的工作,但作为实际用人单位一方的企业来说,由于其掌握所属员工的信息和材料,没有它的配合,外包机构是不可能准确、及时地利用和处理的。

(4)人力资源外包虽然在人力资源管理的权利和责任上都没有发生实际的转移。但还是需要向外包商提供必要的相关资料,配合其进行资料收集,建立资料系统,项目调查等。

(三)选择外包的方式

一般来说,企业寻求人力资源管理外包服务商的方式可分为三大类:一类是普通的中介咨询机构,他们从事的业务很广,人力资源管理外包仅仅是他们诸多业务中的一项,企业可以把人力资源管理的某项工作完全交给他们去做;第二类是专业的人才或人力资源服务机构,如英法等国新近出现的快速人员服务公司,就是专为企业人力资源外包服务的,当然,国际盛行的猎头公司,也属于这类公司之一;第三类是企业可以寻求高等院校、科研院所的人力资源专家或研究机构的帮助,由他们来为企业出谋划策。当然,上述三类外包的方式不是各自孤立的,在实际操作中企业往往会召集各类人员,组成一个“智囊团”,力求把工作做好。

针对上面的人力资源外包方式的选择,企业可根据各自的实际情况选择人力资源外包方案。

1.全部外包

全部外包是指企业把包括招聘、考核、培训、薪酬管理等事务性的人力资源管理业务和人力资源战略、人力资源规划等战略性的人力资源管理工作全部外包出去,交给专业的服务公司来做。这一形式常用于小型企业,这样可以利用人力资源外包的接包方有针对性地解决企业的人力资源管理问题,设计合理可行、操作性强的人力资源战略及规划,并处理其人力资源管理流程。

2.部分外包

这种外包形式是企业结合自身特点和需要,将人力资源管理工作中某一个或几个环节外包出去,从而更好地利用企业内部资源,适应外部竞争环境,这种外包形式主要适用于大中型企业。

(四)外包的实施

人力资源外包后,就可以由相应的外包服务接包方来负责实施。在这期间,作为企业的人力资源管理部门并不是消极等待,而应该是积极参与,概括起来说包括两方面内容:一方面是要注意人力资源外包风险的防范与控制,企业方应与接包方就相应的外包项目鉴定书面合同,明确双方的权利和义务以及违约赔偿等问题。在外包实施过程中对工作的进展作定时检查,确保工作的顺利、安全实施。另一方面,企业人力资源部门还应积极参与配合,为外包服务商尽可能提供帮助,双方应建立起双赢的合作关系,共同把工作做好。

三、外包后，人力资源部门角色的转变

传统的企业人力资源管理工作大致可分为两方面，一种是作业性的，另一种是战略性的。所谓作业性项目指的是考勤、人事档案管理、绩效考评、薪资福利等行政性和总务性的工作。而战略性项目包括人力资源政策的制定、执行，帮助中高层主管的甄选，员工的教育、培训、生涯规划，组织发展规划和为业务发展开发、留住人才等等，具有相当的前瞻性。把一些非核心的、过于细节化的传统性人事管理业务外包出去，也将成为企业提升人力资源竞争力的选择，而人力资源部则可专注于系统性全局性的战略事务。企业人力资源管理者的职责将逐渐从作业性、行政性事务中解放出来，更多地从事战略性人力资源管理工作。人力资源经理人越来越多地参与企业战略、组织业务活动，领导企业变革，建立竞争优势，传播职能技术并担当起员工宣传者和倡议者的角色，并对员工绩效和生产效率负责等。

人力资源经理人需要具备相应的人力资源管理技能，能了解并掌握相当的业务知识，更要求能与业务部门说一样的“语言”。人力资源部门应该从“权力中心(power center)”的地位走向“服务中心(service center)”。人力资源经理人必须具备一套全新的思维方式，去考虑“顾客”需要什么样的人力资源服务并怎样提供这些服务，由此创造在企业中的威信。

人力资源管理应进行角色的再定位。人力资源管理作为企业获取竞争力的帮手，应更注重工作的产出，而不仅仅是把工作做好。根据人力资源管理的战略决策、行政效率、员工的贡献和变化能力，更应关注战略性人力资源、管理组织的机制结构、管理员工的贡献程度及人力资源管理的转型和变化。

第三节　人力资源外包的风险及规避策略

一、人力资源外包的风险

人力资源外包的风险是企业在将人力资源管理活动的部分或全部内容外包的过程中，由于企业经营环境的复杂性，对企业自身核心竞争能力的识别能力有限，对外包预测估计不足，从而造成实际外包结果与预期目标相背离，甚至导致整个外包活动失败的可能性。外包的过程是具有不同核心能力的企业间以利益为驱动的合作，是一个复杂的合作过程，存在着潜在风险，在决定外包时，预期的效益要与可能存在的风险同步考虑。根据风险的来源，至少存在着以下几个方面：

(一)法律方面的风险

由于人力资源外包是一个新生事物，中国尚无完善的法律法规去规范外包主体和外包合作者之间的权利和义务，使得外包服务的安全问题、服务商的规范经营和专业化程度让人担忧，服务商的诚信度大打折扣。对很多企业来说，较为敏感的薪酬管理一旦被外包服务供应商泄露给竞争对手，必将对企业产生不利的影响。由于外包减少了企业对人力资源很多工作的监控，外包合作者掌握了大量的外包主体的信息、机密，外包主体必然陷入一种被动。还有，互联网和内部网运行可靠性等方面也值得关注。此外，一旦公司向自己承担此工作或者想外包给另一家服务更好的公司，就得与当初的外包公司解除外包关系，这时就会涉及如何处理与原

外包服务供应商关系以及避免公司人力资源信息泄露或缺损等问题。

(二)选择外包服务供应商的风险

在人力资源外包业务中,信息不对称会产生风险。信息不对称主要表现在:一方面,人力资源外包主体与外包合作者之间的信息不对称,两者之间存在的是一个信息不对称的交易市场,因而存在着博弈;另一方面,人力资源部门与企业员工及公众之间的信息不对称。将人力资源外包,必然引起他们的关注,首先,员工担心失去工作,引起恐慌,工作积极性下降;其次,外包后难免让员工产生外包人控制内部人的感觉,产生抵触情绪,不利于企业发展;再次,人力资源部门经理人员的归属、角色问题,也值得企业的关注。此外,公众对人力资源外包的决策不了解也可能产生对企业经营状况的误解。选择外包服务商通常是为降低运营成本,提升企业核心能力,而有些外包服务商外在的宣传和内部的实质情况存在着差距,尤其是在最初评估其内部机制问题时,很难得到相关的确切信息,评估必然存在漏洞,而漏洞一旦扩大,则会导致企业的严重损失。若企业中途停止与外包服务商的合作,更换其他服务商,其成本的支出和工作的难度也较大。因此,在参差不齐的外包市场,选择具有一定的管理专长、承包经验和雄厚实力的外包服务供应商可以有效降低企业运营的风险,但在作出选择外包服务供应商决策时,企业往往会陷入两难境地。

(三)管理失控的风险

管理失控是企业在管理过程中,因自身能力有限,从而导致企业未能按计划行事,反而陷入困境。管理失控原因取决于企业自身的能力,这包括外包的决策能力、适应外包变化的能力、合同的谈判能力和关系管理能力,以及进行有效的人力资源外包的监控能力等。由于自身能力的局限性,企业的外包活动中往往会面临能力不足、监督失控的风险。

(四)来自内部员工方面的风险

外包人力资源管理职能,必然会影响到人力资源管理部门中一部分员工的自身利益,如机构精简后,一些员工可能被辞退,或者被换岗,也可能被取消或减少训练机会。如果对该部门人员处理不当,一方面会影响其他在岗员工的积极性,如担心自己会失业等;另一方面也可能使转岗或下岗的员工和外部人才的平衡出现问题。由于外包利用外部人才来履行企业的内部职能,在外包的同时,若忽视了内部人才的作用,则会挫伤他们的工作积极性,但若通过外包,能够腾出内部人才的时间和精力,使他们专注于更重要的工作,充分发挥其专长。这样就可以吸引和留住人才。

(五)来自安全和保密方面的风险

外包的内容是需要选择的,不能盲目外包。人力资源管理的一些业务越来越趋向于外包化,但并不是全无选择性的,有许多因素需要加以考虑。比如人力资源管理系统可分为人员的聘用、员工培训及发展、薪酬及福利管理、企业架构及岗位设置等子系统。对于基层人员的招聘,由于需求量较大、也最繁杂,这种业务可以外包;对于国家法定的福利如养老保险、医疗保险、失业保险、住房公积金等事务性工作也可以外包;企业需要的一些高层管理人员,也可以外包给猎头公司去猎取。但是,有一些职能,如薪酬管理,这属于企业内部机密,一旦外包出去泄露给竞争对手,可能将对企业造成极其不利的影响。

总之,外包并不意味着某些工作管理的结束,而是意味着另一种方式管理的开始。其所针对的是外部的管理,由于信息的不对称及合约的不完备且外包对企业发展影响甚为关键,所以企业在进行人力资源外包时会面临较大的风险，从企业全局角度考虑，其不得不实施风险的管理与控制。

二、人力资源外包风险的控制

企业实施人力资源外包，优势和风险并存。为使外包业务能在动态的市场环境下健康良好地发展，发挥最大的优势，就要对整个人力资源外包过程进行风险管理。

（一）分析预测风险

分析预测人力资源外包风险，即需考虑企业是否应采用外包、哪些管理业务可以外包。一般认为，企业将人力资源管理优势视作一项核心能力的、人力资源管理职能过于机密或具有独特性的都不宜外包。外包后可能产生哪些优势和风险，在外包的哪个环节会存在风险，外包合作一旦失败，会带来什么后果，外包前要对这些进行全面的考虑并对企业内部和外部环境进行分析，预测出外包过程中可能存在的风险，风险会在何时、以何种方式出现，出现后会给企业带来什么样的影响，以便很好地应对风险。分析预测风险是为了更好地规避风险。决策者在做出是否要进行人力资源外包，哪些业务可以外包时，面临着巨大的决策风险，一旦决策失误，会产生巨大损失。为了避免这种风险的出现，应在决策前为规避风险的出现进行认真的分析，可采用SWOT分析法即针对企业的优势、劣势、机会和威胁来分析企业的内外部条件。同时，对在外包执行中可能出现风险的环节准备应对措施，一旦风险出现，采取事先准备好的措施应对，以免措手不及。

（二）建立风险监控机制

在外包合作环境下，由于企业文化的差异，相互之间需要一段磨合期。企业在追求业绩和最终目标达到的过程中，一定要建立风险监控机制，对风险管理的整个过程进行有效的监督和控制，监控的常用方式是建立双方同意的风险报告制度，确定对监控所发现不合格行为的处罚手段，并尽量简化监控手段。一旦企业的内外部环境和外包服务商方面有不良现象发生，企业会很快发现，并进行有效分析和控制，力求将不良现象消灭在萌芽状态。

（三）风险的转移与规避

由于企业所处的外部环境是不断变化的，企业在最初作出外包决策时，可选择与外包服务商的短期合作或“临时服务”等进行外包尝试，如达到了预想效果，则可在此基础上开展长期合作；在外包的内容上，最好不要一次将“除核心竞争力外的所有人力资源管理事务”全部外包，可分期逐步外包，这在某种程度上可减少合作风险，在风险发生时，也较容易脱身。此外，由于服务商提供的标准合同一般有利于服务商，因此尽量不要使用其提供的标准合同，合同中还需确定绩效标准和保障条款，这种标准应详细说明需要提供何种服务、谁提供服务、何时提供服务等，还要确定如何监控以及相应的评价服务质量标准。企业给予外包服务供应商的报酬是以其带来的业绩提升为基础的，而不仅仅是以合作关系为基础。

总之，面对变化迅猛的市场环境，对于人力资源外包这一新兴事物，企业应冷静对待。对于外包过程中可能出现的风险，要细致地分析，建立相应风险监控机制，尽量避免和减少风险的发生；对于已经发生的风险，应采取确实有效的措施，控制风险的扩大，尽量消除其产生的不良影响。

本章思考题

一、简答题

1. 什么是人力资源外包,人力资源外包主要有哪些业务?

2. 企业为何会选择人力资源外包?人力资源业务外包后,企业人力资源部门的角色发生怎样的变化?

3. 企业人力资源外包后有哪些风险?这些风险如何规避?

二、案例分析题

案例1

欧尚超市的人力资源外包

发包方:1997 年 4 月法国欧尚超市集团在中国正式建立上海欧尚超市有限公司。1998 年,法国欧尚将其亚洲总部迁至上海,到 2009 年 10 月,欧尚在中国已拥有 32 家大型超市。

欧尚的发展战略和经济管理特色是:自己投资建设超市,低价促销,重视员工培训,内部晋升制度,与员工共享成果。

承包方:上海诺姆四达人力资源测评咨询服务有限公司是一家以招聘选拔测评(社会招聘、校园招聘)、内部晋升测评、管理团队诊断与优化、后备干部选拔与培养、胜任力模型构建、企业内部评价中心建设、测评工具开发、组织诊断测评和测评技术培训为核心业务的专业测评咨询机构,在北京和上海两地设有分公司。

外包产生背景及合作意向:欧尚在本土化过程中面临的最大的挑战就是管理人员本地化的问题,一方面外派人员成本过高成为以低价取胜策略的最大压力,在欧尚,一个外派经理人员的费用相当本土经理人员的 8 倍。另一方面,随着欧尚在全球的迅速发展,从母国寻找外派经理到中国管理越来越多的店已经是越来越困难了。

于是欧尚集团将其人才测评项目外包给专业的人才测评公司来完成。经过与上海四达人力资源测评咨询服务有限公司的合作,欧尚集团与四达人力资源测评咨询服务有限公司,建立了良好的沟通,并最终成立了这一项目。

欧尚内部晋升选拔测评流程包括:

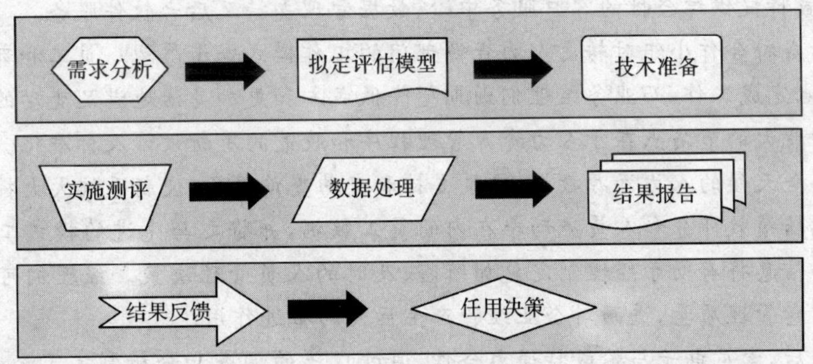

经过这样的人才测评的外包流程,公司对综合推荐等级总体分析和销售部经理推荐等级总体分析都有了一个详细的认知,对于最终整个欧尚公司选拔适合的人才提供强有力的支持。

外包效果及评价:企业管理结构调查显示:组织精简是促使企业进行人力资源外包的主要原因。人力资源外包响应了企业降低人力资源管理成本的要求。欧尚集团通过外包人才测评业务,将自己企业的人才需求与真正的人才招聘结合在一起,有效地开展人力资源的管理运作。这样既可以大大降低人力资源管理可能耗费的成本,又可以使企业招聘的人才在最短的时间内满足公司的需求。并且在人才进入公司之初,就对他们有足够的了解,有效地配置整个公司的人力资源,达到最优的效果。

请回答以下问题:

(1)欧尚超市对人力资源管理的哪个方面进行了外包?欧尚超市为何对此人力资源流程进行外包?

(2)欧尚超市在选择人力资源外包的承包方时,为何选择了上海诺姆四达人力资源测评咨询服务有限公司?

(3)欧尚超市与上海诺姆四达建立外包关系后,其外包的人力资源业务运作是如何进行的?

案例2 翰威特为索尼提供人力资源技术管理方案

索尼电子在美国拥有14000名员工,但人力资源专员分布在7个地点,尽管投资开发Peoplesoft软件,但索尼仍不断追求发挥最佳技术功效,索尼最需要的是更新其软件系统,来缩短其预期状态与现状之间的差距。

在索尼找到翰威特之前,索尼人力资源机构在软件应用和文本处理方面徘徊不前,所有人力资源应用软件中,各地统一化的比率仅达到18%,索尼人力资源小组意识到,他们不仅仅需要通过技术方案来解决人力资源管理问题,还需要更有效地管理和降低人力资源服务成本,并以此提升人力资源职能的战略角色。

正是基于此,索尼电子决定与翰威特签订外包合同,转变人力资源职能。翰威特认为这将意味着对索尼电子的人力资源机构进行重大改革,其内容不仅限于采用新技术,翰威特还可以借此契机帮助索尼提高人力资源数据的质量、简化管理规程、改善服务质量并改变人力资源部门的工作日程,进而提高企业绩效。

在这样的新型合作关系中,翰威特提供人力资源技术管理方案和主机、人力资源用户门户并进行内容管理。这样索尼可以为员工和经理查询所有的人力资源方案和服务内容提供方便。此外,翰威特提供综合性的客户服务中心、数据管理支持及后台软件服务。

索尼与翰威特合作小组对转变人力资源部门的工作模式寄予厚望。员工和部门经理期望更迅速、简便地完成工作,而业务经理们则期望降低成本和更加灵活地满足变动的经营需求。

此项目的最大的节省点在于人力资源管理程序和政策的重新设计及标准化。并通过为员工和经理提供全天候的人力资源数据、决策支持和交易查询服务,使新系统大大提高效能。经理们将查询包括绩效评分和人员流动率在内的员工数据,并将之与先进的模式工具进行整合和分析。这些信息将有助于经理制定更加缜密、及时的人员管理决策。经理们可以借此契机提高人员及信息管理质量,进而对企业经营产生巨大的推进作用。

项目启动后,索尼电子与翰威特通力合作,通过广泛的调查和分析制定了经营方案,由此评估当前的环境并确定一致的、优质的人力资源服务方案对于索尼经营结果的影响。

索尼电子实施外包方案之后,一些结果已经初见端倪。除整合、改善人力资源政策之外,这一变革项目还转变了索尼80%的工作内容,将各地的局域网、数据维护转换到人力资源门户网的系统上。数据接口数量减少了2/3,新型的汇报和分析能力将取代原有的、数以千计的专项报告。

第二年，索尼电子的人力资源部门将节省15%左右的年度成本，而到第五年时，节省幅度将高达40%左右。平均而言，5年期间的平均节资额度可达25%左右。

索尼现在已经充分认识到通过外包方式来开展人力资源工作的重要性，因为由此可以形成规模经济效应并降低成本。此外，人力资源外包管理将人力资源视为索尼公司网络文化的起点。人力资源门户将是实施索尼员工门户方案的首要因素之一。索尼也非常高兴看到通过先行改造人力资源职能来进行电子化转变。

请回答以下问题：

(1)索尼对哪些人力资源管理工作进行了外包？外包对索尼的好处是什么？

(2)索尼在没有实施人力资源外包前遇到哪些问题？实施人力资源外包对发包方与接包方产生的优势有哪些？

课后实训

收集国内外成功的企业人力资源外包接包方的业务内容，并分析其分别承担了人力资源管理工作的哪些流程。

参考文献

[1] 郑雄伟,曾松.国际外包[M].北京:经济管理出版社,2008.

[2] 刘兵,郭彩云.企业人力资源管理外包理论与方法[M].北京:中国经济出版社,2006.

[3] 康士勇.薪酬福利管理[M].北京:中国劳动和社会出版社,2007.

[4] 吴晓姝,杨海.员工薪酬福利管理(第二版)[M].北京:电子工业出版社,2009.

[5] 王火平.人力资源管理[M].郑州大学出版社,2009.

[6] 李广义.人力资源管理[M].天津大学出版社,2009.

[7] 刘泽双.人力资源管理[M].大连:东北财经大学出版社,2009.

[8] 加里·德斯勒.人力资源管理[M].刘昕,吴雯芳等译.北京:中国人民大学出版社,1999.

[9] 萧鸣政.工作分析的方法与技术[M].北京:中国人民大学出版社,2002.

[10] 付亚和.工作分析[M].上海:复旦大学出版社,2005.

[11] 孙宗虎,郭蓉.岗位分析评价与职务说明书编写实务手册[M].北京:人民邮电出版社,2009.

[12] 中国就业培训技术指导中心组织编写.企业人力资源管理师(二、三、四级)[M].北京:中国劳动社会保障出版社,2009.

[13] 周长伟,王新华.心理学和经济学视角下的人力资源管理[J].商场现代化,2008(25).

[14] 宋联可,杨东涛.高效人力资源管理案例:MBA 提升捷径[M].北京:中国经济出版社,2009.

[15] 阚雅玲,吴强,丁雯.人力资源管理基础与实务[M].北京:中国人民大学出版社,2009.

[16] 宋联可,杨东涛.高效人力资源管理案例[M].北京:中国经济出版社,2009.

[17] http://www.forbookonline.com/eolearning

[18] http://www.hroot.com/

[19] http://wiki.mbalib.com/

[20] http://doc.mbalib.com/

[21] http://hr.mie168.com/

内容提要

本书从高职人才培养目标出发，力求以理论联系实践、实践提升技能的方法向广大读者提供全面、系统的企业人力资源管理知识，以充分突现“以职业活动为导向，以职业能力为核心”的指导思想。本教材结合人力资源管理相关岗位的实践要求，按人力资源操作流程的模式进行内容的编排，分别对人力资源规划、工作分析、员工招聘、培训与开发、薪酬管理、企业劳动关系管理等知识体系进行了全面系统的讲解。本教材系统性、操作性强，内容编排来源于企业实践，能够服务于学生人力资源管理的未来职业。

本书可作为高职高专、成人高校以及应用型本科院校管理类专业的学生以及企业的管理人员使用，也可作为人力资源管理职业资格考试的培训教材，还可以作为相关专业人员、社会读者学习与工作用书。

图书在版编目(CIP)数据

企业人力资源管理实务/陈日华主编. —西安：西安交通大学出版社，2010.12(2013.2 重印)

ISBN 978-7-5605-3832-7

Ⅰ.①企… Ⅱ.①陈… Ⅲ.①企业管理-劳动力资源-资源管理-高等学校：技术学校-教材 Ⅳ.①F272.92

中国版本图书馆 CIP 数据核字(2011)第 014732 号

书　　名 企业人力资源管理实务
主　　编 陈日华
责任编辑 祝翠华　赵怀瀛

出版发行 西安交通大学出版社
(西安市兴庆南路 10 号　邮政编码 710049)
网　　址 http://www.xjtupress.com
电　　话 (029)82668357　82667874(发行中心)
(029)82668315　82669096(总编办)
传　　真 (029)82668280
印　　刷 西安明瑞印务有限公司

开　　本 787mm×1092mm　1/16　**印张** 15.75　**字数** 384 千字
版次印次 2010 年 12 月第 1 版　2013 年 2 月第 2 次印刷
书　　号 ISBN 978-7-5605-3832-7/F·263
定　　价 29.00 元

读者购书、书店添货，如发现印装质量问题，请与本社发行中心联系、调换。
订购热线：(029)82665248　(029)82665249
投稿热线：(029)82668133
读者信箱：xj_rwjg@126.com